DIEDERICHS GELBE REIHE

herausgegeben von Michael Günther

Kornelius Hentschel

Geister, Magier und Muslime

Dämonenwelt und Geisteraustreibung im Islam

Eugen Diederichs Verlag

Die Deutsche Bibliothek – CIP-Einheitsaufnahme
Hentschel, Kornelius:
Geister, Magier und Muslime : Dämonenwelt und Geisteraustreibung im Islam / Kornelius Hentschel. – München : Diederichs, 1997
(Diederichs Gelbe Reihe ; 134 : Islam)
ISBN 3-424-01354-4
NE: GT

Umschlaggestaltung: Zembsch' Werkstatt, München
Produktion: Tillmann Roeder, München
Satz: Fotosatz Otto Gutfreund GmbH, Darmstadt
Druck und Bindung: Pressedruck, Augsburg
Printed in Germany

ISBN 3-424-01354-4

Inhalt

1. Einleitung

»Und die Dschinn und die Welt der Menschen
habe ich nur dazu erschaffen, daß sie mir dienen.«
(Koran, Sure 51).

»Nein«, sagte Scheich Muḫammad. »Das Studium der Welt der Dschinn ist gefährlich. Lange Jahre des Lernens und der spirituellen Entwicklung gehören dazu. Warte und sei geduldig, sonst wird es für dich sehr schwer werden.«

Ich verließ das Haus des Scheichs und trat in den Vorgarten. Vor mir breitete sich die endlose Weite der judäischen Wüste aus. Ich war auf dem Ölberg in Jerusalem. Mehrere Monate war ich nun schon im Nahen Osten unterwegs, auf der Suche nach spiritueller Unterweisung und nach Menschen, die mir über die Welt der Dämonen, der Dschinn im Islam erzählen können.

Sollte ich wirklich bereits am Ende meiner Reise angelangt sein? War die Erforschung der Dschinn-Welt tatsächlich so gefährlich, wie mir der Scheich zu verstehen gab? Aber hatte er nicht auch gesagt »Tue, was dir dein Herz weist«?

Die Beschäftigung mit den Dschinn hatte bereits in Europa begonnen. Das europäische Wissen um die Magie war Voraussetzung für diesen Weg. Ich mußte erst hier meine spirituellen Erfahrungen machen. Zuerst wurde ich mit meinen vorhandenen Ängsten vor dem Unbewußten konfrontiert. Manko des europäischen Wissenschaftlers war und ist seine Angstschwelle vor dem Unbewußten, so daß er nur selten fähig war, in tiefe Sphären der Esoterik und der Magie nicht-europäischer Völker einzutauchen. Darauf erfolgte die Ausbildung in verschiedenen Trancetechniken, um die andere Wirklichkeit in mir selbst zu erfahren. Schließlich erarbeitete ich mir die Grundlage eines spirituellen Weges, der es mir u. a. ermöglichen sollte, Erfahrungen zu verarbeiten, um nicht den Boden unter den Füßen zu verlieren.

Alle diese Vorbereitungen sollten nun nicht genug sein?

Nein, ich wollte nicht aufgeben. Mein Ziel war Kairo, das ich von früheren Aufenthalten sehr gut kannte.

Kairo: 14 Millionen Einwohner, zerrissen zwischen westlicher Zivilisationshörigkeit und verzweifelter Identitätssuche, von denen ein Teil nur in fanatisch religiösen Kreisen Halt findet. Daneben Millionen von Gläubigen, die in der alten islamischen Volksfrömmigkeit ihr Heil und ihren Schutz suchen. Einen Teil dieser Volksfrömmigkeit bildet der Glaube an die Dschinn und deren Einfluß auf die Menschen. Diese sind nicht durch ihren Glauben an die Dschinn gebunden, sondern auch, sehr zum Leidwesen der orthodoxen Theologen, durch ihre ganze Existenz. Alle Handlungen stehen in Bezug zu einer möglichen Beeinflussung durch die Dschinn. Menschen-Welt und Dämonen-Welt sind nur von einem dünnen Schleier getrennt. Doch nicht nur diese Gruppe, die sich besonders extrem verhält, glaubt an die Dschinn; jeder Muslim ist verpflichtet, sich der koranischen Offenbarung zu unterwerfen und das Vorhandensein der Dschinn anzuerkennen.

Der gläubige Muslim weiß, daß alle seine Handlungen möglicherweise von den Dschinn beobachtet werden und daß diese Einfluß auf die menschliche Psyche ausüben können. Daher ist jede Handlung genau auf die Dschinn und ihre Welt abgestimmt. Der Gläubige weiß, daß ihm eine nicht zu unterschätzende Gefahr von den Dschinn droht, die er nur durch das Einhalten der islamischen Vorschriften, der Šarīᶜa, abwehren kann. Er kann, um sich vor negativen Einflüssen der Dschinn zu schützen, sich Wissen anhand der einschlägigen Literatur wie Koran und Ḥadiṯe, Aussprüche und Lehrreden des Propheten Muḥammad, aneignen. Meist konsultiert er einen Gelehrten (ᶜālim, der hier auch Scheich genannt wird), der ihm die gewünschten Auskünfte und Verhaltensregeln erteilt. Diese Auskünfte können auch im Rahmen öffentlicher Lektionen stattfinden. Ist jedoch bereits ein negativer Kontakt durch die Dschinn erfolgt und liegt die Möglichkeit einer Besessenheit vor, bleibt dem Betroffenen meist nur noch der Weg zum Heiler oder Zauberer.

So hat sich im Lauf der Jahrhunderte ein umfassendes Wissen um die Dschinn gebildet. Teilweise beschränkt es sich auf den Koran und die Sunna (Lebensweise des Propheten Muḥammad), teilweise werden auch Werke von Zauberern, Mystikern und Gelehrten herangezogen, die ihr Wissen auf den persönlichen Kontakt mit der Welt der Dschinn zurückführen. So bildete sich allmählich eine Synthese zwischen den orthodoxen Überlieferungen, der Mystik und den magischen Traktaten, so daß Dschinn-Glaube fest verbunden ist mit dem Glauben an die Macht der Magie. Das Wort Gottes, das im Koran geoffenbart ist, und die Aussprüche des Propheten Muḥammad werden damit auch Grundlage und Information für Zauberei, Exorzismus und Heilung.

»Es wird für dich sehr schwer werden.« Dieser Satz von Scheich Muḥammad stieg nun immer wieder in mir auf.

Ich beging einen schwerwiegenden Fehler: Ich wollte. Meine ganze Suche basierte auf einem unabänderlichen Wollen. Eine unsichtbare Welt zwang mich jedoch, dieses Wollen fallenzulassen. Ich traf niemanden; wo ich auch fragte, begegneten mir Mißtrauen und Unwissenheit. Je verbissener ich an die Quellen des Wissens zu gelangen suchte, desto mehr verschlossen sich die Tore vor mir. Ich mußte aufgeben, ich wurde gezwungen aufzugeben; nach einigen Wochen der Suche bekam ich Hepatitis und war nun eine lange Zeit ans Bett gefesselt.

In dieser Zeit jedoch lernte ich loszulassen, und ich konnte mich noch einmal vorbereiten, sowohl in spiritueller als auch in sprachlicher Hinsicht. Denn es zeigte sich später, daß die arabische Sprache die Voraussetzung war, um mit den Zauberern und Heilern zu kommunizieren. Während meiner Krankheit gab ich den Wunsch auf, über dieses Thema zu forschen. Daß ich nach Europa zurückkehren mußte, stand für mich fest. Als ich jedoch nach fast drei Monaten die Stadt wieder betrat, war sie wie verwandelt. Auf Schritt und Tritt begegneten mit Dschinn-kundige Menschen. Auf einmal öffneten sich die Tore, und ich konnte, ich durfte mit meiner Arbeit beginnen.

Eine ganz eigene Welt tat sich vor mir auf. Eine Welt von Menschen, die eng verbunden mit einer nicht sichtbaren feinstofflichen Welt lebten. Einmal im Kreis der Eingeweihten aufgenommen, war es nicht schwierig, sich von Gruppe zu Gruppe zu bewegen. Diese Menschen stammen aus den verschiedensten sozialen Schichten Kairos. Ich möchte sie hier vorstellen und kurz beschreiben, da die meisten Informationen des ersten Kapitels von ihnen stammen. Natürlich gab es noch zahllose andere Kontakte in dieser vielschichtigen Stadt, etwa in Kaffeehäusern, im Taxi, auf den Friedhöfen und anläßlich der großen saisonalen Heiligenfeste, der Mulids. Hier wurden Geschichten erzählt, Ereignisse besprochen und Dankgebete an den Heiligen gerichtet, der eine Heilung bewirkt hatte. Von vielen dieser Menschen wurde ich offen aufgenommen. Stolz und Freude gingen von ihnen aus, als sie erfuhren, daß jemand sich mit ihrem Glauben und ihren Vorstellungen, die oft von der Orthodoxie als rückständig angesehen wurde, beschäftigte.

Eine Gruppe von Informanten stammt aus dem Umkreis der Sufi-Bruderschaft[1] des Burhānīya-Ordens. Dieser Orden hat seinen Ursprung in Khartum/Sudan, hat aber auch in Ägypten und besonders in Kairo Verbreitung gefunden. Man findet Anhänger dieses Ordens selbst in Europa und Amerika. Der Einfluß der Sufi-Orden ist in der Verbreitung von Informationen über die Dschinn nicht zu unterschätzen. Es werden regelrechte Unterrichtseinheiten angeboten, um die Anhänger über die feinstofflichen Welten zu unterrichten.

Gerade islamische Mystiker beschäftigen sich mit den Dschinn. Zum einen benutzen sie diese als Diener, zum anderen versuchen sie, durch ihre persönliche Erfahrung, besessenen Personen zu helfen.

Der 1983 verstorbene Großscheich des Burhānīya-Ordens war eine sehr wichtige Quelle der Wissensvermittlung für mich und weite Kreise der ägyptischen Bevölkerung. Er gab mir einige Lektionen über die Dschinn. Auch sein Stellvertreter in Kairo, Scheich Gamal Zanhūrī, war ein geduldiger Lehrer. Seine Wohnung stand den Ratsuchenden immer offen, und alle Fragen und Probleme wurden im Kreise der Besucher erörtert.

Zum Umkreis der Bruderschaft gehörte auch Muḥammad, der mit seinen vier europäischen Frauen in der südlichen Villenvorstadt von Kairo lebte. Die Sitzungen bei ihm waren mit praktischen Unterweisungen verbunden, die einen in eine andere, nicht immer positive Welt verrückten. Jedoch wurde man sich hier der Anwesenheit der Geisterwelt bewußt.

Viele Stunden verbrachte ich im Grabungshaus des Restaurators Ḥāǧǧ Aḥmad Yūssuf, direkt unterhalb der großen Pyramiden von Giza. Auch er verstand es, den Suchenden in eine andere Welt zu verrücken. Das Phänomen der aufgehobenen Zeit war am Fuße dieser gigantischen Bauwerke besonders eindrucksvoll. Ḥāǧǧ Aḥmad führte mich behutsam, Schritt für Schritt, in die Kosmologie der altägyptischern und der islamischen Geisterwelt ein.

Muḥammad, der Tischler, war auch Hausmeister eines der schönsten mittelalterlichen Stadtpalais im alten Basarviertel von Kairo. Hier traf ich ihn oft zur Zeit der Dämmerung an, wenn die Touristen weg waren und er Zeit hatte, seine Wasserpfeife zu entzünden. Um uns der alte Garten des Hauses, die Fenster geschmückt mit wunderschönen Holzdrechselarbeiten, von denen Muḥammad viele selber restauriert hatte. Diese kompliziert verbundenen Hölzer waren für Muḥammad ein Symbol der Verbindung der Menschen- und der Dschinnen-Welt. Eines Tages begann er zu erzählen von den unsichtbaren Bewohnern der alten Häuser und Friedhöfe.

Auf den Buchhändler Ḥāǧǧ Farhān wurde ich von einem Freund aufmerksam gemacht. Sein kleiner Buchladen direkt neben der Azhar-Moschee war kaum zehn Quadratmeter groß. Die Wände waren über und über mit alten Bücherregalen verstellt, in denen alte und neue Bücher dicht gestapelt vor sich hin staubten. Stundenlang stehen Interessenten und Käufer im Laden, lesen und unterhalten sich. Es herrscht eine Atmosphäre der Konzentration. Ḥāǧǧ Farhān behandelte mich zuerst mißtrauisch, ein Phänomen, das sich oft wiederholte. Die Orthodoxie sieht es nicht gern, wenn man eine Beziehung zu den Dschinn anstrebt. Eine Kontaktaufnahme durch die Menschen wird als unislamisch angesehen, da sie von der Verehrung Gottes ablenkt. Als ich dann aber von einem Freund vorgestellt wurde, verschwand sein Mißtrauen. Ein Kontakt mit den Dschinn findet immer und überall statt, versichert er. Er sei sicher, unter seinen Kunden einige Dschinn zu haben, die nur menschliche Gestalt angenommen haben. Ich trete auf die Straße, tosender Verkehr umgibt mich. Wer ist Mensch, wer ist Dschinn?

Die Begegnung mit den Wissenden, den Heilern und Magiern, brachte mich allmählich, Schritt für Schritt, ohne daß sich es sofort bemerkte, in einen Zustand, der mich an die andere Wirklichkeit annäherte. Nicht nur die Menschen waren die Ursache dieser Veränderung in mir, sondern auch die riesige Stadt Kairo, die durch die Beschäftigung mit der anderen Wirklichkeit langsam ihr Gesicht veränderte. Es war, wie ein Scheich einmal zu mir sagte, meine veränderten Augen, die eine scheinbare äußere Veränderung wahrnahmen. Meine Augen und mein Wesen bekamen etwas »Dschinnhaftes«. Der Körper des Menschen muß zu einem »geschickten« Tempel, Gefäß oder Vehikel werden, damit der Dschinn in ihn gelangen kann. Man muß den Körper »geschickt« machen (z.B. durch Fasten, Einsamkeit, Räucherungen, Beschwörungen und sexuelle Praktiken), damit etwas Dschinnartiges in ihn komme. Die konkreten Konturen begannen zu verschwimmen, und eine neue Schicht des Seins wurde sichtbar. Es war, als ob ich mich unter Wasser befände und alle Bewegungen langsamer abliefen, da die Welt der Dschinn viel schneller schwingt als die der Menschen. Immer häufiger traf ich »zufällig« Menschen, die sich im gleichen Zustand befanden, man sah sich, man befand sich auf derselben Ebene der verschwommenen Zeit. Wir begegneten einander auf den großen Friedhöfen Kairos, an den Heiligengräbern, bei den ekstatisch-mystischen Veranstaltungen der Sufis. An staubgeschwängerten Tagen, an denen die schwüle Luft über der Zitadelle lastete, saßen wir an deren Fuß, an einem kleinen Heiligengrab, und lauschten einem Maǧḏūb (Entrückten), der die Traumtheorien des Ibn Sīnā erklärte und uns damit in die Welt der Träume versetzte. Wir versammelten uns am Grab des Heiligen Zayn al-Abidīn, wo in der Nacht die Lampen zwischen den Gräbern entzündet wurden und die Heiler und Magier ihre Klientel erwarteten, umringt von Neugierigen und Hilfesuchenden, wo ekstatische Tänze und Ḏikr-Veranstaltungen der Sufis stattfanden. Wir standen an den Pyramiden von Giza, zu deren Füßen, in einem Grab des Alten Reiches, die Besessenen ihren Dämon tanzten. Wir hockten gemeinsam in muffigen Moscheeräumen abgelegener Viertel, wo Besessene aus allen sozialen Schichten sich den Austreibungsritualen eines Scheiches aussetzten, um sich von ihrem »Quälgeist« zu befreien.

Je länger ich mich in dieser Atmosphäre der verschwommenen Konturen befand, um so schwieriger wurde es für mich, die gesammelten Erfahrungen auszuarbeiten und in einen westlich überschaubaren Rahmen zu pressen. Macht es überhaupt Sinn, über diese Welt westlich intellektuell zu forschen? Wem sollen diese Informationen dienen, ja dienen sie mir selbst so, wie ich es mir anfänglich erhofft hatte? Oder werde ich nur in einen Strudel gezogen, aus dem es kein Entrinnen mehr gibt, werde ich, brabbelnd vor einer Moschee sitzend, als Maǧḏūb enden, als Entrückter? Es gelang mir jedoch immer wieder aufzutauchen, um meine Erfahrungen niederzuschreiben. Vielleicht war diese erzwungene Rückkehr mein größter Schutz.

Meine Aufgabe bestand in der Sammlung von Material für eine Dissertation im Rahmen meines islamwissenschaftlichen Studiums in Wien. Mein Hauptbestreben bestand darin, Wissen zu sammeln, es aufzuarbeiten und Europa zugänglich zu machen: das Wissen um die Dschinn und um die Heilung besessener Personen, um ihre Stellung und Rückführung in die Gesellschaft. Diese Arbeit ist ein erster Schritt, der ein Tor öffnen soll für ein besseres Verständnis der islamischen Gesellschaft und ihrer Verhaltensweisen, ebenso wie sie vielleicht Suchenden eine Hilfe sein mag, besser mit der unsichtbaren Welt und ihren Bewohnern umzugehen.

Da der Dschinn-Glaube im gesamten islamischen Raum sehr stark ausgeprägt ist und grundsätzlich als einheitlich betrachtet werden kann (geringfügige regionale Abweichungen in bestimmten kosmologischen Vorstellungen treten natürlich auf), führt der erste Teil des Buches allgemein in den Dschinn-Glauben ein, wie er auch außerhalb Ägyptens in anderen islamischen Ländern verbreitet ist. Die Welt der Dschinn wird an typischen Merkmalen dargestellt, wie zum Beispiel der Bedeutung der Dschinn-Namen, der verschiedenen Gruppen und ihrer Interaktion mit den Menschen.

Diese Informationen dienen als Grundlage für den zweiten Teil, in dem sieben Dschinn-Spezialisten vorgestellt werden, die alle eine spezifische Methode der Heilung und der Kontaktaufnahme entwickelt haben. Im dritten Teil werden schließlich Zeremonien beschrieben, die speziell von Frauen besucht und auch geleitet werden. Da gerade die Frau eine sehr wichtige Rolle in der Interaktion zwischen der Welt der Dschinn und der Menschenwelt spielt.

Der Schwerpunkt dieses Buches liegt auf den Techniken der Heiler und ihrem Wissen um die Welt der Dschinn. Man kann hinsichtlich dieser Personen nicht mehr von Dschinn-Glauben sprechen, sondern eigentlich nur noch von Dschinn-Wissen, da sie täglich intensiven Umgang mit dieser Welt pflegen und so über ein praktisches Wissen verfügen, das sie nur teilweise aus der entsprechenden Literatur ergänzen. Um diese Arbeit überhaupt entsprechend durchführen zu können, bediente ich mich des freien (oder narrativen) Interviews und der teilnehmenden Beobachtung. Ich ging also nicht mit statistischen Methoden bzw. mit Fragebögen o. ä. an diese Lebenswelt heran, sondern war bemüht, den Bereich der Heiler und deren Wissen von innen her kennenzulernen und seine Wirklichkeit zu erforschen. Es werden daher in diesem Buch keine statistischen Mittelwerte angeboten, sondern nur Beschreibungen und Interpretationen des Handelns, der Symbole und der Vorstellungen, die für die Welt der Dschinn und der Personen, die sich mit ihr auseinandersetzen, typisch sind.

Ich stehe dieser »anderen Wirklichkeit« und damit der Realität der hier geschildertes Geistwesen prinzipiell bejahend gegenüber. Zwar habe ich mich um möglichst objektive Beobachtungen bemüht, aber meine Grundeinstellung mag die eine oder andere Formulierung mit beeinflußt haben. Nachdrücklich sei hier betont, daß Formulierungen wie »die Dschinn sind ...« oder »die Wirkung der Dschinn ist ...« stets mit dem Zusatz »nach Meinung der im gegebenen Zusammenhang zitierten Personen bzw. genannten Personenkreise« zu lesen sind. Hinzuzufügen bleibt noch, daß die von meinen Informanten eingeholten Feststellungen und Meinungen keineswegs in jedem Fall meine persönliche Überzeugung widerspiegeln.

Transkriptionstabelle

Ich verwende für die Darstellung des Arabischen die Transkription der Deutschen Morgenländischen Gesellschaft. Im folgenden werde die arabischen Buchstaben und ihre Grundform, ihr Zahlwert (jeder arabische Buchstabe ist mit einem bestimmten Zahlwert verbunden; die Anwendung dieser Zahlen findet man in der arabischen Mystik und Magie – dort werden diese Buchstaben- und Zahlenkombinationen als *Abǧad-System* bezeichnet) und ihr arabischer Name mit ihrer Transkription aufgeführt.

Buchstabe in der Grundform	Zahlwert	Name, Umschrift
ا	1	Alif: a, ', Stimmabsatzlaut wie in dt. be'enden
ب	2	Bā' : b
ت	400	Tā' : t
ث	500	Ṯā' : ṯ wie engl. »think«
ج	3	Ǧīm : ǧ, stimmhaftes dsch, wie in Dschungel
ح	8	Ḥā' : ḥ, scharfes, gepreßtes h
خ	600	Ḫā' : ḫ, wie in dt. »ach«
د	4	Dāl : d
ذ	700	Ḏāl : ḏ, stimmhaftes th, wie in engl. »this«
ر	200	Rā' : r, gerolltes Zungen-r
ز	7	Zā' : z, wie in dt. »Rose«
س	60	Sīn : s, stinnloses s, wie in daß
ش	300	Šīn : š, wie in dt. »Schule«
ص	90	Ṣād : ṣ, emphatisches stimmloses s
ض	800	Ḍād : ḍ, emphatisches d
ط	9	Ṭā' : ṭ, emphatisches t
ظ	900	Ẓā' : ẓ, emphatisches stimmhaftes s

ع	70	^{c}Ain : ^{c}, harter Stimmeinsatz
غ	1000	Ǧayn : ǧ, gegurgeltes, nicht gerolltes r
ف	80	Fā' : f
ق	100	Qāf : q, emphatisches k
ك	20	Kāf : k
ل	30	Lām : l
م	40	Mīm : m
ن	50	Nūn : n
ه	5	Hā' : h
و	6	Waw : w
ي	10	Yā': y, wie in dt. »ja«

Bekannte Begriffe und Namen wurden konventionell geschrieben, z. B.: Koran statt Qur'ān/; dort wo keine einheitliche deutsche Schreibweise vorhanden ist, beispielsweise bei arabischen Eigennamen und Übersetzungen, wird transkribiert.

Die Währung Ägyptens ist das Ägyptische Pfund, abgekürzt LE. Es wird in 100 Piaster (Pt) unterteilt. Von 1982 bis 1984 erhielt man für 1 DM etwa 24 Pt (Bankkurs) oder 40 Pt (Schwarzmarktkurs). Von 1992 bis 1994 erhielt man für 1 DM etwa 2 LE.

Ich verwende die Koran-Übersetzung von Rudi Paret. Im Text erscheinen nach dem Koranzitat Zahlen: Die erste Zahl gibt die Sure an, die darauf folgenden den oder die Verse, z. B. 15/26–27, Sure 15 Vers 26–27.

ANMERKUNGEN

1 Sufismus: Islamische Mystik; aus dem ständigen Meditieren des Koran und der prophetischen Tradition hervorgegangen. Ihr Anfang ist asketische Weltflucht, daher ihr Name Sufismus, von arab. sūf »Wolle«, dem Wollgewand der Asketen. Vom 12. Jahrhundert an bildeten sich mystische Orden, die teilweise bis heute bestehen.

2. Die Welt der Dschinn

Die Bedeutung des Wortes Dschinn

Fast jedes arabische Wort leitet sich von einer bestimmten konsonantischen Wurzel ab, die die Grundbedeutung des Wortes angibt. So gibt auch die Wurzelbedeutung des Wortes Dschinn Auskunft darüber, wie sich der Muslim das Wesen der Dschinn vorstellt und wie er es sich vorzustellen hat. Da die Dschinn im Koran erwähnt und beschrieben werden, sind Muslime verpflichtet, an sie zu glauben.

In einem Artikel über die Dschinn geht Scheich ᶜAbdallāh al-Mušadd, der Mufti der al-Azahr-Universität in Kairo, auf den Ursprung des Wortes Dschinn ein:[1]

Ǧanna heißt: das Verbergen einer Sache vor der Wahrnehmung. Wenn man nun sagt: ǧannahū l-laylu, so heißt dies: Die Nacht verschleierte ihn.
wa-'aǧannahū: Und wenn sie ihn bedeckte.
ǧanna ᶜalayhi und ǧannahū (bedeuten beide): etwas verdecken, verbergen, verhüllen.

Die arabischen Lexikographen suchen das Wort Dschinn von iǧtināu = verhüllt, verborgen werden abzuleiten. Jedoch ist diese Erklärung nicht eindeutig. Es gibt auch Aufsätze, die das Wort Dschinn (Ǧinn) von Genius ableiten.[2] Die Wurzelbedeutung deutet also an, daß sich die Dschinn vor den Sinnen der Menschen verbergen und daß sie ebenso den Verstand des Menschen verhüllen können, so daß er besessen (maǧnūn) wird. Wie eine Decke (ǧunna) legen sie sich über den Verstand des Menschen und verhüllen ihn wie eine Frucht den Kern. Gleichzeitig wird jedoch diese Verhüllung, diese Besessenheit, als eine Gnade Gottes angesehen. Der gottnahe Zustand des Besessenen wird oft auch als ein paradiesähnlicher Zustand (ǧanna, Garten, Paradies) angesehen. Wie ein Embryo (ǧanīn) den Körper seiner Mutter bewohnt, so wird auch der Besessene (maǧnūn) vom Dschinnī bewohnt.

Die Zeit vor der Erschaffung des Menschen, in der nur Engel und Dschinn existierten, gilt als chaotisch und für den Intellekt nicht faßbar. Ein Mensch wäre in dieser Zeit zwangsläufig in völlige Umnachtung verfallen.

So bedeutet das Wort Dschinn auch Wahnsinn im allgemeinen, weil durch die Macht der Dschinn alles möglich war und teilweise noch ist. Die Erschaffung des Menschen schränkte diese Macht ein und begründete die teilweise natürliche Feindschaft zwischen Mensch und Dschinn. (Muḥammad Muḥammad)

Die Bezeichnung al-Ǧānn steht einerseits für die Klasse der Dämonen im allgemeinen, andererseits wird hiermit auch ein einzelner Dämon bezeichnet. Al-Ǧānn oder Ǧānn wird auch oft als Bezeichnung für den Stammvater der Dschinn (Abū l-Ǧinn) verwendet (siehe S. 24).

Die Wurzel ǧ-n-n taucht auch im Koran häufig und in verschiedenen Kombinationen auf:

al-ǧinn (22mal erwähnt) und ǧann (7mal erwähnt)	die Klasse der Dämonen im allgemeinen; al-ǧānn steht auch für den einzelnen Dämon
ǧinna[3] (10mal erwähnt)	die Klasse der Dämonen im allgemeinen und der Zustand der Besessenheit an sich
maǧnūn (11mal erwähnt)	besessen
ǧunna (2mal erwähnt)	Schutz, Decke
ǧanna (1mal erwähnt)	sich über jemanden breiten
'aǧinna (1mal erwähnt)	(Pl. von ǧanīn) Embryo, Fötus
ǧanna, ǧannatān, ǧannāt (passim)	Garten, Paradies
ǧānn (wird mit ǧānn gemeinsam gezählt)	einzige Stelle, wo ein Dschinn als Schlange bezeichnet wird (27/10) (siehe S. 62)

Im allgemeinen versucht der gläubige Muslim Wörter wie Dschinn oder maǧnūn zu umgehen und statt dessen andere Wörter zu verwenden wie Ḫādim (Diener), Arwāḥ (Geister), Ahl al-Arḍ oder Ahl as-Suflī (Bewohner der Unterwelt). Für maǧnun (besessen) wird das Synoym malbūs verwendet, das in diesem Zusammenhang die »Bekleidung« des Dschinnī durch den menschlichen Körper bedeutet.

Da dem Namen eine magische Kraft zugeschrieben wird, sollen so alle negativ besetzten Vokabeln vermieden und an ihrer Stelle neutrale Synonyme verwendet werden:

Der Name ist eine Macht. Er ist mit der Person seines Trägers durch eine geistige Macht verbunden; wer den Namen eines Menschen durch einen Zauber bindet, beherrscht ihn selbst dadurch. Weil Dämonen und übelgesinnte Menschen den Eigennamen entwenden und dazu mißbrauchen können, den Träger zu schädigen, so ist man sehr darauf bedacht, entweder schon bei der Namensgebung einen Namen zu wählen, der durch seine Häßlichkeit die bösen Geister abschreckt, oder den wirklichen Namen zu verheimlichen.[4]

ANMERKUNGEN

1 ᶜAbdallāh al-Mušadd, 1984.
2 Eichler, 1929, S. 9.
3 Der Orientalist Paul Eichler bemerkt, die Erwähnung von »bihī ǧinnatun« im Koran (23/25; 23/70; 34/8), die allgemein als Besessenheit von seiten der Ǧinn bezeichnet und übersetzt wird, könne auch einen Hinweis auf eine übernatürliche Inspiration geben. Diese Inspiration erfolgt von seiten der Ǧinn und der Engel. Die Bemerkung Eichlers ist interessant, da sie die Beziehung des vorislamischen Dschinn-Glaubens und des Wahrsagers (Kāhin) zu den Dschinn aufzeigt. Weil sich jedoch der Prophet Muḥammad von den Wahrsagern distanzierte, werden auch die Inspirationen durch die Dschinn verurteilt.
4 El-Gawhary, 1968, S. 9.

Der Ursprung der Dschinn

Über die Erschaffung und den Ursprung der Dschinn wird im Koran folgendes berichtet:

Wir haben (bei der Erschaffung der Welt) den Menschen aus feuchter Tonmasse (?) geschaffen. 27 Und die Geister haben wir (schon) vorher aus dem Feuer der sengenden Glut (?) geschaffen. (15/26–27) 14 Er hat den Menschen aus Ton gleich (dem) der Töpferware geschaffen (oder: Er hat den Menschen aus Ton geschaffen, wie der Töpfer?), 15 und die Geister aus einem Gemisch (?) von Feuer (oder: aus hell loderndem Feuer?) (55/14–15).

Auch Vers 27 (Sure 15) bestätigt, daß die Dschinn vor dem Menschen (min qablu) erschaffen wurden und aus dem Element Feuer bestehen. In der islamischen Mystik wird dagegen behauptet, daß Adam das erste Lebewesen des Universums und aus ihm die gesamte Schöpfung entstanden sei.

Scheich Muḥammad Uṯmān definiert die »sengende Glut« (nāru s-samūmi 15/27) als den Windhosen ähnlich, denn in diesen befindet sich Feuer, aus dem die Dschinn bestehen. Hierzu berichtet ^{c}Umar b. al-Ḫaṭṭāb[1]:

Eines Tages besuchte eine Abordnung ^{c}Umar und wurde von ihm bewirtet. Nachdem sie ihr Mahl beendet hatten, drängten sie zum Aufbruch, doch ^{c}Umar warnte sie und hielt sie zurück, weil dies die Zeit der Staubwirbel war und diese von »denen« bewohnt sind, die den Menschen durch das glühende Feuer gefährlich werden können. Die Mitglieder der Abordnung beruhigten jedoch ^{c}Umar, indem sie ihm versicherten, daß sie um die Gefährlichkeit der Staubwirbel wüßten und daß sie daher selbst ihre Häuser unter die Erde verlegt hätten. Darauf sagte ^{c}Umar zu einem seiner Genossen: »Bring mir meine Ǧallābīya[2]!« Dieser brachte sie ihm, und ^{c}Umar gab sie den Leuten der Abordnung und befahl ihnen, sie über ein Holzkreuz zu stülpen. Dann sagte er zu ihnen: »Wenn der Feuersturm euch begegnet, so tragt das Holzkreuz mit der Ǧallābīya vor euch her und verkündet, daß dies die Ǧallābīya von ^{c}Umar sei, und ihr werdet geschützt sein.«

Der Dschinn-König Zawba[c] ist daher auch Herr der Staubwirbel. As-Samūm nennt man den heißen Wind, der durch die Körper der Menschen fährt. Besonders am Morgen und in der Nacht tritt es auf: Die Dschinn mischen sich in diesem Glutwind. Wirbelwinde gelten als Kämpfe zwischen den Dschinn.[3]

Iblis (der Teufel) soll ebenfalls ein Dschinnī sein:

50 Und (damals), als wir zu den Engeln sagten: »Werft euch vor Adam nieder!« Da warfen sie sich (alle) nieder, außer Iblīs. Der war (einer) von den Dschinn ('illā kāna mina l-ǧinn). (18/50).

Iblīs weigerte sich, vor Adam anbetend niederzufallen, weil dieser nur aus dem Element Erde bestand:

28 Und (damals), als dein Herr zu den Engeln sagte: »Ich werde einen Menschen aus feuchter Tonmasse (?) schaffen. 29 Wenn ich ihn dann geformt und ihm Geist von mir eingeblasen habe, dann fallt (voller Ehrfurcht) vor ihm nieder!« 30 Da warfen sich die Engel alle zusammen nieder, 31 außer Iblīs. Der weigerte sich, an der Niederwerfung teilzunehmen. 32 Gott (w. Er) sagte: »Iblīs! Warum nimmst du an der Niederwerfung nicht teil?« 33 Iblīs! (w. Er) sagte: »Ich kann mich unmöglich vor einem Menschen niederwerfen, den du aus feuchter Tonmasse (?) geschaffen hast.« 34 Gott (w. Er) sagte: »Dann geh aus ihm (d. h. aus dem Paradies) hinaus! Du bist (von jetzt ab) verflucht (oder: Man wird (künftig) mit Steinen nach dir werfen).« (15/28–34)

Hier liegt der Ursprung der Feindschaft zwischen Iblīs und den Menschen. Die Vertreibung Iblīs' aus dem Paradies ist um so schwerwiegender, als Iblīs der Vater der Dschinn (Abū l-Ǧinn) ist und somit großen Einfluß auf die ihm nachfolgenden Dschinn ausübt. Hier liegt der Ursprung der natürliche Feindschaft der Dschinn zu den Menschen. Seither versuchen die Dschinn, den Menschen vom geraden Weg der Religion abzubringen:

39 Er sagte: »Herr! Darum, daß du mich hast abirren lassen (oder: So wahr du mich hast abirren lassen [?]), werde ich es ihnen (d. h. den Menschen) im schönsten Licht erscheinen lassen

(was es) auf der Erde (zu genießen gibt) (oder: [was sie] auf der Erde [tun]), und sie allesamt abirren lassen.« (15/39) 40 Mit Ausnahme deiner auserlesenen (?) (oder: begnadeten) Diener, (die es) unter ihnen (gibt). (15/40)

In der islamischen Mystik erscheint Iblīs jedoch als vollkommener und aufrichtiger Muslim, der sich in absoluter Hingabe (taslīm) vor niemand anderem, als vor Gott niederwirft, dadurch sich aber dem Befehl Gottes widersetzt und von ihm getrennt wird. Iblīs wird zum größten Prüfstand der Menschen auf ihrem Weg zu Gott: Der gläubige Mensch, der Gottsucher, muß auch durch Iblīs hindurchschreiten, die Welt der Trugbilder (ᶜalam al-miṯṯāl) hinter sich lassen, um zu seinem Ursprung zurückzukehren.

Die einzigen, die vor den Nachstellungen der Dschinn gefeit sind, sind also die wahren Gläubigen.

Manchen Gläubigen gilt Iblīs auf keinen Fall als Engel, sondern als Sohn des Ǧānn (Ibn al-Ǧann). Er wurde in den Himmel aufgenommen, um ihm dort eine bessere Erziehung angedeihen zu lassen.[4] Dort erhielt Iblīs seinen Engelnamen ᶜAzāzīl.[5] Andere vertreten die Ansicht, Gott der Erhabene habe die Engel aus dem Licht des Feuers, die Dschinnen aus dessen Flammen und die Satane aus dessen Rauch geschaffen.[6] Die Diskussion um die Zugehörigkeit des Teufels als einer von den Dschinn ist in den islamischen Gelehrtenkreisen noch nicht abgeschlossen.

Auffallend ist die Betonung der Elemente in den angegebenen Koranversen: Die Dschinn stammen aus dem Feuer, der Mensch tritt aus der Erde hervor, wobei das Feuer scheinbar überlegen ist. Jedoch sind nach Ansicht Scheich Muḥammads den Menschen alle vier Elementqualitäten zu eigen, so daß der Mensch allein schon deswegen über das Feuerwesen Dschinn erhaben ist.

Dschinn und Mensch wurden in ihrer Elementqualität transformiert, so daß aus dem ursprünglichen Feuerwesen ein feinstoffliches luftiges Wesen wurde. Das Feuer ist nur noch dessen Symbol. Aus dem Erdwesen entwickelte sich der heutige Mensch mit seiner exoterischen Erdsymbolik und seiner esoterischen Vier-Elementen-Qualität.

Es gibt unter islamischen Gelehrten noch eine weitere Theorie über den Seinsursprung der Dschinn: Ein Mensch, der in schwerer Sünde stirbt, ohne Gott um Verzeihung gebeten zu haben, wird zu einem Dschinnī in Barzaẖ, d. h. in der Zwischenzeit zwischen Diesseits und Jenseits, in der die Toten auf ihre Auferstehung warten.[7]

Die meisten Muslime lehnen jedoch andere Deutungsversuche als die des Koran ab, da alle anderen Erklärungen aus jüdischen Quellen stammen und daher grundsätzlich nicht in Betracht kommen.

ANMERKUNGEN

1 ᶜUmar b. al-Ḫaṭṭāb. Zweiter rechtgeleiteter Kalif, starb am 3. November 644/26. (Ḏūl-Ḥiǧǧa 23. Siehe: EI[1], Bd. IV, s.v. ᶜUmar b. al-Khaṭṭāb).
2 Ein einem Nachthemd ähnliches Gewand.
3 Eichler, 1928, S. 20.
4 Hammer-Purgstall, 1852, S. 5.
5 ᶜAzāzīl; biblischer Azazel; Name wird auch als Bezeichnung für den Teufel verwendet. Siehe: EI[2], Bd. 1, s.v. Azāzīl.
6 Ansbacher, 1905, S. 7.
7 Siehe: Muṣṭafā Muḥammad ạ-Ṭayr, 1987.

Arten und Klassen

Im Lauf der islamischen Epoche hat sich eine Fülle von Klassifizierungen der Dschinn herausgebildet. So ist es nicht immer leicht, die einzelnen Arten und Klassen genau zu definieren. Selbst im islamischen Raum trifft man auf widersprüchliche Aussagen. Die Wertigkeit der einzelnen Klassen ist von Land zu Land und in den verschiedenen sozialen Gruppen verschieden. So findet sich z. B. gerade in Nordafrika und Palästina ein animistischer Dämonenglaube.[1]

Im Raum Kairo wird die Bezeichnung Dschinn als Gattungsbegriff für alle unsichtbaren und abnormen Erscheinungen verwendet. Davon ausgehend werden die verschiedenen Arten und Klassen abgeleitet und mehr oder weniger genau definiert. Als Definitionsgrundlage dient zunächst der Koran, der die Existenz der Dschinn, des Teufels (Iblīs), der Satane (Šayāṭīn), der Geister (ᶜAfārīt) und der Begleiter (Quranā') bestätigt und teilweise definiert. Doch trennt auch der Koran nicht exakt zwischen den einzelnen Arten und Klassen, so daß es selbst unter den islamischen Gelehrten zu Meinungsverschiedenheiten kommt.

Im folgenden werden die einzelnen Arten und Klassen beschrieben und anschließend die mir von meinen Informanten mitgeteilten Dschinn-Kosmologien angefügt.

Iblīs

Er ist eine der wichtigsten, aber auch am schwierigsten zu definierende Erscheinungsform der Dschinn.

Iblīs ist der Eigenname des Teufels. Die ägyptischen Philologen leiten den Namen Iblīs von der Wurzel b-l-s her, weil Iblīs nichts zu erwarten hat von Allahs Barmherzigkeit ('ablasa, ohne Hoffnung sein). Iblīs wird auch aš-Šayṭān (Satan) und ᶜAdūw Allāh (Feind Gottes) genannt.

Im Koran tritt er hauptsächlich in der Urgeschichte auf (2/32; 7/10; 15/32f.; 17/63; 18/48; 20/115; 38/74f.), und zwar, wie erwähnt (vgl. S. 24), als Widerspenstiger bei der Schöpfung Adams. Nach seiner Verbannung aus dem Paradies erbat sich Iblīs Aufschub seiner Strafe bis zum Gerichtstage. Den erhielt er, sowie die Macht, alle, die nicht treue Diener Gottes sein würden, irrezuführen. In Sure 34/20–21 hält Iblīs eine Art Rückblick und findet seine Meinung vom Menschen bestätigt: Es war ihm gelungen, einen Großteil der Menschen vom geraden Weg der Religion abzubringen. Jedoch besitzt Iblīs keine wirkliche Macht über die Menschen. »21 Er hatte allerdings keine Vollmacht über sie« (34/21), d. h. auch Iblīs ist nur ein Werkzeug Gottes, und der Mensch kann sich vor ihm schützen.

Im Koran wird Iblīs sowohl zu den Dschinn als auch zu den Engeln gerechnet, die eigentlich als zwei verschiedene Wesensklassen betrachtet werden. Zamaḫšarī hält dagegen, daß Iblīs nur Dschinnī sei, und der Name Engel im Koran beiden Klassen zugeordnet sei.

Einige Gelehrte halten Iblīs für einen Erzengel. Andere sagen, daß die Dschinn eine Abteilung der Engel waren, welche das Paradies (al-Ǧanna) zu bewachen hatten; daher komme auch ihr Name. Diese Dschinn waren aus dem Feuer des Samūm geschaffen (Sura 15/27), die Engel aber aus Licht. Am Anfang bewohnten die Dschinn die Erde. Sie gerieten aber in Feindschaft untereinander, und es kam zu Blutvergießen. Iblīs, der damals noch ᶜAzāzīl oder al-Hāriṯ hieß, wurde von Allah mit einer Engelschar gegen die Streitenden geschickt und drängte sie in die Gebirge zurück.

Nach anderer Meinung gehört Iblīs zu den irdischen Dschinn und wurde von dem durch Allāh geschickten Strafengel in den Himmel mitgeführt; damals sei er noch jung gewesen. Auch der Name al-Ḥakam wird Iblīs gegeben, weil Allah ihn zum Richter über die Dschinn eingesetzt hatte. Dieses Amt bekleidete er 1000 Jahre lang.

Dann wurde er stolz und stiftete Unruhe unter den Dschinn, was wieder 1000 Jahre andauerte. Darauf schickte Allāh Feuer, das die Dschinn verzehrte: Iblīs aber flüchtete sich in den Himmel und blieb bis zur Schöpfung Adams ein treuer Diener Gottes.

Šayṭan

Der Šayṭān (im Plural Šayāṭīn) ist, nach den Engeln und den Dschinn, das am häufigsten erwähnte Geistwesen im Koran (88mal erwähnt). Šayṭān ist der Gattungsname der Satane. Das Wort Šayṭān wurde bereits in der Ǧāhilīya für den Dämon, das dämonische Tier und die Schlange benutzt. Der Name Šaytān stammt jedoch aus dem Hebräischen.[3] Das Nomen Šayṭān (Satan) wird vom Verb šaṭana »sich entfernen« abgeleitet, d. h., daß sich der Šayṭān von Gott entfernt hat. Dazu schreibt der Mufti der al-Azhar-Universität, Scheich ᶜAbdallāh al-Mušadd, in einem Artikel mit dem Titel »al-Ǧinn wa-š-šayāṭīn«:[4]

Der Ursprung des (Nomens) Šayṭān wird vom (Verb) šaṭana »sich entfernen« abgeleitet, d. h. der Šayṭān ist weit entfernt von der Gnade Gottes, oder (in einer anderen Etymologie von šāṭa, yašīṭu »vor Wut brennen«.

Die religiösen Gelehrten sind sich nicht einig über die Frage um die Bedeutung der Begriffe Dschinn und Šayṭān und um das Verständnis der wirklichen Bedeutung von Sinn und Merkmal (dieser beiden Seinsformen), da es in dieser Hinsicht keine Belege in den offiziellen religiösen Schriften gibt.

Deshalb spalten sich die muslimischen Gelehrten in zwei Gruppen:

1. die muslimischen Philosophen
2. die Mutakallimūn (Theologen)

Die muslimischen Philosophen unterteilen sich wiederum in zwei Gruppen:

a) Die Dschinn sind in ihrem eigentlichen Wesen ohne Materie, können aber Aktivitäten in materiellen Körpern aufweisen, ohne eine Beziehung (zu diesen Körpern) zu haben, so wie etwa die Beziehung der menschlichen Seele zum menschlichen Körper.

   Die Šayāṭīn sind imaginäre Kräfte, die versuchen, die menschlichen Individuen hinsichtlich ihrer Verstandeskraft in Besitz zu nehmen, um sie vom Guten abzuhalten und am Erreichen eines klaren Verstandes zu hindern. Sie lenken den Geist in die Richtung der Begierden, der Leidenschaft und der fühlbaren und imaginären Wollust. (Dies war auch die Meinung von Muḥammad ᶜAbduh.[5])
b) Die zweite Gruppe der Philosophen vertritt die Meinung, daß die Dschinn und die Šayāṭīn ein und dasselbe sind, weil sie nichts anderes sind als menschliche Seelen, die beim Tod des menschlichen Körpers und dem Zugrundegehen des Geistes den Körper verlassen. Die Dschinn sind der gute Teil der Seele des Toten, welche aus der Vernunft im Leben des Menschen entstanden sind.

   Die Šayāṭīn sind das Böse im Leben des Menschen. Nach Verlassen des menschlichen Körpers versuchen sie die Menschen in die Irre zu leiten und in Vergnügungen zu stürzen.

Die Mutakullimūn und die Rechtsgelehrten haben ebenso eine unterschiedliche Meinung: Einige sagen, die Dschinn und die Šayāṭīn sind in ihrer Beschaffenheit verschieden:

a) Die Dschinn sind luftige subtile Körper, die verschiedene Gestalt annehmen können (dafür liegt jedoch kein Beweis vor), und außerdem sagt man, daß es gläubige und ungläubige, wie folgsame und rebellische Dschinn gibt. Was nun die Šayāṭīn betrifft, so sind sie feurige Körper, die die Seelen in Lasterhaftigkeit und Verderbtheit führen.
b) Andere sagen, daß in Wahrheit Dschinn und Šayāṭīn ein und dasselbe sind. Sie sind denkfähige feurige Körper, die viele Formen annehmen können. Der Unterschied zwischen beiden

liegt darin, daß die Šayāṭīn die Aufrührer unter den Dschinn sind. Was die Dschinn betrifft, so umfassen sie die Aufrührer und alles andere und jener Umstand wird bestätigt durch das Wort Gottes, des Erhabenen: »27 Und die Geister haben wir (schon) vorher aus dem Feuer der sengenden Glut (?) erschaffen.« (15/27)

Ar-Rāġib al-Iṣfahānī[6] sagt:

Die Dschinn werden auf zweierlei Arten definiert:
Man sagt zum einen, daß es Geister gibt, die von den fünf Sinnesorganen nicht wahrgenommen werden können, und diese umfassen alle Engel und Šayāṭīn. So sind alle Engel Dschinn, aber nicht alle Dschinn Engel. Ebenso sagt man, daß die Dschinn nur ein Teil der Geister sind, weil die Geister sich in drei Gruppen aufteilen:

1. gute Geister, das sind die Engel,
2. böse Geister, das sind die Šayātīn,
3. die Mitte zwischen guten und bösen Geistern, das sind die Dschinn.

Auf diesen Zusammenhang weist die Rede des Erhabenen hin:
»14 Und: Unter uns gibt es solche die (Gott) ergeben sind, und solche, die vom rechten Weg abweichen (?).« (72/14)

Auch der Koran gibt Auskunft über das Wesen der Šayāṭīn: So sind sie es, die die Menschen zu Fehltritten verleiten (2/36). Dies zeigt die Verwandtschaft zu Iblīs, dem Urvater der Dschinn, mit der bereits die Feindschaft zum Menschen angelegt ist.

Hat ein Mensch einen Šayṭān zum Gesellen, so wird dieser Qarīn genannt (s. S. 33) (4/38). Der Gläubige wird über die Werkzeuge des Šayṭān genau informiert:

90 Ihr Gläubigen! Wein, das Losspiel, Opfersteine und Lospfeile sind (ein wahrer) Greuel und des Satans Werk. Meidet es ! Vielleicht wird es euch (dann) wohl ergehen. 91 Der Satan will (ja) durch Wein und Losspiel nur Feindschaft und Haß zwischen

euch aufkommen lassen und euch vom Gedenken Gottes und vom Gebet abhalten. Wollt ihr denn nicht (damit) aufhören? (5/90–91).

Dem Šayṭān sind die Geheimnisse der oberen Sphären des Himmels verwehrt, lauscht er dennoch, wird er durch die Engel mit Feuerbrand (Meteoriten) vertrieben (15/16–18 u. 37/6–10). Damit soll verhindert werden, daß die Šayāṭīn zur Orakelbefragung herangezogen werden. Wenn sie befragt werden, würden sie doch nur Erfindungen oder Lügen von sich geben, denn zu den wahren Geheimnissen haben sie keinen Zugang. Der Koran mahnt zur Vorsicht vor falschen Inspirationen, die durch die Šayāṭīn übermittelt werden (26/221–227). Selbst die Propheten sind vor den Nachstellungen der Šayāṭīn nicht gefeit. Besonders gefährlich sind vermeintliche Offenbarungen, die von Šayāṭīn stammen (22/52). »52 Aber Gott tilgt dann (jedesmal), was der Satan (dem Gesandten oder Propheten) unterschiebt.« (22/52) Immer wieder wurde auch Muḥammad vorgeworfen, daß der Koran nur eine Eingebung der Šayāṭīn wäre. Diese Beschuldigung wird aber energisch zurückgewiesen: »22 Euer Landsmann (d. h. Muḥammad) ist nicht besessen.« (81/22) und »25 Der Koran ist nicht die Aussage eines gesteinigten (verfluchten) Satans.« (81/25) Die Šayāṭīn haben jedoch Wissen über die Macht der Zauberei, denn diese Zauberei wurde einigen von ihnen von dem Propheten Salomon gelehrt. (2/102)

Interessanterweise können nicht nur die Menschen, sondern auch die Dschinn selbst von den Šayāṭīn negativ beeinflußt werden.[7] »112 So haben wir für jeden Propheten (gewisse) Feinde bestimmt: die Satane der Menschen und der Dschinn, ...« (6/112) Möglich wäre jedoch auch, daß hier frevelhafte Menschen und Dschinn Šayṭān nicht nur für frevelhafte Dschinn verwendet werden kann, sondern auch für die Menschen. »Jeder Stolze und Rebellische unter den Dschinn, Menschen und Tieren ist ein Šayṭān«.[8]

^{c}Ifrīt

Der ^{c}Ifrīt (im Plural ^{c}Afārīt) ist nach den gewöhnlichen Erklärungen jemand, der seinen Gegner überwindet und in den Staub wirft (^{c}afara = »jemanden mit Staub einreiben«)[9]; dann jemand, der seine Sache erfolgreich durchführt, und weiterhin auch »gewaltig« im negativen Sinn, also bösartig, verschlagen. Die klassische und einzige Stelle, an der das Wort im Koran vorkommt, ist Sure 27/39: »39 Einer von den Dschinn, ein ^{c}Ifrīt sagte ...« Ein ^{c}Ifrīt ist also eine besonders bösartige Klasse der Dschinn.

Winkler meint, daß die ^{c}Afārīt eng an den Menschen gebunden sind. Kommt dieser Mensch plötzlich oder gewaltsam zu Tode, splittert der ^{c}Ifrīt gleichsam als Trümmerstück von der menschlichen Seele ab, die unvorbereitet und plötzlich in die jenseitige Welt hinüberspringen muß. Dieser Geist wird zu einem Gespenst, einem ^{c}Ifrīt, der am Ort des Todes von nun ab sein Unwesen treibt.[10] Auch Zbinden nennt den ^{c}Ifrīt einen Totengeist.[11] Man könnte den ^{c}Ifrīt als besonders bösartigen Qarīn definieren. »Jeder Mensch, jeder Dschinn und jeder Teufel (Šayṭān), der mächtig, selbstherrschend und überaus schlimm ist, wird ^{c}Ifrīt genannt. Die Bedeutung von „Staub" und „haarig", die in der Stammwurzel von ^{c}-f-r zu finden ist, hat sich in ^{c}Ifrīt erhalten.«[12] Der Beiname ^{c}Ifrīt kann so auch für einen hinterlistigen, aber auch schlauen Menschen verwendet werden. Das trifft man besonders häufig in Ägypten an, wo sogar kleine freche Kinder als ^{c}Afārīt bezeichnet werden.

Qarīn

Der Qarīn (im Plural Quranā') wird als Begleiter irgendeiner Art bezeichnet. Besonders wurde das Wort für einen begleitenden Geist verwendet, so zumindest der überwiegende Sprachgebrauch im Koran. Nach theologischer Auffassung hat jedes menschliche Wesen als Qarīn einen Šayṭān und einen Engel, die ihn begleiten, wobei einer zum Schlechten zu verführen, der andere zum Guten anzutreiben sucht. Der Qarīn wird achtmal im Koran erwähnt. Er wird dort als versuchender Geist (41/25) und als direkt von Gott eingesetzt (43/36) bezeichnet. Ein anderer Gebrauch des Wortes Qarīn im alten Arabien bezeichnet den Dschinnī, der einen Dichter begleitet und ihm seine Verse eingab.

Die Quranā' werden auch mit dem vorislamischen Wahrsager (Kuhhān) in Verbindung gebracht, sie werden in diesem Zusammenhang »ra'i« genannt (ra'ā, sehen, mit dem Geist erkennen, wissen). In diesem Fall ist der »ra'i« der belehrende Geist der Wahrsager und der normale Qarīn der schützende Geist des Menschen.[13]

Jeder Mensch, so Ḥāǧǧ Aḥmad Yūsuf, hat von Geburt bis zu seinem Tod einen Qarīn, der ihn nie verläßt. Dieser Qarīn ist der Schatten der Doppelgänger des Menschen, er ist der Spiegel des Menschen auf einer anderen Ebene. Spricht der Mensch bei all seinen Tätigkeiten die Basmala-Formel (bi-smi llāhi r-raḥmāni r-raḥīm, im Namen Gottes des Gnädigen des Barmherzigen) nicht aus, so kann der Qarīn die Energien dieses Menschen anzapfen und wird übermächtig und früher oder später diesen Menschen beherrschen. (Ḥāǧǧ Aḥmad Yūsuf)

Der Großteil meiner Informanten vertrat die Ansicht, daß der Mensch selbst einen Qarīn im Guten wie im Schlechten beeinflussen kann, d. h. ein guter Mensch hat einen guten Qarīn, ein schlechter hat einen schlechten Qarīn.

Wer sich von der Ermahnung des Erbarmers abwendet, dem wird ein Leibsatan (Qarīn) beigesellt, der sein Geselle sein soll (43/36).

Aufgabe dieser Leibsatane ist es, die Ungläubigen noch weiter vom geraden Weg abzubringen, während sich jene selbst für rechtgeleitet halten. Diese Gemeinschaft der Ungläubigen mit ihren Leibsatanen setzt sich selbst in der gemeinsamen Höllenstrafe fort (50/23–24).[14]

Qarīna

Diese weibliche Form des Qarīn nimmt im heutigen Volksglauben eine zentrale Stellung ein. Sie wird im allgemeinen als Kindbettdämonin bezeichnet. Die orthodoxe Form des Qarīn verwandelt sich im Volksglauben zu einer Dämonin, die hauptsächlich zu Frauen und Kindern in Beziehung gebracht wird. »Der Volksmund weiß zu berichten, daß die Qarīna mit Iblīs zusammen die Dschinn erzeugte, sie war jedoch zuerst Adams Weib, weil sie aber von diesem verstoßen wurde, ist sie menschenfeindlich geworden (s. Lilith-Legende).«[15]

Die Qarīna schwor Rache am Menschengeschlecht und versucht seither, die Ungeborenen und die Kleinkinder zu töten, um sie in ihre Gewalt zu bekommen. »Als Altersgrenze, bis zu der die Qarīna die Gewalt über die Kinder hat, wird allgemein das 7. Lebensjahr angegeben.«[16] »Die Seele des von der Qarīna getöteten Kindes geht zur mütterlichen Qarīna.«[17]

Erst der Prophet Salomon brach die Macht der Qarīna, indem er gegen sie kämpfte. Er besiegte sie, und sie mußte mit ihm einen Vertrag schließen, in dem sie sich verpflichtet, niemanden mehr zu belästigen, der diesen Vertrag bei sich trägt und als Amulett verwendet.[18]

Diese Kindbettdämonin wird nicht nur Qarīna, Genossin, genannt, sondern auch Umm aṣ-Ṣibyān, Mutter des Knaben, und Tābiᶜa, Nachfolgende. Die drei ursprünglich getrennten Gestalten verflossen mit der Zeit zu einer einzigen. Die Untersuchung der Entwicklungsgeschichte der Umm aṣ-Ṣibyān hatte zu dem Ergebnis geführt, daß diese gefürchtete Feindin aller Frauen und Kinder aus dem Totengeist einer im Wochenbett verstorbenen Mutter hervorgegangen war.[19]

Man findet auch die Bezeichnung Ucht, Schwester, für die Qarīna.[20]

Ein wichtiger Faktor im Betätigungsfeld der Qarīna sind die Zauberei und das Beschwörungswesen. (s. S. 97 und 113ff.)

Ġūl

Die Ġūl (im Plural Ġīlān und Aġwāl) ist bei den Arabern eine Art weiblicher, besonders grausiger, menschenfeindlicher Dämon, eine Abart der zu den Dschinn zählenden Marīde, die durch Wechsel ihrer Gestalt die Menschen, namentlich Reisende, von ihrem Weg ablockten, sie unversehens überfielen, töteten und auffraßen. In der Wurzel scheinen die zwei folgenden Begriffe zu liegen: 1. Annehmen verschiedener Gestalten und 2. hinterlistiges Überfallen und Morden.

Ein Hinweis auf die Erwähnung dieser Dschinn-Art im Koran findet sich in Sure 6/71. Hier lauern die Šayāṭīn im Land Leuten auf, um sie zu verwirren und vom Weg abzubringen:

71 Sag: Sollen wir, statt zu Gott, zu (etwas) beten was uns weder nützt noch schadet, und kehrtmachen, nachdem Gott uns rechtgeleitet hat? (Dann wären wie in derselben Lage) wie einer, den die Satane im Land (draußen) aus der Richtung gebracht (?) haben, (sodaß er) verwirrt (dasteht und sich nicht mehr zurechtfinden kann). (6/71)

Die Ġūl wurde für identisch mit der Si^{c}lāt (Pl. Sa^{c}ālī) gehalten, die eine ähnliche Macht hatte, sich zu verwandeln und darum die Zauberin (Sāḥira) unter den Dschinn hieß. »As-Si^{c}lāt ist die Dschinnīya, die sich unter den Menschen einen Mann sucht.«[21] Das männliche Gegenstück der Ġul ist der Ḳuṭrub. Offenbar ist das Wort Ġul ein beschreibendes, da es – und zwar nicht nur bildlich als Metapher – für jedes Verderben, das über die Menschen kommt, gebraucht werden kann.

Mārid

Im Koran taucht die Wurzel »marada, widerspenstig, rebellisch sein« nur im Zusammenhang mit dem Šayṭān auf, dessen Widerspenstigkeit hier besonders betont wird (37/7; 22/3; 4/118). Jedoch löst sich in anderen Überlieferungen diese Beschreibung vom Koran und Mārid wird zu einem eigenständigen Dämon, dem Mārid (im Plural Marada), der als besonders gefährlich gilt.

al-ᶜUmmār

Die ᶜUmmār sind die sogenannten Dschinn-Siedler, die überall wohnen können. »Sie sind meistens Geister böser Art, so daß sie die magischen Arbeiten verderben können.«[22]

al-Budūḥ

Budūḥ ist eine Liebesdämonin, die sich im Umfeld Liebender befindet. »Budūḥ« ist auch ein Zauberwort, das mit acht Buchstaben ein einfaches dreiteiliges magisches Quadrat bildet, dessen Quersumme immer 15 ist.

4	9	2
3	5	7
8	1	6

in Abğad ausgedrückt durch

d	ṭ	b
ğ	h	z
ḥ	'	w

Erst Ġazālī erwähnt die Formel gesichert und bezeichnet sie als einen unerklärlichen, aber sicheren Beistand für die Lösung schwieriger Aufgaben, darauf wurde sie nach und nach als dreifacher Talisman, Siegel oder Tafel des Ġazālī bekannt, um schließlich Grundlage und Ausgangspunkt der gesamten Buchstabenweisheit (ᶜilm al-ḥurūf) zu werden. Andere führen die Formel bis auf Adam zurück, von dem sie schließlich Ġazālī überliefert wurde. Ein anderes für Budūḥ vorgeschlagenes Stammwort ist der aramäopersische Name des Planeten und der Göttin Venus »Bīduḫt«.

Im Volksglauben bezeichnet der Name Budūḥ einen

Dschinnī, dessen Dienst man sich sichert, indem man seinen Namen in Buchstaben oder Zahlen schreibt.

Weitere Geister und Dämonen

Die Ṭāġūt werden im Koran als Götzen erwähnt (8mal) und wurden dann im Volksglauben zu Geistern. »Diese Geister befinden sich an Orten, wo ein Mensch sein Blut ließ und starb.«[23] »Die Ṭāġūt treten überall dort auf, wo ein Mensch ermordet wurde.«[24]

Ṯawāqif sind Baumdämonen[25], die sich in den Wurzeln der Bäume befinden.[26] Der Geist Ḫanzab plagt die Koranleser mit Vergeßlichkeit.[27] Ḫabil schließlich ist ein Geist, der die Menschen durch Wispern und Klagen verwirrt.[29]

Die Dschinn-Fürsten

Die Dschinn-Fürsten spielen gerade im Zauberwesen eine bedeutende Rolle. Es werden sieben Fürsten namentlich erwähnt. Sie werden häufig auch bei den Zār-Zeremonien angerufen und um Hilfe angefleht oder um Verzeihung gebeten (s. S. 223 ff.). Die alten Babylonier zählten immer sieben Geister. Das könnte von den Arabern übernommen worden sein und sich dann zu den sieben Fürsten verwandelt haben.[29] Diese Fürsten unterstehen Iblīs und beherrschen wiederum den Rest der Dschinn. Die meisten Informanten bezeichneten die Fürsten als neutral gegenüber den Menschen, einige behaupteten jedoch, sie seien Muslime. Alle Informanten kannten die sieben Fürsten und konnten sie benennen. In der Zauberei werden die Fürsten in Beziehung zu bestimmten Buchstaben, Gottesqualitäten, magischen Zeichen, den Wochentagen, den Engeln und den Planeten gebracht, um ein möglichst dichtes Gefüge bei der magischen Arbeit zu erreichen. Diese Beziehungen sind in der von Būnī[30] ausgearbeiteten Tabelle dargestellt:

a		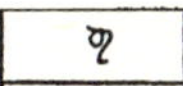		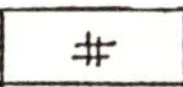			
b	ف = f	ج = ǧ	ش = š	ث = ṯ	ظ = ẓ	خ = ḫ	ز = z
c	fard einzig	ǧabbār allmächtig	šakūr dank-nehmend	ṯābit fest	ẓāhir offenbar	ḫabīr kundig	zakī rein
d	Sonntag	Montag	Dienstag	Mittwoch	Donnerstag	Freitag	Samstag
e	Ruqā'īl	Ǧibrā'īl	Samsamā'īl	Mīkā'īl	Sarafā'īl	Anā'īl	Kasfā'īl
f	Maḏhab	Murra	al-Aḥmar	Barqān	Šamhūriš	al-Abyaḍ	Maimūn
g	Sonne	Mond	Mars	Merkur	Jupiter	Venus	Saturn

a) Es handelt sich hierbei um die sieben Siegel Salomons.
b) Die sieben in der Fātiḥa nicht enthaltenen Buchstaben, Sawāqiṭ genannt.
c) Die mit den Sawāqiṭ-Buchstaben beginnenden, dadurch besonders ausgezeichneten Gottesnamen.
d) Die Namen der Wochentage, an denen die diversen magischen Qualitäten wirksam sind.
e) Die sieben, ein wenig verunstalteten Engelsnamen aus der kabbalistischen Literatur.
f) Die sieben Dschinn-Fürsten.
g) Die sieben Planeten.

Vergleicht man die Namen der Dämonenkönige mit den Planetennamen, so kann man gewisse Entsprechungen unschwer erkennen. Muḏahab (Moḏab, Muḏhib) bedeutet »der Vergoldete«[31], was gut für die Sonne paßt, ebenso wie al-Aḥmar »der Rote« für den Mars. Al-Aḥmar geht auf den »bösen« altägyptischen Gott Seth zurück, der ebenfalls »der Rote« genannt wird.[32] Al-Abyaḍ, »der Weise« läßt sich schwer deuten. Er ist vielleicht mit dem Teufel, dessen Beiname Abū Murra ist, verwandt. Er entspricht der Venus und dem Mond. Die Bezeichnung Maimūn, was soviel heißt wie »der Glückliche«, will den gefürchteten Saturn günstig stimmen. Šamhūriš und ähnliche Verballhornungen gehen auf die jüdische Gottesbezeichnung »haššem ham'fōraš«[33] zurück und passen solcherart sehr gut zur Parallelisierung mit Jupiter, sei es, daß man diesen als Planetendämon oder als höchsten Gott der Antike auffaßt. Schließlich bleibt nach Barqān »leuchtender Blitz« für den Merkur übrig.[34]

Šamhūriš wurde von den Informanten als oberster Richter der Fürsten bezeichnet. Ḥāǧǧ Farḥān behauptete, Šamhūriš wäre 1963 gestorben und sein Sohn ᶜAbdarraḥmān würde an seiner Stelle herrschen.[35]

Scheich Muḥammad ᶜUṯmān bezeichnete alle Dschinn-Fürsten als Muslime und ordnet diesen nicht die Sawāqiṭ-Buchstaben, sondern die Lamuqfanǧal-Buchstaben zu: Lām, Mīm, Qāf, Fā', Nūn, Ǧiīm, Lām. Diese sieben Buchstaben sind ein starker Schutz gegen jegliche geistigen und körperlichen Angriffe. Der Scheich legte eine besondere Betonung auf die Respektierung der Fürsten.

Nach dieser Auflistung und Definition der einzelnen Arten der Dschinn seien einige spezifische Dschinn-Kosmologien angefügt, die mir von meinen Informanten mitgeteilt wurden. Sie stimmen nicht in allen Punkten überein.

1. Die Klassen und Arten der Dschinn sind Erscheinungsformen in unserer materiellen Welt. Alle Veränderungen in Gestalt und Aussehen der Dschinn sind nur mit der Erlaubnis Gottes möglich. Niemand kann genau sagen, was der Begriff rūḥ (Pl. arwāḥ) »Geist« bedeutet, jedenfalls gehören die arwāḥ nicht zu den Dschinn. Ḥāǧǧ Aḥmad Yūsuf nimmt folgende Abstufungen vor:
   Die Dschinn unterteilen sich in gute und schlechte Dschinn.
   Der Šayṭān wird immer als böse bezeichnet.
   Der ᶜIfrīt gilt als böser und gefährlicher als die Šayāṭīn.
   Der Mārid ist der boshafteste, gefährlichste Dschinn.

2. Die Al-Arwāḥ ar-Rūḥānīya (himmlische Götter) sind eine Mischung aus Mensch und Dschinn. Sie agieren immer im Sinn des Islam. Sie leben im ersten Himmel und werden unter anderem zur Ḍarb-al-mandal-Beschwörung (sog. Taschentuch-Orakel, s. S. 138 ff.) herangezogen. Sie sind den Engeln vom Wesen her sehr nahe, mächtiger als die Dschinn, denn jeder von ihnen beherrscht 66 Stämme der Dschinn. Scheich Zanhūrī erwähnt noch eine besondere Art der Dschinn, die ^{c}Ummār heißen, und sich immer in der Nähe der Menschen aufhalten, aber nicht mit den Qaranā' identisch sind.
3. Es gibt neun Klassen der Dschinn:
   Der Oberste der Dschinn ist Iblīs; ihm folgen die sieben Fürsten mit ihren sieben Königreichen, die alle Dschinn umfassen; als unterste Kategorie gibt es die Quranā'. Als ein sichtbares Symbol dieser neun Klassen kann jede Flamme angesehen werden: Jede Flamme hat acht Farben (die sieben Fürsten und Iblīs). Auffallend ist, daß keine Flamme direkt am Docht beginnt, sondern daß es immer einen Zwischenraum zwischen Docht und Flamme gibt. Das ist der Qarīn, das tote Feuer. Nur aus diesem Grund kann der Mensch den Qarīn tragen und mit ihm in Symbiose leben, weil der Qarīn den Menschen nicht verbrennt (Muḥammad Muḥmmad).
4. Die Hierarchie der Schöpfung:
   a) Die ^{c}Afārīt sind die unterste Klasse der Dschinn.
   b) Die Marada stehen über den ^{c}Afārīt. ^{c}Afārīt und Marada leben in der Erde, sie werden als Ahl al-arḍ, Bewohner der Unterwelt, bezeichnet.
   c) Die Dschinn, sind in die sieben Fürstenklassen eingeteilt, wobei der Fürst Maḏhab als unterster und der Fürst Maymūn als oberster der Fürsten bezeichnet wird.
   d) Al-Arwāḥ ar-Rūḥānīya stehen über den Dschinn.
   e) Sie werden von den Malā'ika Falakiya (die Engel der Planetensphären) kontrolliert.

f) Auf diese folgen die Malā'ika Qurbīya (die Engel, die sich in der Nähe Gottes befinden). Sie halten den Thron (ᶜarš) Gottes.
g) Diese Engel werden durch die Namen Gottes kontrolliert.
h) Der Mensch kennt alle Namen Gottes und steht damit an der Spitze der Schöpfungs-Hierarchie (Scheich Muḥammad ᶜUṯmaṉ).

ANMERKUNGEN

1 Vgl. Zbinden, 1953, Kapitel Nordafrika, Palästina; Canaan, 1929, Dämonenglaube im Land der Bibel.
2 Eichler nennt hier das Wort Diaboles als Vorlage für die Bezeichnung Iblīs (S. 57). Weiters ist Iblīs ein Eigenname im Gegensatz zum Šayṭan, der ein Gattungsname ist (S. 58). Eichler versucht darzustellen, daß Iblīs ursprünglich kein Dschinn, sondern ein gefallener Engel war. Auch Jeffery sieht hier eine Beziehung zu dem alt-griechischen Diabolos. Siehe: Jeffery, 1938, S. 47ff.
3 Eichler, 1928, S. 63.
4 ᶜAbdallāh al-Mušadd, 1984.
5 Muḥammad ᶜAbduh, Reformator, geb. 1849 in einem Dorf bei Ṭanṭā, gest. 1905 in Alexandria. Siehe: Lexikon der arabischen Welt, Stephan und Nandy Ronart, Artemis, 1972.
6 ar-Rāġib al-Iṣfahānī, Abū l-Qāsim al-Ḥusayn, arabisch-theologischer Schriftsteller, 502/1108 gest. Siehe: EI[1], Bd. III.
7 Eichler bemerkt, daß in diesem Fall die Menschenähnlichkeit der Dschinn betont wird, da auch sie ihre Satane haben. Eichler, 1928, S. 75. Vgl. Sure 55/31, wo die Dschinn und die Menschen gemeinsam die beiden »Gewichtigen« (aṯ-Ṯaqalān) genannt werden.
8 Šayṭān. Siehe: EI[1], Bd. IV.
9 Lane, Book I, Part V, siehe: ᶜ-f-r. Eichler betont auch die Bedeutung der Wurzel ᶜafara, »in den Staub werfen« und die nominale Ableitung ᶜifr, »Eber, Schwein, Ferkel«. Eichler, 1928, S. 13.
10 Winkler, 1936, S. 9.
11 Zbinden, 1953, S. 5.
12 Canaan, 1919, S. 60.
13 G. van Vloten, 1893, S. 185.
14 Eichler, 1928, S. 66 u. S. 74.
15 Zbinden, 1953, S. 41.
16 Kriss, 1962, Bd. II, S. 22.

17 Zbinden, 1953, S. 13ff.
18 Vgl. Winkler, 1931, Salomon und die Qarīna.
19 Kriss, 1962, Bd. II, S. 22.
20 Zbinden, 1953, S. 15.
21 Canaan, 1929, S. 57.
22 El-Ǧawhary, 1968, S. 200.
23 Canaan, 1929, S. 33.
24 Zbinden, 1953, S. 36.
25 Zbinden, 1953, S. 36.
26 Canaan, 1929, S. 35.
27 G. van Vloten, 1893, S. 187.
28 Ebenda, S. 187.
29 Zbinden, 1953, S. 104.
30 al-Būni, Aḥmad b. ᶜAlī. Einer der wichtigsten arabischen Schriftsteller, die über Geheimwissenschaften geschrieben haben. Er starb 622/1125. Sein berühmtestes Werk ist das Kitāb Šams al-maᶜārif wa-laṭ'if al-ᶜawārif. Siehe: EI^2, Supplement 3–4, s.v. al-Būnī.
31 Muḏhib kann auch als der »Vergolder« der schlechten Taten angesehen werden. Winkler, 1930, S. 99 »Blödsinnige Frömmler und bornierte Religionsschwärmer werden von einem speziellen Dämon besucht, der den Namen al-Moḏhhib trägt.« G. van Vloten, 1893, S. 187.
32 Zbinden, 1953, S. 114.
33 Hebräisch hšm hmp̄wrš, »der Name des unaussprechlichen Namens« (Gottesname).
34 Kriss, 1962, Bd. II, S. 82.
35 Zbinden erwähnt ebenso dem Tod des Fürsten Šamhūriš, der in der Nähe von Fez (Marokko) in der Höhle von Maqtā regiert. Nun aber, da er gestorben ist, regiert eine Dschinnīya namens Nedjma über die Geister der Höhle. Das Grab von Samūriš wird auf dem höchsten Berg Marokkos, dem Gebel Toubkal verehrt. Zbinden, 1953, S. 18.

Das Leben der Dschinn

Seit langem machen sich die Muslime Gedanken über den Lebensbereich der Dschinn und deren Lebensformen in ihrer Sphäre. Der Koran gibt hierzu wenig Informationen. Nur die Überlieferungen des Propheten Muḥammad und seiner Genossen und die persönlichen Erfahrungen der Heiligen mit den Dschinn dienen als Quellen. Am klarsten ausgeprägt sind die Vorstellungen über die Wohnorte der Dschinn auf unserer Erde. So findet man auch hier einige interessante Kosmologien, die den Wohnraum der Dschinn zu definieren versuchen.

Von Abū Umāma wird nach der Überlieferung des Gottesgesandten – Allāh segne ihn und gebe ihm Frieden – berichtet: Als Iblīs auf die Erde herabkam, sprach er: »Oh mein Herr ! Du hast mich herabgeschickt und mich zum Verfluchten gemacht. Schaffe mir doch ein Haus!« Gott sprach: »Das Bad.« Er sagte weiter: »Mache mir einen Versammlungsplatz!« Da erwiderte Gott: »Die Marktplätze und Wegscheiden!« Und er sagte: »Schaffe mir ferner eine Speise!« Und Gott erwiderte: »Dasjenige, worüber der Name Gottes nicht genannt wurde.« Und er sagte: »Schaffe mir ferner ein Getränk!« Und Gott erwiderte: »Alles Berauschende.« Und er sagte ferner: »Schaffe mir auch einen Gebetsrufer.« Und Gott erwiderte: »Die Flöten.« »Eine Lektüre!« »Die Poesie.« »Eine Schrift!« »Die Tätowierung.« »Eine Tradition!« »Die Lüge.« »Fangnetze!« »Die Frauen.«[1]

In dieser Überlieferung wird die Aktivität des Teufels und damit auch seiner Untertanen, der Dschinn, in einem Zwiegespräch zwischen Gott und dem Teufel beschrieben, sozusagen als symbolische Transformierung der islamischen Gebote und Verbote und der menschlichen Schwächen auf die Ebene der Dschinn.

Auch die Wirkstätten der Dschinn werden genannt. Alle Quellen sind sich darüber einig, daß besonders Badehäuser und Toilettenanlagen, verlassene Stätten, alte Häuser, Ruinen, die Wüste, Quellen, Bäume und Höhlen beliebte Aufenthaltsorte der Dschinn sind.

Die Dschinn sind überall anwesend, besonders aber an verlassenen Stätten, in alten Häusern und Gräbern. Außerdem gibt es Arten der Dschinn, die immer bei den Menschen anzutreffen sind, die Quranā' und die ᶜUmmār. Um sich vor diesen Dschinn zu schützen, muß man vor jeder Handlung die Basmala (bi-smi llāhi r-raḥmāni r-raḥīm, Im Namen Gottes, des Gnädigen und des Barmherzigen) sprechen.

Über die Wirksamkeit der Basmala, eine von den Muslimen oft verwendete Schutzformel, die in den täglichen Sprachgebrauch automatisch einfließt, belehrt uns folgende Überlieferung: Eines Tages saßen der Prophet und seine Genossen beim Essen, einer der Anwesenden vergaß vor dem Essen die Basmala auszusprechen. Erst beim letzten Bissen bemerkte er sein Versäumnis und sprach die Basmala über den letzten Bissen, daraufhin lachte der Prophet und sagte: »Jetzt müssen alle Šayāṭīn wieder aus deinem Körper heraus.« (Ḥāǧǧ Aḥmad Yūsuf)

Selbst lange nicht benutzte Wohnräume beanspruchen die Dschinn für sich, wie es Ḥāǧǧ Aḥmad Yūsuf erlebte:

Das Haus seiner Eltern besaß drei Stockwerke, wobei das unterste Stockwerk für Gäste bestimmt war, also nicht oft benutzt wurde. Als Yūsuf seinen Beruf als Restaurator begann, richtete er sich im untersten Stockwerk ein Atelier ein. Kurz danach fand er jeden Morgen die Bilder auf dem Fußboden verstreut, ohne daß sie beschädigt waren. Einige Zeit später schlief eine Besucherin in jenem Atelier. Sie bemerkte, kurz nachdem sie sich niedergelegt hatte, daß jemand versuchte, ihr die Bettdecke wegzuziehen. Außerdem wurde sie am Fuß gepackt und hin- und hergerüttelt. Nach unruhiger Nacht weigerte sie sich, weiter an diesem Ort zu schlafen. Nach einiger Zeit schlief Yūsuf selbst in jenem Atelier. Auch er wurde unsanft geweckt, da er von unsichtbaren Händen stark gewürgt wurde; zur gleichen Zeit wurden im Nebenraum scheinbar die Tische emporgehoben und mit lautem Knall auf den Boden zurückgeworfen. Als der Informant jedoch ruhig, aber mit Nachdruck, verlangte, daß er in Ruhe gelassen zu werden wünsche, kehrte Ruhe ein, und er konnte bis zum Morgen ungestört schlafen. Seit dieser Nacht treten im Atelier keinerlei merkwürdige Erscheinungen mehr auf.

Ein weiterer beliebter Aufenthaltsraum der Dschinn in der menschlichen Sphäre sind Badehäuser und Toilettenanlagen. Das Wissen um die Gefährlichkeit dieser Räumlichkeiten führte zu bestimmten Verhaltensregeln beim Besuch und Aufenthalt in diesen Räumen.

Beliebter Wohnort der Dschinn ist das WC. Will man das WC betreten, so darf man es nur mit dem linken Fuß betreten und muß dabei sagen: »'allāhumma 'a^{c}uḏu bika mina l-ḫabṯi wa-l-ḫabā'iṯ. O Gott, ich suche Zuflucht bei dir vor allem Widerwärtigen und Widerlichen.« Das WC darf man dann auch nur mit dem rechten Fuß wieder verlassen. Falls diese Vorkehrungen nicht getroffen werden, so können die Dschinn den Benutzer dieser Örtlichkeiten beeinflussen, besonders in Form von Kopfschmerzen, oder sie können ihn besetzen.[2]

Besonders viele Dschinn findet man auch im Wasser, diese heißen Banū Ġaylān; da einige Dschinn Muslime sind, besteht das Verbot, nackt zu baden, da diese Dschinn es anstößig finden könnten. (Scheich Zanhūrī)

Muslimische Dschinn leben hauptsächlich im Wasser, d. h. in Flüssen, Quellen, Seen oder in den Meeren, diese heißen Banū Ġaylān. Sie versuchen grundsätzlich, einen positiven Einfluß auf die Menschen geltend zu machen. (Scheich Muḥammad ^{c}Uṯmān)

Der eigentliche Sitz der Geister sind die unteren Erden. Als Volk nennt man sie deshalb auch at-Taḥtānīyūn, die Unteren.[3]

Alle Informationen bestätigen diese Aufenthaltsorte der Dschinn. Sie nennen sieben bis zehn Erden als Wohnstätten der Dschinn, in diesem Fall werden die Dschinn Ahl al-arḍ, Leute der Erde, und al-Arwāḥ as-suflīya, Unterweltsgeister, genannt. Die Orte, die von den Dschinn in der menschlichen Sphäre bewohnt oder heimgesucht werden, sind sozusagen Brennpunkte zwischen den Erden der Dschinn und der Menschenwelt. Da die Quellen jedoch nicht immer eindeutig sind, findet man immer wieder einander widersprechende Kosmologien über die Lebensräume der Dschinn.

Die Dschinn und ihre Könige leben nur auf den unteren sieben Erden, d. h. diese befinden sich unter der Menschen Erde. Die siebente und letzte Erde ist die schlimmste der Erden hinsichtlich Verderbtheit und Schlechtigkeit. Über die Beziehungen dieser Erden ist nicht viel zu erfahren, weil die Dschinn, die mit den Menschen Kontakt aufnehmen, meist die Namen ihrer Städte, Länder und Kontinente auf unser Verständnis transponieren. Behauptet ein Dschinnī z. B., aus Amerika zu kommen, so meint er einen Kontinent in seiner Erde, der unserem Amerika ähnlich ist.

Vier Könige dieser Erden sind bekannt, nämlich: ^{c}Īsā, Ṭahṭīl, As^{c}ad, ^{c}Aqīl. ^{c}Īsā (eigentlich Jesus) ist wie ein Papst der Dschinn auf Erden und reist oft durch die ersten sechs Erden, die siebente Erde meidet er.

Ṭahṭīl ist ein König über sieben andere Könige, er beherrscht die ersten drei Erden. Er ist Muslim, Christ und Jude, wird jedoch im besonderen auch ṣadīq al-muslimīn, Freund der Muslime, genannt. Er lehrt alle drei großen Religionen in seinem Herrschaftsbereich, da er die Meinung vertritt, alle drei Religionen seien göttlichen Ursprungs und verkörpern daher die göttliche Wahrheit. Der König Ṭahṭīl besitzt daher auch einen neutralen Namen, um nicht einer bestimmten Religion zugerechnet zu werden.

As^{c}ad war vorerst Christ, nahm bei der Verkündigung des Islam diesen an. Dieser König lebt auf der ersten Erde.

^{c}Aqīl lebt ebenso auf der ersten Erde, direkt unter der arabischen Halbinsel. (Scheich ^{c}Izz)

Scheich Muḥammad Uman teilte mit:

Es gibt zehn Himmel und zehn Erden. Der Mensch lebt nur auf der ersten Erde, und alle Menschen seit Adam haben bis jetzt nur ein Viertel ihrer Erde beansprucht. Die Dschinn jedoch beanspruchen, bedingt durch ihre starke Vermehrung, drei Viertel der ersten Erde, d. h. die Dschinn benötigen in ihrer Sphäre dreimal soviel Raum. Dazu kommen noch die Dschinn-Völker der anderen Erden und sogar der Himmel, da die Dschinn auch in den Himmeln leben können.

Die Völker der Dschinn haben, noch bevor der Mensch erschaffen wurde, die später menschliche Erde nach ihren Wünschen und Vorstellungen verändert.

Die Dschinn bauten die Erde so, wie sie es wollten. Als beste Beispiele können das Muqaṭṭam-Gebirge und das Niltal gelten, denn das Niltal und seine Abhänge sind wie durch der Hände Kraft geformt. Die Dschinn besitzen ein besseres Hör-, Geruchs- und Sehvermögen als die Menschen, dafür aber weniger Intellekt. Daher haben sie Angst vor den Menschen, denn die Welt der Menschen ist ihnen unbegreiflich, und sie fühlen sich wie Reisende in einem fremden Land. So zeigen sie sich nur, wenn sie sich sicher fühlen. Sie leben genauso in Städten wie wir. (Muḥammad Muḥammad)

Besonders ausgeprägt ist gerade in Ägypten der Glaube an die Beziehung der Dschinn zu den Pharaonen und deren Bauwerken. Besonders das Volk stellt sich die riesigen Ruinenfelder der pharaonischen Bauten als von Dschinn bevölkert, ja direkt mit Dschinn-Energie geladen, vor. »Sogar das ägyptische Museum in Kairo wird von Frauen besucht, die Kinder bekommen wollen, weil sie auf diese Weise in die Nähe zu altägyptischen Kultobjekten gelangen wollen.«[4] Hier treten der Glaube und die Hoffnung zutage, daß die Dschinn auch positiv in die menschliche Sphäre eingreifen können. »An allen großangelegten Bauvorhaben waren Dschinn beteiligt, da keine so großen Bauten von Menschen geschaffen werden können. Besonders in der Medizin gaben sie ihr Wissen den alten Ägyptern preis.« (Scheich Zanhūrī)

Unterschiedlich sind die Meinungen über das Alter der Dschinn. So behauptet Ḥāǧǧ Farḥān, »daß der Fürst Maymūn Abū Nūḥ jetzt bereits 7000 Jahre alt ist und der Fürst al-Aḥmar 5000 Jahre«. Einige Dschinn sind sterblich wie die Menschen. Andere jedoch leben bis zum jüngsten Gericht, sie heißen Munzarūn (denen der Aufschub gewährt wurde). Scheich Muḥammad ᶜUṯmān berichtet, daß ein gewisser Hanna b. Lamāma b. Iblīs der

Offenbarung des Propheten Nūḥ (Noa) folgte. Er wurde darauf zu einem Munẓar. Er lebte noch zur Zeit des Propheten Muḥammad und hörte von ihm die göttliche Offenbarung, Muḥammad lehrte ihn die Suren 2, 55 und 56. Hāǧǧ Aḥmad Yūsuf dagegen ist der Ansicht, »daß die pharaonischen Dschinn bereits tot sind, da die Lebenserwartung bei den Dschinn nur bei 100 bis 200 Jahren liegt. Da es bei den Dschinn ebenso Ahnenketten gibt, ist auch hier eine bestimmte Kontinuität von Sippen und Familien zu bemerken, die natürlich auch bis in die pharaonische Zeit zurückgehen«.

Bemerkenswert ist, daß die Weisen des alten Ägypten ihre Gräber durch Dschinn-Wächter schützten.

Es wurden an den Eingängen der Gräber bestimmte Schutzsiegel (ṭilasm, Pl. ṭalāsim) angebracht, die bei unsachgemäßer Berührung den jeweiligen Dschinn-Wächter freisetzten, der sich auf die Eindringlinge zu stürzen hatte. Es gab aber auch Schutzsiegel, die bestimmte Dämpfe oder ähnliches freisetzten. (Scheich Muḥammad ᶜUtmān)

Vermutlich geht einer der Dschinn-Fürsten auf altägyptische Ursprünge zurück. Daß die Dschinn zu großer Arbeitsleistung fähig waren, geht aus dem Koran hervor, wo die Dschinn als Arbeitsdiener beim Bau des großen Tempels des Propheten Salomon herangezogen wurden.

12 Und Dschinn (machten wir ihm dienstbar, solche), die mit der Erlaubnis seines Herrn vor ihm (allerlei schwierige) Arbeiten ausführten... 13 Sie machten für ihn was er wollte: Paläste, Bildwerke, Schüsseln (so groß) wie Tröge und (auf Füßen ?) feststehende Kochkessel... (34/12–13; vgl. auch 38/37).

Wie erwähnt, gibt es eine Beziehung der Dschinn zu den Himmeln und den Sternen. Aus der Sicht des Koran haben die Dschinn keinen Zugang zum Himmel, sie werden sogar durch Engel, die Meteoriten schleudern, am Betreten der Himmel gehindert (vgl. 15/10–18 und 37/610).

Ob das Betreten der Himmel nur den Šayāṭīn verwehrt

ist, die der Koran ausdrücklich nennt, oder allen Dschinn, unabhängig von ihrer Gesinnung, ist nicht eindeutig.

Im Sufismus, im Zauberwesen und bestimmten Divinationstechniken werden Dschinn angerufen, die Zugang zu den Himmeln haben, die jedoch den Engeln der oberen Sphären unterstehen. Diese Engel geben den Dschinn Aufträge oder Informationen.

Es gibt Engel, die bestimmten Planeten zugeordnet sind (vgl. Tabelle S. 39). Der Engel Ruqa'īl hält sich also in der Sphäre der Sonne auf, ihm untersteht der Dschinn-Fürst Maḏhab, der von Ruqa'īl Aufträge erhalten kann. (Scheich Muḥammad ᶜUṯmān)

Die Sterne sind in ihrer Qualität Geister (arwāḥ). Diese Geister zu definieren ist nicht möglich. Bekannt jedoch ist, daß diese Geister die Dschinn beherrschen und ihnen Aufträge erteilen. (Ḥāǧǧ Farḥān)

Wie bereits erwähnt, haben auch die Dschinn Religionen und Gesetze, ja sogar einen obersten Richter (Šamhūriš). Nach vorherrschender Meinung können und sollen die Dschinn die verkündeten Religionen annehmen und werden nach den Gesetzen dieser Religionen gerichtet. »Muslimische Dschinn werden so nach dem Gesetz der Šarīᶜa behandelt, christliche und jüdische Dschinn nach ihren Gesetzen.« (Ḥāǧǧ Aḥmad Yūsuf)

Grundsätzlich stammen keine Propheten und Gesandte von den Dschinn. Die religiöse Botschaft wurde immer von menschlichen Propheten an die Dschinn weitergegeben. Vermutlich gaben einige Dschinn diese Botschaft an ihren Stamm weiter. So soll der Dschinn-Fürst Mymūn bei der Verkündigung des Koran anwesend gewesen sein:

1 Sag: Mir ist (als Offenbarung) eingegeben worden, daß eine Schar Dschinn (mir beim Vortrag des Korans) zuhörte und daraufhin (zu ihren Artgenossen) sagten: »Wir haben einen erstaunlichen Koran gehört, 2 der auf den rechten Weg führt, und wir glauben nun an ihn und werden unserem Herrn niemand (als Teilhaber an seiner Göttlichkeit) beigesellen.« (72/1–2)

Da die Dschinn jedoch wie die Menschen Verstand und die Kraft der freien Entscheidung besitzen, wodurch sie sich von den Tieren unterscheiden, findet man auch bei den Dschinn Aufrührer und Ungläubige.

14 Und: Unter uns (den Dschinn) gibt es solche, die (Gott) ergeben sind, und solche, die (vom rechten Weg) abweichen (?) der rechten Leitung (und werden dereinst ins Paradies eingehen). 15 Mit denjenigen aber, die vom rechten Weg abweichen (?) wird dereinst die Hölle geheizt. (Diejenigen sind Brennholz für die Hölle). (72/14–15)

Daß die Dschinn mit Verstand ausgestattet sind, geht auf den Koranvers 51/56 zurück, in dem es heißt:

Und ich habe die Dschinn und die Menschen nur dazu geschaffen, daß sie mir dienen.« »Mensch und Dschinn sind die einzigen Geschöpfe, die sich nicht in andauerndem Ḏikr[5] befinden, da sie Verstand besitzen. (Scheich Zanhūrī)

Regiert wird das Volk der Dschinn von den sieben Fürsten, die auch Könige genannt werden, d. h. als Staatsform hat man sich eine Monarchie vorzustellen, die das gesamte Volk der Dschinn in sieben Stämme unterteilt.

Die Dschinn werden von den sieben Fürsten beherrscht, die dem muslimischen Glauben angehören. Die Fürsten haben Zutritt zu den Versammlungen der Propheten, Awliya' (Heiligen) und Šuyūḫ in deren Himmelssphäre und erhalten von diesen Aufgaben. Die Heiligen besitzen eine Art Schiedsrichterfunktion in Angelegenheiten der Dschinn untereinander und in Schwierigkeiten zwischen Mensch und Dschinn. Wird einem muslimischen Dschinnī von seiten eines Menschen Schaden zugefügt, so kann er sich vor den Awliyā' beschweren, die wiederum eine Bestrafung anordnen können. Es kann auch vorkommen, daß die Awliyā' eine Bestrafung von Dschinn anordnen können, da diese Menschen zu Unrecht belästigt haben könnten. (Scheich Muḥammad ᶜUṯmān)

Grundsätzlich erhielt ich von allen Informanten die Auskunft, daß die Welt der Dschinn ein genauer Spiegel der materiellen Welt ist, nur auf einer feinstofflichen Ebene. Der Mensch erkennt das Wirken der Dschinn in der materiellen Welt nicht ohne weiteres, da seine Sinne sich nicht dazu eignen. Nur verbunden mit bestimmten Übungen und Ritualen, die den Menschen in einen feinstofflicheren Zustand versetzen, ist es ihm möglich, Kontakt mit der Welt der Dschinn aufzunehmen.

Zusammenfassend könnte man sagen, daß eine Gruppe der Dschinn auf dieser Erde lebt, wobei sie sich überall aufhalten können, jedoch ihrer Gesinnung entsprechend bestimmte Plätze bevorzugen. Diese Dschinn leben zwar mit dem Menschen, können aber von ihm nicht wahrgenommen werden, wohingegen die Dschinn die Menschen ohne weiteres wahrnehmen können. Außerdem gibt es eine Gruppe von Dschinn, die in den unteren Erden lebt, und eine Gruppe, die Zugang zu den himmlischen Sphären hat.

ANMERKUNGEN

1 Ansbacher, 1905, S. 9f.

2 Ich möchte hier »besetzen« anstatt des Begriffes »von etwas besessen sein« verwenden, da »besetzen« mehr dem arabischen Wort ḥağaza (»mit Beschlag belegen«) entspricht, das von den meisten Informanten im Falle einer Beeinflussung von seiten der Dschinn verwendet wird. Besonders deutlich wird dieser Umstand bei der Lokalisationstechnik des Sayyid Abū an-Nağā, der ein Bestimmungssystem entwickelt hat, das gefährdete Orte im menschlichen Körper bezeichnet, die von den Dschinn besetzt werden können. Von diesen in Beschlag genommenen Orten können die Dschinn ihren Einfluß auf den gesamten Körper des Menschen ausdehnen. D. h., sie sind bekleidet (malbūs) mit dem Körper und nehmen ihn so in Besitz, in diesem Stadium spricht man dann von Besessenheit.

3 Winkler, 1936, S. 9.

4 Kriss, 1962, II, S. 16.

5 Ḏikr: die Verherrlichung Allāhs in gewissen bestimmten Worten, die in rituell festgesetzter Weise wiederholt werden, sei es laut oder leise, mit besonderen Atemzügen und körperlichen Bewegungen. Siehe: EI², Bd. II. Der Scheich erwähnt hier die Tatsache, daß alle Geschöpfe, angefangen bei den Mineralien über die Pflanzen und

Tiere bis zu den Engeln, sich in andauernder Hingabe und Anbetung Gottes befinden, nur der Mensch und die Dschinn sind hiervon ausgenommen, da sie mit Verstand ausgezeichnete sind. Sie müssen erinnert werden, daß ihre wahre Aufgabe in ihrem Dasein die Verehrung und Anbetung Gottes ist.

Geschlecht und Fortpflanzung

Die Informanten waren sich einig, daß es männliche und weibliche Dschinn gibt. Über die Fortpflanzung herrscht Unklarheit. Allgemein anerkannt ist jedoch, daß die geschlechtliche Vereinigung der Dschinn untereinander in »beliebiger Form stattfinden kann, d. h., daß die Dschinn, die das Aussehen und die Form eines Tieres angenommen haben, sich auch in der Art und Weise dieser Tiere geschlechtlich vereinigen. Wie die geschlechtliche Vereinigung der Dschinn in ihrer Urform auszusehen hat, d. h. in ihrer feinstofflichen unsichtbaren Substanz, ist nicht eindeutig. Man nimmt an, daß die männlichen und weiblichen Energien ineinander verfließen und so eine Zeugung zustandekommt«. (Scheich Muḥammad ᶜUṯmān)

Wurde die Zeugung vollzogen, »so beträgt die Schwangerschaft nur eine Nacht, der neugeborene Dschinnī hat bereits nach weiteren 24 Stunden die Geschlechtsreife erlangt und kann wiederum nach dieser kurzen Spanne zeugen oder, im Falle einer Dschinnīya, empfangen.«

Es wird überliefert, daß der Walī Sīdī ᶜAlī aṣ-Ṣaᶜīdī Gott bat, daß er ihm die Fähigkeit, die Welt der Dschinn zu sehen, geben möge, doch Gott sagte zu ihm: »Dies ist nicht gut für dich!« Sīdī ᶜAlī fragte jedoch ein zweitesmal, und wieder sagte Gott zu ihm: »Es ist besser für dich, davon abzulassen!« Sīdī ᶜAlī fragte ein drittesmal, doch diesmal willigte Gott ein, und Sīdī ᶜAlī bekam die Augen zu sehen, und er sah folgendes: Jede Dschinnīya gebiert 24 Stunden nach der Befruchtung zehn Kinder, diese Kinder sind nach weiteren zwei Tagen wiederum fähig zu zeugen und zu gebären. (Scheich Muḥammad ᶜUṯmān)

Zwar unterscheiden sich die Informationen hinsichtlich des Zeitraums bis zur abgeschlossenen Geschlechtsreife der Dschinn, jedoch ist der kurze Zeitraum und die große Anzahl der Nachkommen auffallend. Da die Lebenserwartung der Dschinn als sehr hoch gilt, müßte es bei dieser regen Vermehrung zu einer großen Raumnot kommen, »dies ist bis jetzt noch nicht eingetreten, da die Dschinn auf die verschiedenen Erden ausweichen können«. (Scheich Muḥammad ᶜUṯmān)

In ihrer Sphäre sollen die Dschinn bei ihrer Erschaffung vor 70 000 Jahren eine Körpergröße zwischen 15 und 150 Meter gehabt haben. Heutzutage ist der größte Dschinnī nur noch 17 Meter und der kleinste 17 Zentimeter hoch. (Muḥammad Muḥammad)

Ernährung

Es ist nicht bekannt, ob die Dschinn überhaupt irgendeiner Nahrung bedürfen und welche Nahrung sie dann in ihrer Sphäre zu sich nehmen. Sobald die Dschinn jedoch in die grobstoffliche Welt treten, findet man bestimmte Nahrungsspezifikationen.

Ausgesprochen viel Beachtung schenkt man in diesem Zusammenhang dem Qarīn des Menschen, der durch dessen Verhalten seine Nahrung zu sich nehmen kann.

Der Qarīn kann an der Nahrungsaufnahme des Menschen partizipieren, sobald dieser vergißt, die Nahrung, die er zu sich nehmen will, mit dem Namen Gottes (der Basmala) vor dem Qarin zu schützen. (Ḥāǧǧ Aḥmad Yūsuf)

Ein wohlgenährter Dschinn begegnete einem seiner Brüder, der mager und elend aussah. Erstaunt fragte er: »Was fehlt dir, daß du so jämmerlich aussiehst?« Dieser antwortete: »Ich wohne bei einem Menschen, der bei jeder Gelegenheit den Namen Gottes ausspricht, und so kann ich nie etwas erhaschen.« »Ich habe es viel besser«, sagte der erste, »der Hausherr, in dessen Wohnung ich mich aufhalte, spricht nie den Namen Gottes aus. So kann ich nach Belieben essen und trinken.«[1]

Wenn der Gottesname nicht genannt wird, entzieht der Qarīn der Nahrung die Energie und wird dadurch immer mächtiger, da der Mensch keine vollwertige Nahrung mehr zu sich nimmt, und bringt so den Menschen schließlich unter seine Kontrolle. (Ḥāǧǧ Aḥmad Yūsuf)

Die Dschinn, die sich nicht durch die Nachlässigkeit der Menschen ernähren können, »erhielten von Gott die Erlaubnis, daß sie, wenn sie irgendwelche alten Knochen finden, diese in Fleisch umwandeln dürfen«. (Scheich Muḥammad ᶜUṯmān)

»Die Dschinn essen Knochen und Tierexkremente«, bestätigt Ḥāǧǧ Farḥān, wobei sie Exkremente zu bevorzugen scheinen. »Abends aß sie (meine Frau, die Dschinnīya)

Bohnen mit Kehricht, nachdem sie sich frühmorgens mit Koth zu gute getan.«[2] Die Dschinn meiden »Knoblauch, Zwiebel und Kamellinsen«.[3]

Rotwild und Gazellen gelten als Spezialitäten, wohingegen die Giraffe nur als Reittier benutzt wird. Eine bestimmte Gruppe der Dschinn nimmt umgewandelte Knochen als Nahrung zu sich, die Allgemeinheit der Dschinn nimmt die der Religion entsprechende Nahrung auf. (Scheich Muḥammad ᶜUṯmān)

Jedes Lebewesen besitzt eine Tierseele (ar-rūḥ al-bahīmī). Der Mensch hat noch zwei weitere Seelen zu eigen, nämlich die erhabene oder edle Seele (rūḥ at-takrīm) und die Seele des Glaubens (rūḥ al-imān). Da nun auch tierische Nahrung Seele in sich hat, stellt sich die Frage, inwiefern die Dschinn von dieser Seele in der Nahrung beeinflußt werden, ja, ob sie sogar bei regelmäßigen Fleischgenuß zum Tier werden, da die Seele des Tieres in sie dringt. (Scheich Muḥammad ᶜUṯmān)

Da sich in toten Knochen und Abfällen keine Seele mehr befindet, könnte es sein, daß die Dschinn sie gerade deshalb bevorzugen.

ANMERKUNGEN

1 Canaan, 1929, S. 10.
2 G. van Vloten, 1893, S. 246.
3 Canaan, 1929, S. 11.

Kleidung

Man nimmt an, daß die Dschinn in ihrer Sphäre so etwas wie Kleidung besitzen, über deren Aussehen keine Informationen vorliegen. Erscheinen die Dschinn jedoch in der grobstofflichen Welt und haben außerdem die Form des Menschen angenommen, so tragen sie auch normale Kleidung, die aber meist von gelber Farbe ist, da Gelb der Farbe des Feuers entspricht. (Ḥāǧǧ Farḥān)

Die anderen Auskünfte der Informanten, die mir mitgeteilt wurden, unterschieden sich davon kaum. Sie alle betonten die Bedeutung der Basmala, »da auch Kleidungsstücke in den Besitz der Dschinn übergehen, wenn sie nicht mit dem Namen Gottes besprochen werden«. (Ḥāǧǧ Aḥmad Yūsuf) Weiter wird Wert auf die Ordnung der Kleidung gelegt. »Legt eure Kleidung zusammen, wenn ihr sie auszieht, denn der Teufel legt kein zusammengelegtes Kleid an, wohl aber die nicht zusammengelegten.«[1]

Einige weiterführende Hinweise hinsichtlich der Kleidung der Dschinn findet man in der Literatur: »Die Dämonen ›leihen sich‹ für besondere Gelegenheiten, wie Hochzeiten, Festlichkeiten usw., menschliche Kleider. Um dieses ›Entlehnen‹ zu verhindern, werden Nadeln in die neuen Kleider gesteckt.«[2] Winkler erwähnt spezifische Kleidungsstücke; so teilte ihm ein Informant mit, daß er viele kleine Kerlchen mit hohen spitzen Mützen sah, die sich an einem Getreidehaufen zu schaffen machten.[3]

In der Zauberei, besonders bei der Beschwörung der sieben Fürsten, nennt man die Farben der Gewänder der einzelnen Fürsten. An ihnen kann man die Fürsten erkennen:

Der Fürst Maḏhab hat ein gelbes Gewand und ist der Farbe Gelb zugeordnet.

Der Fürst Murra hat ein weißes Gewand und ist der Farbe Weiß zugeordnet.

Der Fürst al-Aḥmar hat ein rotes Gewand und ist der Farbe Rot zugeordnet.

Der Fürst Barqāan hat ein blaues Gewand und ist der Farbe Blau zugeordnet.

Der Fürst Šamhūriš hat ein grünes Gewand und ist der Farbe Grün zugeordnet.

Der Fürst al-Abayaḍ hat ein aschfarbenes Gewand und ist den Farben Weiß oder Schwarz zugeordnet.[4]

ANMERKUNGEN

1 Hammer-Purgstall, 1852, S. 26.
2 Canaan, 1929, S. 11.
3 Winkler, 1936, S. 11.
4 Winkler, 1930, S. 92.

Das Erscheinen der Dschinn in der menschlichen Sphäre

Unter Auftauchen versteht man die Materialisation der Dschinn auf der grobstofflichen Ebene, sei es nun in Form eines Tieres oder eines Menschen. Um sich vor ihren negativen Kräften zu schützen, versucht man, die positiven wie negativen Zeitqualitäten ihres Auftauchens zu erkennen.

Einige Informanten waren der Meinung, daß sich die Dschinn jederzeit in der menschlichen Sphäre materialisieren können. Andere wiederum nannten bestimmte Zeiten, die günstig für das Erscheinen der Dschinn sind. Besonders in der Nacht tauchen sie nach Meinung von Ḥāǧǧ Aḥmad Yūsuf auf. »Gefährlich ist die Dämmerung von Tag und Nacht, bedingt durch die stattfindende Engelsablösung.«[1] Unter der Engelsablösung versteht man den Zeitpunkt, an dem der persönliche Engel durch einen anderen abgelöst wird: Kurze Zeit ist man ohne den Schutz des Engels und daher besonders anfällig für negative Beeinflussung durch die Dschinn. Von anderer Seite erfährt man wiederum, daß die Ablösung in den Nachmittagsstunden, d. h. nach dem Nachmittagsgebet, stattfindet. Daher stammt auch die Empfehlung, nach dem Nachmittagsgebet nicht zu schlafen, denn im Schlaf sei der Mensch noch anfälliger für eine Beeinflussung durch die Dschinn. Morgen- und Abenddämmerung werden auch deshalb als besonders gefährlich angesehen, »da sich im Zwielicht die Dschinn- und die Menschenwelt berühren«. (Muḥammad Muḥammad) In diesen Zeiträumen sollte man religiöse Praktiken vollziehen wie Gebete, Koranrezitation u. ä.

Ein Zauberer kann dieses Wissen der Zeitqualität benutzen, um Dschinn herabzuziehen.

So gibt es bestimmte Schwurformeln, die an bestimmten Tagen zu bestimmten Stunden für bestimmte Dschinn und deren Fürsten angewandt werden. So kann man z. B. den Dschinn-Fürsten

Maḏhab am Sonntag zur Zeit des ersten Sonnenstrahlens, verbunden mit seinem Schwur und entsprechendem Räucherwerk, herabziehen, um ihm daraufhin Aufträge zu erteilen. Jeder Fürst hat seine Zeit, in der er beschworen werden kann. (Scheich Muḥammad ᶜUṯmān)

Das Erscheinen der Dschinn hängt aber auch vom Zustand der jeweiligen Person ab. Ist man nervös oder erregt, so kann es leicht zu einem Kontakt mit den Dschinn kommen. Hat eine Frau ihre Menstruationsperiode, so ist sie besonders anfällig und ein beliebtes Opfer für die Dschinn, was zu Erscheinungen führen kann. (Scheich Zanhūrī)

Als Zeichen für die Anwesenheit eines Dschinnī werden Niesen und Gähnen genannt. »Das Niesen bekundet die Anwesenheit eines freundlichen Geistes, denn Gott liebt das Niesen.«[2]

»Beim Gähnen fürchtet man das Eindringen eines bösen Geistes in den Körper. Wenn einer gähnt, soll er die Hand auf den Mund legen und sagen: 'aᶜūḏu bi-llāhi mina š-šayṭāni r-rağīm (Ich suche Zuflucht bei Gott vor dem gesteinigten Satan.)«[3]

ANMERKUNGEN

1 Canaan, 1929, S. 19.
2 Reinfried, 1915, S. 32.
3 Ebenda, S. 34. Winkler erwähnt das Gähnen als Zeichen eines beginnenden Besessenheitszustandes. Siehe: Winkler, 1936, S. 63.

Die Erscheinungsformen der Dschinn

»Gott gab den Dschinn die Fähigkeit, jedwede materielle Gestalt anzunehmen.« (Ḥāǧǧ Farḥān) Doch scheinen die Dschinn bestimmte Lebensformen zu bevorzugen, besonders Schlangen, Skorpione, schwarze Hunde und Katzen. Die Schlange geht auf die Erwähnung dieser Dschinn-Form im Koran zurück. (Vgl. 27/10) Besonders hervorgehoben sei hier die in den Unterweltstexten des Alten Ägypten oft genannte Apophis-Schlange. Diese Schlangengottheit von riesiger Größe bedrohte jeden Morgen und jeden Abend die Weltenordnung durch einen Angriff auf die Barke des Sonnengottes. Sie unterlag immer, aber sie erstand jedesmal von neuem. Apophis wird in späterer Zeit mit dem Gott Seth gleichgesetzt. Altägyptische Bes-Figuren werden ebenfalls als Erscheinungsformen der Dschinn angesehen. Bes war ein beliebter Schutzgeist, mißgestaltet und struppig mit fratzenhaftem Gesicht und mit einem Löwenfell bekleidet. Zusammen mit anderen segenbringenden Dämonen schützt er die Frauen im Kindbett vor allen verderblichen Einflüssen.

Auffallend ist weiterhin, daß zwischen obengenannten Tieren und der Erde eine direkte Beziehung besteht: Schlangen und Skorpione wohnen sogar direkt in der Erde, d. h., daß »diese Tiere Erscheinungsformen der Unterwelts-Dschinn sind«. (Ḥāǧǧ Aḥmad Yūsuf) Es wird überliefert, daß Muḥammad die Geister nach ihrer Erscheinungsform in drei Gruppen eingeteilt hätte: solche, die wie Schlangen und Skorpione aussehen, solche, die den Winden ähnlich sind, und solche, die den Menschen gleichen. Letztere können erschreckende Gestalten besitzen, haarige, schwarze, zwergenähnliche oder himmelhohe Geschöpfe sein.[1] Erscheinen die Dschinn in menschlicher Gestalt, so erkennt man sie an folgenden Merkmalen: senkrechte schmale Pupillen, gleich Katzenaugen, Verstümmelungen an einzelnen Gliedern, auch in Form von Tierkörperteilen.

Eines Tages begegnete mir in der Totenstadt von Kairo eine vermummte Gestalt, die mich anredete und nach einem mir Unbekannten fragte. Als ich in die Augen der Gestalt blickte, hatte diese senkrechte, schmale Pupillen, und ein rotes Glühen ging von ihnen aus. Daraufhin zeigte sie mir eine ihrer Gliedmaßen; und was ich für eine Hand gehalten hatte, war ein Ziegenfuß. Aus Angst lief ich vor der Gestalt davon. (Muḥammad al-Bawwāb)

Die immer wieder auftretenden Anomalien bei menschlichen Körpern, die durch Dschinn gebildet wurden, gehen auf den Umstand zurück, daß die Dschinn nicht fähig sind, den menschlichen Körper in seiner Vollkommenheit nachzubilden. (Muḥammad Muḥammad)

Die Dschinn verwenden diese abnormen Körperformen ganz bewußt, um den Menschen zu erschrecken, ihn in Furcht zu versetzen und ein Eindringen in den menschlichen Körper vorzubereiten.

Der Grund für die Unfähigkeit der Dschinn, den menschlichen Körper nachzubilden, geht auf ein kosmisches Gesetz zurück, daß nur die jeweils höhere Seinsform die unter ihr stehende verstehen, beherrschen und nachbilden kann. Da an der Spitze der Hierarchie der Schöpfung der Mensch steht, gefolgt von den Engeln, und erst an dritter Stelle die Dschinn vor den Tieren zu finden sind, können die Dschinn nur die Tiere nachbilden, nicht aber die Menschen und die Engel. Versuchen sie es trotzdem, so treten die bekannten Anomalien auf, wie schmale, senkrechte Pupillen, Verstümmelungen oder Tiergliedsmaßen. (Scheich Muḥammad ^{c}Uṯmān)

Da man bei den genannten Tieren nicht genau weiß, ob es sich um einen Dschinn oder ein normales Tier handelt, versucht man, sie nicht grundlos zu verärgern oder zu vertreiben. Man ruft in diesem Fall einen Scheich, der sich mit diesen Tieren auskennt, damit er es entfernt. Besonders die Rifā^{c}ī-Derwische haben sich auf das Aufspüren und Fangen von Schlangen und Skorpionen spezialisiert. Sie glauben, daß sie Kraft ihres Glaubens und der spirituellen Hilfe (madad) des Ordensgründers, Aḥmad ar-Rifā^{c}ī[2], Macht über diese Tiere besitzen, die ihrer Meinung nach meist Dschinn sind. Sie pfeifen diese Tiere herbei, nehmen sie mit der bloßen Hand auf und stecken sie in einen Sack. Mit diesem gehen sie in die Wüste und setzen die gefangenen Tiere dort wieder frei, da es sich bei den Tieren um Dschinn handeln könnte, die bei ungerechter Behandlung Rache nehmen würden.[3]

ANMERKUNGEN

1 Kriss, II, 1962, S. 15.

2 Aḥmad ar-Rifāʿi, Begründer der ar-Rifāʿīya genannten Bruderschaft, gestorben am 23. September 1183 in Umm ʿAbīda im Kreis Wāsiṭ. Siehe: EI[1], Bd. 3 s.v. al-Rifāʿī.

3 Brunton, 1951, S. 290 ff.

Die Dschinn im Kontakt mit dem Menschen

Die Beziehung zwischen Mensch und Dschinnī ist meist problematisch. Die Kontaktaufnahme von seiten des Menschen ist verbunden mit einigen Grundvoraussetzungen. Die Kontakte können rein magischer Natur sein, können aber auch zu sexuellen Beziehungen, sogar zur Heirat führen. Die Kontakte und Beeinflussungen von seiten der Dschinn werden eher als Belästigung empfunden, da sie meist zu Krankheit oder Wahnsinn führen. Daher versucht man sich mittels diverser Methoden zu schützen.

Kontaktaufnahme durch den Menschen

Grundsätzlich halten alle Informanten die Kontaktaufnahme mit den Dschinn für möglich. Allerdings wurde die Beschwörung der Dschinn von den meisten als nicht vereinbar mit dem Islam angesehen, da es notwendig ist, während der Beschwörung andere Namen als den Gottes anzurufen und sich mittels bestimmter Handlungen von den Grundlagen des Islam zu entfernen. »Es gibt viele Wege, die Dschinn zu beschwören, dies ist nicht weiter schwer, da sie willig sind, zu dienen. Zuerst muß man jedoch die Religion des Islam verlassen.« (Scheich Zanhūrī) Die Personen, die selber Beschwörungen vornahmen, sahen jedoch in ihren Handlungen keinerlei Widerspruch zum Islam und konnten sie ohne weiteres mit den islamischen Verhaltensregeln und ihrem Glauben in Einklang bringen.

Die Kontaktaufnahme mit den Dschinn geschieht hauptsächlich durch schwarze Magie. Man kann die Beschwörung auf zwei Arten erlernen; zum einen durch das Studium der magischen Literatur – dieser Weg ist jedoch langwierig und mit vielen Rückschlägen verbunden –, zum anderen durch eine direkte Anleitung eines Magiers, der bereits Erfahrungen mit den Dschinn hatte.

Die Dschinn können ohne weiteres von sich aus den Kontakt aufnehmen, der Mensch aber muß, um Kontakt mit den Dschinn aufzunehmen, bestimmte rituelle Handlungen vollziehen. (Ḥāǧǧ Aḥmad Yūsuf)

Um einen Dschinnī zu beschwören, müssen bestimmte Voraussetzungen erfüllt sein.

So muß man vom islamischen Gesetz her unrein sein, das heißt, man muß die rituelle Waschung (wuḍū') mit Sperma und Milch vollziehen. Außerdem muß man den Koran auf den Boden der Toilette legen und mit Füßen treten. (Muḥammad Muḥammad)

Weitere Voraussetzungen für eine erfolgreiche Beschwörung sind:

Dunkelheit, starke Verwendung von Weihrauch und das Nennen bestimmter Gottesnamen. Nach einiger Zeit der intensiven Rezitation der Beschwörungsformeln und des ausgiebigen Räucherns wird sich der Dschinnī aus dem Rauch herauschälen. Dieser Körper wird von schrecklichem Aussehen sein. Bleibt man aber stark und ohne Furcht, so besitzt der Dschinnī keinerlei Macht über den Beschwörer und dieser kann nun dem Dschinnī Aufträge erteilen. Fühlt man sich jedoch schwach, ergreift der Dschinnī von einem Besitz. (Ḥāǧǧ Aḥmad Yūsuf)

Manche Menschen können mit den Geistern fertig werden, sei es, daß sie sie bannen, sei es, daß sie sie gar in Dienst nehmen. Solche Macht ist zweierlei Ursprungs, entweder eine Gnade Gottes, dann sagt man, daß ein solcher Mensch sirr (Geheimnis, geheimnisvolle Gnade) hat. Oder die Macht ist dämonischen Ursprungs, dann sagt man, daß der Mann den ism, den Namen hat, d. h. er kennt den Namen oder die Zauberworte der Dämonen.[1]

Der in der Gegend wohnende Geist, ᶜUmmār, erwidert gerne die Beschwörung. Ist der Körper des Beschwörers nicht bereit, d. h., ist er kein geschickter Haykal (haykal: Tempel, hier Gefäß, Vehikel), kann der Dschinnī nicht in ihn eintreten. In diesem Fall muß man den Körper „geschickt" machen (z. B. durch Fasten, Einsamkeit, Räucherungen und Beschwörungen), damit etwas »Dschinnartiges« in den Körper hineinkommt.[2]

Man sieht hier, daß nicht nur der Ort alle Voraussetzungen erfüllen muß, um eine Beschwörung durchzuführen, sondern der Mensch selbst muß bestimmte Voraussetzungen erfüllen.

Der Mensch muß seine niedere Schwingungsfrequenz durch Übungen an die höhere Schwingungsfrequenz der Dschinn angleichen, dies geschieht z. B. durch Fasten. Eine weitere Voraussetzung ist die Veränderung der Augen des Menschen. Da bei einer sachgemäßen Beschwörung der Dschinnī erscheinen muß, der Mensch ihn jedoch aufgrund seiner nicht eingestimmten Augen nicht sehen kann, verschwindet der Dschinnī wieder. Natürlich wird von seiten des Beschwörers die Beschwörung so lange wiederholt, bis sich ein Erfolg einstellt, und immer wieder muß der Dschinnī erscheinen, wird aber nicht erkannt. Der Dschinnī ist nun zu Recht ärgerlich und wendet sich an seinen Dschinn-Fürsten, wo er seine Klage vorbringt. In vielen Fällen sagt daraufhin der Fürst: »Gib ihm (dem Beschwörer) etwas von der Dunkelheit deiner Augen.« D. h., man kann die Dschinn nicht mit den menschlichen Augen sehen, sondern nur mit den Augen der Dschinn selbst. Der beschworene Dschinnī kann nun dem Beschwörer die Fähigkeit des Sehens geben. (Scheich Muḥammad ᶜUṯmān)

Ist der Dschinnī sichtbar geworden, muß man mit ihm einen Vertrag (ᶜahd) abschließen, der auch als Siegel bezeichnet werden kann. »Der muhammedanische Zauberer verlangt vom beschworenen Dämon seinen Namen und sein Siegel, um ihn in seine Gewalt zu bekommen, denn beides (Siegel und Name) sind sozusagen Formen seines Wesens.«[3]

Um einen Kontakt herzustellen, wird eine Fülle an Methoden angewandt. Einige seien hier kurz herausgegriffen: Man verwendet bestimmte Gegenstände, durch die die Dschinn Auskünfte erteilen. Darunter fällt die ḍarb-al-mandal-Methode (das »Arbeiten mit dem Tintenspiegel«), die ḍarb-ar-raml-Methode[4] (Geomantie). Und auch das Traumorakel (istiḫāra) ist eine Methode der Kontaktaufnahme. In den meisten Fällen wird ein Kleidungsstück des

Ratsuchenden unter das Kopfkissen des Zauberkundigen gelegt, damit er durch diesen persönlichen Gegenstand von den Dschinn die Antwort auf das Problem erhält. Der Dschinnī des persönlichen Gegenstandes (hier also der Qarīn des Gegenstandes) soll die Auskünfte im Traum erteilen. Diese Methode wird als »Arbeit mit Meß-Spuren« bezeichnet.

Ich erfuhr durch eine Šayḫa namens Ḥāǧǧa Fāyza, daß sie sowohl aus dem Kaffeesatz liest und sich darauf im Entspannungszustand von zwei Dschinn die Bedeutung der Muster und Linien im Kaffeesatz erklären läßt, als auch das Traumorakel verwendet, um Auskünfte durch ihren persönlichen Dschinn-Diener zu erhalten. Die Ḥāǧǧa bereitet sich für das Traumorakel folgendermaßen vor: Bevor sie sich zum Schlaf niederlegt, räuchert sie mit Kuṯbara (Koriander) und Lubān Ḏakar (Echter Weihrauchbaum) und rezitiert dreimal Sure 72, danach äußerst sie ihren Wunsch. Im Traum wird ihr dann ihr Dschinn-Diener die gewünschten Auskünfte erteilen. Ein Zauberer aus Luxor teilte mir mit, daß die Sure 72 die stärkste Kraft innehat, um einen Kontakt zu ermöglichen. Man liest sie 7, 11 oder 21mal, je nach der Problemstellung.

Eine besondere Methode der Kontaktaufnahme oder Austreibung stellen die ekstatischen Tänze dar, wie sie zum Beispiel von dem Heiler Scheich Muḥammad Ǧābir angewandt werden (s. S. 169ff.), sowie die berühmten Zār-Rituale, die in Teil 4, S. 223ff. beschrieben werden.

Möglich ist auch, daß ein Mensch die Dschinn nachhaltig beeinflußt. »Ein spirituell starker und erfahrener Mensch kann ebenso in einen Dschinnī fahren, dieser Dschinnī wird dann ma'nūs (eigentlich vertraut, gewohnt; hier: menschlich geworden) genannt.« (Scheich Muḥammad ᶜUṯmān)

Warum kommt es überhaupt zu einem Kontakt zwischen Mensch und Dschinnī? Welche Beweggründe haben Dschinn und Mensch sich anzunähern?

Die Dschinn lieben die Menschen und treten mit ihnen in Kontakt, weil sie sich auf Kosten der Menschen amüsieren. Außerdem wollen sie die Menschen kontrollieren, doch können sie nur die dummen und geistesschwachen Menschen beherrschen. Der Mensch wiederum tritt mit den Dschinn in Kontakt, um die Zukunft zu erfahren, um verlorengegangene Dinge wieder zu erlangen und um überhaupt in schlechten und verdammenswerten Handlungen ihre Hilfe zu erlangen. Ein weiterer Grund der Kontaktaufnahme ist der Wunsch, das Unbekannte zu erfahren, denn der Mensch liebt die Entschlüsselung des Unbekannten. Außerdem kann die Aussicht auf Geld und materielle Reichtümer den Wunsch erwecken, den Kontakt mit den Dschinn zu suchen. Die Dschinn können aber auch als Diener für Heilungen und Austreibungen herangezogen werden. (Ḥāǧǧ Farḥān)

Die Kontaktaufnahme mit den Dschinn ist – wie bereits erwähnt – meist mit eigennützigen Zielen verbunden. Da die Techniken der Beschwörung nicht konform mit dem Koran und der Sunna des Propheten Muḥammad gehen, wird jegliche Kontaktaufnahme durch den Menschen von der Orthodoxie verurteilt. Sie wird mit Zauberei (siḥr) in Verbindung gebracht, die immer als schwerer Verstoß gegen den Islam angesehen wird. Das Funktionieren der Zauberei und die Wahrheit ihrer Aussagen wird jedoch nicht angezweifelt, da ja bereits im Koran ihre Wirkung bestätigt wird: So z. B. in Sure 113/4: »Und vor (bösen) Weibern, die Zauberknoten bespucken.« Sure 2/102: »Uns sie (d. h. diejenigen, die Zauberei treiben) folgten dem, was die Satane unter der Herrschaft Salomos (den Menschen) vortrugen. Nicht Salomo war ungläubig, sondern die Satane, indem sie die Menschen in der Zauberei unterwiesen.« Die Zauberei wurde also von den Dschinn (Satanen) gelehrt und auf Geheiß Gottes an die Menschen weitergegeben. Zur Zeit des Propheten Idrīs schickte Gott zwei Engel namens Hārūt und Mārūt auf die Erde, um die Menschen die Zauberei zu lehren. So sollten sie den Unterschied zwischen Zauberei und Prophetenwunder erkennen und von ihrem Zweifel an den Propheten ablassen.[5] Die beiden Engel wurden jedoch von einer wunderschönen Frau verführt. Als sie ertappt wurden, töteten sie den, der sie entdeckt hatte. Darauf wurden sie durch Gott in einem tiefen Brunnen in Bābil (Babylon) gefangengesetzt. Jedoch, so wird überliefert, gelingt es immer wieder Menschen, zu ihnen vorzudringen, um von ihnen die Zauberei zu erlernen.

Und (sie folgten dem), was auf die beiden Engel in Babel, Hārūt und Mārūt, (vom Himmel) herabgesandt worden war. Und sie (d. h. die beiden Engel) unterwiesen niemanden (in der Zauberei), ohne zu sagen: »Wir sind nur eine Versuchung (für die Menschen). Werde darum nicht ungläubig!« Und so erlernten sie (d. h. die Menschen) von ihnen (d. h. von den beiden Engeln) das (Mittel), womit man zwischen einem Mann und seiner Gattin ein Zerwürfnis hervorruft. (2/102)

So ist die Zauberei also einerseits ein teuflisches Instrument, das durch ungläubige Dschinn an die Menschen weitergegeben wurde, andererseits ist sie jedoch ein von Gott durch Engel vermitteltes Wissen, daß der Unterscheidungskraft des Menschen dienen soll und gleichzeitig eine Prüfung vor der Versuchung der Macht darstellt.

Nur, wenn Zauber durch Gegenzauber aufgelöst wird, kann Zauberei gebilligt werden. Es gilt der Grundsatz: »Gott erlaubt, was keinen Schaden bringt, und verbietet Handlungen, die Schaden hervorrufen.«[6] Darauf berufen sich viele Zauberer im Raum Kairo, weshalb man eine Vielzahl von Zauberern antrifft, auch wenn die Orthodoxie die Zauberei ablehnt.

Es ist schwer, genau zu definieren, was Zauberei eigentlich ist, da die Grenzen zwischen reinem Exorzismus und der Beschwörung der Dschinn (welche zur Zauberei gerechnet werden darf) fließend sind. Alle von mir kontaktierten Personen distanzierten sich von Zauberei und hielten ihre Tätigkeit für gottgefällig, obwohl einige ganz eindeutig zu den Zauberern gerechnet werden können (so u. a. Scheich Muṣṭafā Dāwūd, S. 137ff., und Scheich Yāsīn, S. 185ff.). Fest steht, daß zwischen Zauberei und Religion eine enge Beziehung besteht:

Religion und Magie sind zwei Formen eines ursprünglich einzigen und unteilbaren sozialen Phänomens; die primitiven Menschen hatten eine Institution, durch die sie mit dem Übernatürlichen in Beziehung traten; in dieser lagen die Keime zu beiden, zu Magie und Religion, die sich allmählich voneinander schieden; Magie und Religion genießen nicht das gleiche Ansehen; die Religion ist immer das Höhere, der allgemein anerkannte Kult; aber zwischen dem, was sicher zur Religion und dem, was sicher zur Magie gehört, liegen zahllose unbestimmbare Dinge (z. B. die »weiße Magie«), die von der Religion weder allgemein anerkannt, noch als unstreitig magisch verurteilt werden.

Der Islam ist ein System des reinen Supranaturalismus; für ihn besteht eine körperliche, sinnlich wahrnehmbare und dahinter eine Geisterwelt, zu der man entweder durch Magie oder durch Religion in Beziehung treten kann.

Etymologisch bedeutet siḥr Magie im engeren Sinn, den »Zauber«. Die Lexika behaupten, daß es die Verwandlung eines Dinges aus seiner wahren Natur oder Form in etwas anderes sei, das unwirklich oder eine bloße Erscheinung ist. Psychologisch betrachtet, ruft das siḥr einen starken Eindruck von Hypnotismus hervor.

Die unerlaubte Zauberei, »der tadelnswerte Weg« oder die »Methode der Saḥara« genannt, wird auf Iblīs durch seine Tochter oder seines Sohnes Tochter Bayḏah̲ zurückgeführt. Sie hat über dem Wasser einen Thron. Hārūt und Mārūt sagten zu einer Frau: »Du brauchst ein Ding nur zu wollen, wie du es in deinem Geiste ausgemalt hast, und es geschieht.«

Die Zauberei ist also im wesentlichen ein psychisches Arbeiten mit physischen Wirkungen, was sich auch immer der Zauberer in seinem Wahn (der Imagination) vorstellt, tritt in Erscheinung[7].

Im Zauberbuch Picatrix des Pseudo-Mağrīṭī[8] wird auf die Bedeutung des direkten Kontaktes zwischen Mensch und Geistwesen eingegangen. Die dort beschriebenen Vorstellungen sind eng verbunden mit dem Eindringen neuplatonischer Anschauungen in den islamischen Dämonenglauben und die Astrologie.

Das Charakteristische für diese Form des Neoplatonismus ist ja, daß die Emanationen der oberen Welt der unteren durch Zwischenwesen vermittelt werden, die, je weiter sie in der Stufenreihe oben stehen, sich desto mehr dem Charakter von Göttern und Dämonen nähern, und je inniger sie sich mit der Materie verbinden, desto mehr als sich spirituelle Kräfte darstellen, die in den Tieren, Pflanzen, Steinen und allen anderen Naturwesen schlummern.[9]

Über die Astrologie liest man:

Die Sterne haben die Funktion, die himmlischen Urformen der Welt zu übermitteln. So wird es sich für den Magier darum handeln, zu bewirken, daß eine von ihm gewünschte Form im richtigen Augenblick an der richtigen Stelle der Materie eingeprägt wird. Sendet die Allseele durch die Sterne bestimmte Kräfte oder Geistwesen auf die Erde, so wird die Aufgabe des Magiers darin bestehen, diese auf irgendeine bestimmte Stelle, etwa auf einen Talisman, herabzuziehen und dort festzuhalten.[10]

Worauf es vor allem ankommt, ist die Reinheit der sympathischen Atmosphäre.[11]

Der Magier unterscheidet sich vom Handwerker nur durch eine tiefere Einsicht in den Zusammenhang der Dinge und die Möglichkeiten von dessen Ausnutzung zu ungewöhnlichen Zwecken.[12]

Ehen zwischen Mensch und Dschinn

Große Bedeutung in der Interaktion zwischen Mensch und Dschinn hat die Sexualität. Besonders die Dschinn benutzen sie, um Macht über den Menschen zu erlangen. So erscheint der Dschinnī im Schlaf in Gestalt des Traummannes oder der Traumfrau mit eindeutig sexuellen Ambitionen und bietet sich zum Geschlechtsakt an. Bald darauf erscheint der Dschinnī in gleicher Gestalt auch außerhalb der Traumwelt und bindet so den Menschen immer enger an sich. Als Höhepunkt kommt es schließlich zur Heirat zwischen Mensch und Dschinnī. Sie ist wie ein Pakt zwischen dem Zauberer und seinem Dschinn-Diener, in der allerdings der Dschinnī meist die Macht über seinen menschlichen Partner innehat.

Hat eine Dschinnīya den Wunsch, einen Mann zu besitzen, so erforscht sie in seinen Träumen das Urbild seiner Traumfrau und projiziert dieses Bild verstärkt in die Träume des Mannes. Nach einiger Zeit erscheint sie ihm in Gestalt seiner Traumfrau außerhalb seiner Träume; zuerst nur kurz, doch dann immer länger und versucht, ihn in ihren Bann zu ziehen. Gelingt ihr das, so stellt sie dem Mann ihre Bedingungen, die meist mit der völligen Hörigkeit des Mannes einhergehen.

Die meisten Männer haben seit ihrer Geburt eine Dschinnīya, die ihnen folgt, die jedoch nicht mit dem Qarīn identisch ist. (Muḥammad Muḥammad)

Alle Informanten bestätigten die Möglichkeit einer Heirat zwischen Mensch und Dschinnī.

Eheschließungen zwischen Mensch und Dschinn sind möglich, aber gefährlich, da die Dschinn von anderer Art als die Menschen sind. Die Dschinn heiraten aus einem Machtbestreben heraus, aus materiellen Gründen oder aus Liebe zum Menschen. Bei Geburt von Kindern, die aus einer Verbindung von Mensch und Dschinnī hervorgegangen sind, folgen die Kinder der Art der Mutter. Ist die Mutter eine Dschinnīya, so sind die Kinder Dschinn. Es gibt heutzutage viele Ehen dieser Art.

Eines Tages erschien einer Frau, deren Mann verreist war, ein Dschinnī in Gestalt ihres Mannes; dieser zog sie in seinen Bann und pflegte Umgang mit ihr. Als der Ehemann zurückkehrte, wunderte er sich, daß er empfangen wurde, als wäre er gar nicht fort gewesen. Schließlich erfuhr er von seiner Frau, daß ein Dschinnī in seiner Gestalt Verkehr mit seiner Frau hatte. Der Dschinnī erschien ihm, und es wurde vereinbart, daß der Mann die Frau am Morgen, der Dschinnī sie in der Nacht besitzen dürfe. (Ḥāǧǧ Aḥmad Yūsuf)

Heiratet ein Mann eine Dschinnīya, so verwandelt sich ihre ursprünglich feurige Qualität in eine solche, die warmem Wasser entspricht. Gebiert die Dschinnīya Kinder, so sind diese zu einer Hälfte Dschinn, zur anderen Hälfte Mensch. (Scheich Muḥammad ᶜUṯmān)

Ein schöner Mann verliebte sich in eine Dschinnīya und wollte sie heiraten. Die Familie des Mannes lehnte dieses Ansinnen jedoch ab, da der junge Mann seiner Cousine versprochen war. Am Tage der Verlobung verschwand der Mann und tauchte erst nach zwei Monaten wieder auf. Und wieder bat er seine Familie um die Erlaubnis, die Dschinnīya heiraten zu dürfen, der Vater lehnte jedoch wiederum ab. Oft hörte man in dieser Zeit aus dem Zimmer des jungen Mannes eine Frauenstimme, doch sah niemand eine Frau das Zimmer betreten oder verlassen. Alsbald wurde ein neuerlicher Verlobungstermin vereinbart. Am festgesetzten Termin verschwand der junge Mann, und niemand sah ihn wieder. (Muḥammad al-Bawwāb)

Alle Informanten brachten emphatisch zum Ausdruck, daß eine Ehe zwischen Mensch und Dschin nicht ohne Gefahr sei und nur die geistig stärksten Menschen das Feuer und die Energie der Dschinn verkraften würden. Die meisten Ehen zwischen den beiden enden mit dem finanziellen Ruin und der geistigen Umnachtung des menschlichen Partners.

Über diese Ehen wird nicht nur im Volksmund, hinter vorgehaltener Hand, berichtet, sondern auch die Presse und die Gerichte beschäftigen sich damit. So wurde 1980 in der Zeitung al-Ahrām über einen gewissen ᶜAbdalᶜazīz Abū Kaff berichtet, der mit einer Dschinnīya verheiratet sein soll und durch sie Heilungen vornimmt. Diese Verbindung geht auf das Jahr 1967 zurück. Damals war Abū Kaff als Soldat in den Krieg eingezogen worden. Eines Tages erlitt er einen Schlaganfall und war gelähmt. Im Lazarett erschien ihm im Traum eine Dschinnīya. Dieser Traum wiederholte sich in den darauffolgenden Nächten, bis die Dschinnīya eines Tages tatsächlich in Gestalt einer menschlichen Frau vor ihm stand. Sie erklärte sich bereit, ihn zu heilen, doch als Gegenleistung müsse er ihr jeden Wunsch erfüllen. Abū Kaff willigte sofort ein, kurz darauf war er geheilt und konnte wieder gehen. Die Dschinnīya verlangte darauf, er solle ihre Tochter heiraten. Weitere Wünsche der Dschinnīya bezeichnete Abū Kaff als hilfreich für die menschliche Gesellschaft.

In Ausführung dieser Wünsche sei er jedoch nicht Herr seiner selbst und könne daher für diese Handlungen nicht zur Verantwortung gezogen werden. Der größte Segen in seiner Ehe sei die neu erworbene Fähigkeit, Heilungen vorzunehmen. Die Dschinnīya teilt ihm auf geistigem Weg die nötigen Rezepte mit, die er dem Patienten aufschreibt.

Aus Gründen, die aus dem Artikel nicht hervorgingen, mußte sich Abū Kaff vor Gericht verantworten, wo er immer wieder auf den Nutzen seiner Ehe für die Gesellschaft hinwies. Als Beweis für die Verbindung zu seiner Dschinnīya konnte er fünf ihm unbekannten Personen aus dem Gerichtssaal ihre Krankheiten und die notwendigen Behandlungen nennen. Ein hinzugezogener religiöser Sachverständiger verlangte die Überprüfung dieser Krankheiten und gegebenenfalls eine Behandlung mit den angegebenen Methoden des Abū Kaff. Dieser Sachverständige der Azhar-Universität bestätigte, daß es Ehen zwischen Mensch und Dschinnī gäbe, ebenso wie die Möglichkeit, durch die Dschinn Heilungen vorzunehmen. Ein hinzugezogener Psychiater bezeichnete Abū Kaff als paranoid. Abū Kaff wurde freigesprochen.[13]

Ein weiterer Fall, der vor Gericht gebracht wurde, war das Scheidungsbegehren einer Frau, die ihren Mann beschuldigte, eine zweite Ehe mit einer Dschinnīya eingegangen zu sein. Merkwürdiges Verhalten ihres Mannes diente ihr als Anhaltspunkt. Wie durch Zauberkraft sei beispielsweise ein unaufgeräumtes Zimmer innerhalb weniger Minuten in Ordnung gebracht werden. Eine zerbrochene Vase habe er durch bloße Berührung mit seinen Händen zusammengesetzt. Auch die Kinder des Ehepaares sagten aus, daß sie die Dschinnīya zwar nicht sehen könnten, doch ihre Existenz im Hause spürten. Die Frau vertrat vor Gericht die Überzeugung, ihr Mann habe die Dschinnīya geheiratet und mit ihr zwei Kinder gezeugt. Der Ehemann wies diese Unterstellung entschieden von sich. Das Gericht hatte zwar keine greifbaren Beweise außer der Aussage der Ehefrau. Er berief sich jedoch auf den Koran, in dem die Existenz der Dschinn bestätigt wird, und kam daher zu der Auffassung, daß Dschinnī und Mensch heiraten könnten. Es willigte in die Scheidung ein, unter Bezug auf § 6 des Gesetzes 44 von 1979.[14]

Wie man aus diesen Beispielen erkennt, wird auf der Ebene der islamischen Orthodoxie und der Justiz sehr sachlich mit diesem Problem umgegangen. Grundsätzlich ist die Ehe zwischen Mensch und Dschinn offiziell anerkannt. Einige islamische Gelehrte untersagen jedoch die Heirat zwischen Mensch und Dschinnī. ᶜAbdallāh al-Mušadd, Mufti der Azhar-Universität, vertritt in seinem zitierten Artikel (S. 29 ff.) die Meinung, eine solche Ehe sei aufgrund der islamischen Ethik abzulehnen. Die Partner seien dabei zu verschiedenartig. Folgende Koranzitate weisen darauf hin:

> Und Gott hat euch aus euch selbst Gattinnen gemacht (indem er zuerst ein Einzelwesen und aus ihm das ihm entsprechende andere Wesen schuf). (16/72)

> Und zu seinen Zeichen gehörte es, daß er euch aus euch selbst Gattinnen geschaffen hat (indem er zuerst ein Einzelwesen und aus ihm das ihm entsprechende Wesen machte), damit ihr bei ihnen wohnet (oder: ruhet). Und er hat bewirkt, daß ihr (d. h. Mann und Frau) einander in Lieben und Erbarmen zugetan seid (w. er hat Liebe und Erbarmen zwischen euch gemacht). (30/21)

Dem Koran zufolge sollen sich nur gleiche Arten verbinden.[15]

Die Dschinn als Verursacher von Krankheit und Besessenheit

Die Dschinn können auch negativen Einfluß auf die Menschen ausüben.

Weil Iblīs den Menschen haßt, schickt er seine Schergen (die Šayāṭīn) aus, um die Menschen anzufallen, ihnen Krankheiten zuzufügen und um sie vom geraden Weg der Religion abzubringen. So steht auch im Koran: 62 Er sagte (weiter) Iblīs/: »Was meinst du wohl von dem da /Adam/, dem du mehr Huld erwiesen hast als mir? Wenn du mir bis zum Tag der Auferstehung Aufschub gewährst, werde ich seiner Nachkommenschaft mit wenigen Ausnahmen den Garaus machen (?) (oder: werde ich seine Nachkommenschaft mit wenigen Ausnahmen in meine Gewalt bekommen?).« 63 Gott (w. Er) sagte: »Geh weg! Wer (auch immer) von ihnen dir folgt, mit der Hölle sollt ihr euren vollen Lohn bekommen. 64 Und scheuche mit deiner Stimme auf, wen (auch immer) von ihnen du kannst, setz ihnen zu (?) mit allen deinen Heerscharen (w. mit deiner Reiterei und deinem Fußvolk), nimm an ihren Vermögen und ihren Kindern (als Partner) teil, und mach ihnen Versprechungen!« – Der Satan macht ihnen nur trügerische Versprechungen. – 65 »Über meine (eigentlichen) Diener hast du aber keine Vollmacht.« Und dein Herr genügt als Sachverwalter. (17/62–65) (Ḥāǧǧ Aḥmad Yūsuf)

»Die Dschinn sind die Ursachen physischer und psychischer Krankheiten. Sie befallen aber nur diejenigen, die böse sind.« (Ḥāǧǧ Farḥān) Doch nicht nur der Wille des Teufels kann dem Menschen schaden, sondern auch der Mensch sich selbst, indem er bewußt und unbewußt die Dschinn belästigt. »Ein Dschinnī belästigt einen Menschen nie ohne Grund, außer dieser Mensch verletzt oder belästigt die Dschinn häufig. Muslimische Dschinn belästigen die Menschen nie. Krankheiten, die von den Dschinn hervorgerufen werden, sind häufig Kopfschmerzen, Fieber, Lähmungen, Unfruchtbarkeit. Verkrüppelungen sind nicht von den Dschinn, sondern angeboren.« (Scheich Muḥammad ᶜUṯmān)

Ein wichtiger Faktor in diesem Zusammenhang ist der sog. »böse Blick« (ᶜayn oder naẓar). So schreibt Kriss:

Die andere und vielleicht noch mehr gefürchtete übernatürliche Ursache von Krankheit und Mißgeschick ist der sogenannte böse Blick. Nach einer im Vorderen Orient weitverbreiteten Meinung sterben zwei Drittel aller Menschen an den Folgen des bösen Blickes. Die grundlegende Vorstellung ist die, daß die übernatürliche Macht gewissermaßen indirekt durch den bösen Blick wirkt, ohne daß der Mensch, der zufällig das böse Auge besitzt, hieran eine Schuld trägt. Die Wirkungen des bösen Auges werden also seinem Träger zunächst unbewußt hervorgerufen. Auf der anderen Seite aber verschmelzen die beiden Vorstellungen, jene von der übernatürlichen Macht und jene vom unmittelbar wirkenden Organ doch wieder so weitgehend miteinander, daß man bösartigen Menschen ohne weiteres zutraut, durch das böse Auge schädigende Wirkungen hervorzurufen.[16]

So sind die eigentlichen Verursacher des bösen Blickes die Dschinn, die auf diese Weise dem Menschen Schaden zufügen können. »Der böse Blick wird vom ᶜIfrīt hervorgerufen, d. h. jeder böse Blick hat einen ᶜIfrīt-Diener.« (Scheich Zanhūrī)

Damit die Dschinn den Menschen beeinflussen können, müssen bestimmte Voraussetzungen vorhanden sein.

Überall sind Dämonen gegenwärtig, wenn ein Mensch erschrickt, so ist das der günstigste Augenblick für den Dschinnī, in den Menschen zu fahren, und zwar durch den Mund.[17]

Die Menstruationsperiode der Frau ist besonders günstig für die Dschinn, diese zu befallen und in sie einzufahren. Besonders gefährlich ist es, wenn die Frau innerhalb ihrer Periode in emotionale Schockzustände gerät. Sehr oft erschrickt das Mädchen beim ersten Auftreten der Periode; befindet es sich dann auch noch im Bad, d. h. unter der Dusche oder in der Badewanne, und sieht das Wasser sich rot färben, so besteht für den übelwollenden Dschinnī keine Schranke mehr, in sie zu dringen. Ist die Frau auf diese Weise von dem Dschinnī besessen, ist es sehr schwer, sie wieder von ihrem Dämon zu befreien. (Muḥammad Muḥammad)

Ist erst einmal eine Besessenheit eingetreten, so unterscheidet man sehr genau, von welcher Art der jeweiligen Menschen betroffen ist.

Mağnūn bedeutet, von einem Dschinnī besessen sein; stellt sich jedoch heraus, daß in die Person ein Totengeist[18] gefahren ist, so bedient man sich des Wortes »malbūs«, d. h. der Totengeist bekleidet sich mit der Person. Es wird also zwischen einer Dschinn-Besessenheit und einer Besessenheit durch Totengeister unterschieden.[19]

Manche Geister beginnen durch den Besessenen zu sprechen, diese Geister werden dann Scheich genannt. Scheich heißt dann auch der Mann oder die Frau (Šayḫa), in denen ein solcher Geist sich offenbart (auf den er niedersteigt).[20]

Befinden sich ein oder mehrere Dschinn in einer Person, fügen sie ihr entweder Krankheiten zu oder treiben sie in den Wahnsinn, der meist mit dem Tod endet. Oder sie erscheinen dieser Person und stellen bestimmte Forderungen. In den meisten Fällen geht die Person auf die diktierten Forderungen ein. Das kann entweder zu einer vertieften Abhängigkeit der Person von den Dschinn führen, oder die Dschinn lassen von der Person ab, da sie durch die Erfüllung ihrer Forderungen befriedigt sind. Oft erscheinen die Dschinn nur, um Genugtuung zu fordern. Genugtuung wird dann gefordert, wenn der Mensch durch falsches Verhalten die Dschinn schädigt. So soll man nicht heißes Wasser ausschütten, ohne vorher die unsichtbaren Bewohner dieses Ortes zu warnen, man sagt: dastūr od. dastūr yā mubārikūn. (Erlaubnis, o ihr Gesegneten). Geht die Person auf die Forderung ein (z. B. durch Kaufen bestimmter Schmuckgegenstände, die von den Dschinn gefordert wurden), lassen die Dschinn von der Person ab.

Der folgende Fall ist exemplarisch für den typischen Verlauf eines Kontaktes zwischen Mensch und Dschinnī.[21]

Der Fall Nağwā

Nağwā ist etwa 16 Jahre alt und lebt mit ihren Eltern und Geschwistern in sehr ärmlichen Verhältnissen im Viertel hinter der al-Azhar-Universität. Sie hat zwar die Grundschule besucht, doch man kann sie als Analphabetin bezeichnen, da sie weder schreiben noch lesen kann.

Ihr Vater, der ein kleines Stoffgeschäft betreibt, hat ihr seit drei Jahren verboten, die elterliche Wohnung zu verlassen. Nur mit Hilfe ihrer Mutter ist es Nağwā gelungen, für kurze Zeit die Wohnung zu verlassen, um frische Luft zu schnappen und sich die Beine zu vertreten. Nağwā berichtete, daß sie vor etwa zwei Wochen von starken Kopfschmerzen ergriffen wurde, kurz danach überkamen sie epileptische Anfälle, die vier Tage anhielten. In diesem Zeitraum konnte sie weder essen noch trinken. Ihr Vater glaubte ihr nicht und kümmerte sich überhaupt nicht um sie. Am Ende dieser vier Tage erschien ihr eine Dschinnīya, so bezeichnete sie Nağwā jedenfalls, und gab sich als Šayḫa Sitt Zāhir aus Indien aus und verlangte Genugtuung, weil Nağwā vor längerer Zeit vergaß, als sie heißes Wasser im Bad ausschüttete, die dort anwesenden, unsichtbaren Bewohner um Erlaubnis und um Entschuldigung (dastūr) zu bitten.

Sitt Zāhir forderte von Nağwā eine weiße, eine schwarze und eine rote Taube, einen Ring mit einem roten Stein, ein Amulett (Ḥiğāb), das auf den Namen der Dschinnīya ausgestellt ist, ein Kreuz, eine weiße Ğallābīya und einen Besuch in einer nahen Kirche am einem Sonntag. Der Ring, das Amulett und das Kreuz wurden sofort gekauft. Nağwā, die unter Geheimhaltung persönlich diese Dinge mit ihrer Mutter einkaufte, wußte im Schmuckgeschäft genau, was sie wollte und wie die Gegenstände auszusehen hätten. Das Kreuz wurde später auf Befehl der Sitt zerbrochen. Als Nağwā sich mit einer vergoldeten Armbanduhr ihrer Mutter schmücken wollte, erschien ihr die Sitt und befahl ihr, kein Gold zu tragen.

Über das Aussehen der Sitt konnte Naǧwā mitteilen, daß sie weiße Hautfarbe habe, daß ihr Haar gelb wäre und sie grüne Augen habe. Sie verständigte sich mit der Sitt auf arabisch. Die Erscheinung der Sitt sei, wie Naǧwā meinte, völlig normal und unterscheide sich nicht von der anderer Menschen. Seit einiger Zeit sei ihr die Sitt zwar nicht mehr körperlich erschienen, doch spüre sie ihre Anwesenheit.

Im allgemeinen standen Mutter und Tochter diesem Phänomen positiv gegenüber, trotz der Angst von Naǧwā, da es sich hiebei ja um eine gutwollende Dschinnīya handelt. Sie sahen diese Art von Besessenheit als etwas ganz Normales an, so wie man eben Grippe bekommen kann, und darüber würde man sich ja auch nicht besonders aufregen.

Naǧwā sieht die Dschinnīya nun als ihre Beraterin und Freundin, da sie sich ja durch die verlangte Wiedergutmachung bei ihr entschuldigt habe.

Schutzvorkehrungen

Der Mensch kann sich bewußt vor negativer Beeinflussung durch die Dschinn schützen. Am gebräuchlichsten ist die Verwendung von Amuletten (ḥiǧāb, Pl. ḥuǧub). Die Informanten waren sich darüber einig, daß sachgemäß hergestellte Amulette ihren Träger zu schützen vermögen. Das Amulett ist auf den ersten Blick ein Blatt (oder ein anderer Gegenstand), das mit Versen aus dem Koran und mit Schutzformeln beschriftet ist. Ihren Schutz erhalten sie aber durch die zugehörigen Dschinn-Diener, die den Träger des Amuletts vor äußeren Attacken schützen.

Das Amulett bewirkt, daß ein Schutz-Dschinnī beim Träger des Amuletts ist. Je stärker das Amulett, d. h. die verwendeten Verse und Formeln, um so stärker der Schutz-Dschinnī. Die mächtigsten Amulette sind diejenigen, denen Schutz-Engel verpflichtet sind. Das heißt, daß zu einem Amulett Engel wie auch Dschinn gehören können, die den Träger des Amuletts schützen. (Ḥāǧǧ Aḥmad Yūsuf)

Die Verse des Korans besitzen in jedem Fall eine Schutzwirkung. Diesen Schutz kann man sich wie eine unsichtbare Glocke oder einen Schleier vorstellen, der sich um den Träger des Amuletts legt und ihn vollkommen umgibt. Der Koran ist daher die wirkungsvollste Quelle des Schutzes gegen übelwollende Dschinn. (Ḥāğğ Earḥān)

Zu den wichtigsten Koranversen, die bei der Amulettherstellung verwendet werden, gehört an erster Stelle die Āyat al-Kursī, der Thronvers (2/255). Ihr wird die größte Macht zugeschrieben, darauf folgen die beiden letzten Suren aus dem Koran, Sure 113 und 114, und die beiden letzten Verse aus der zweiten Sure (2/285–286). Kriss führt in der Besprechung eines der gebräuchlichsten Amulette, nämlich der sieben salomonischen Verträge, folgende wichtige koranische Schutzverse auf:[22] Die sieben rettenden Verse (al-āyāt al-munğīyāt) 9/51; 10/108; 11/57; 11/7; 35/3; 39/39; 9/129; die Verse des Schutzes (āyāt al-ḥifẓ) 2/256; 12/65; 13/12; 15/18; 37/8; 85/21–23; 86/5; 15/10; die Verse der Heilung (āyāt aš–šifā') 9/14; 10/58; 16/70; 17/83; 26/79–81.

Diese Liste ist natürlich nicht vollständig. Jeder Scheich, der mit Koranversen arbeitet, greift aus der Fülle der Verse diejenigen heraus, die er für besonders heilkräftig und wirksam hält.

Neben dem Koran wird der Ḏikr als wirkungsvollstes Mittel bei Schutz und Austreibung erwähnt.

Die Macht des Korans verbietet den Dschinn, etwas Böses zu tun, auch schützt der Ḏikr den Menschen vor Attacken der Dschinn.

Immer wieder soll man Gott für seine Erschaffung danken und dafür, daß er einem hilft und Schutz gibt. Dieser Schutz kann durch das wiederholte Lesen des Koran und durch Ḏikr erreicht werden. Koran und Ḏikr können nicht nur den Menschen schützen, sondern auch das Haus; leere Plätze und dunkle Orte werden durch den Ḏikr von den Dschinn freigehalten, auch wird ein Partizipieren der Dschinn an der Nahrungsaufnahme des Menschen verhindert. Koran und Ḏikr geben dem Menschen in freier Natur Schutz; dies gilt besonders in der Wüste, in den Bergen und am Wasser, wo bekannterweise viele Dschinn anzutreffen sind.[23]

Im Sufismus werden bestimmte Gebete, religiöse Formeln und Übungen verwendet, deren häufiger Wiederholung eine schützende Wirkung zugeschrieben wird. Sie werden »Wird« genannt, wodurch eigentlich bestimmte Zeiten bei Tag oder Nacht bezeichnet werden, die der privaten Andachtsübung gewidmet sind. Jede Bruderschaft hat ihr eigenes »Wird«, das auf deren Gründer zurückgeht. So hat die Bruderschaft al-Burhānīya in ihrem »Wird« ein eigenes Schutzgebet, das Ḥizb sayf at-taḥsīn (»Formel des Schwerts der Stärkung«) genannt wird und für Scheich Muḥammad ᶜUṯmān die größte Schutzkraft besitzt. Anstelle dieses Schutzgebetes kann man auch täglich 50, 70 und 170 mal Āyat al-Kursī lesen.

Säuglinge und Kleinkinder tragen am besten ein Amulett, das sie so lange schützen soll, bis sie fähig sind, die Übungen (die Awrād) der Bruderschaft selbst durchzuführen. Außerdem findet der Gläubige Schutz bei lebenden Heiligen und bei den Heiligengräbern, da sich an diesen Orten keine übelwollenden Dschinn befinden. Außerdem lädt man sich bei diesen Personen oder diesen Orten mit heilkräftiger Schutzenergie auf. (Scheich Muḥmmad ᶜUṯmañ)

In den Bruderschaften werden täglich intensiv Schutzgebete gelesen, weil man annimmt, daß das Mitglied der Bruderschaft, das sich gerade extremen Übungen unterzieht, für die Dschinn bedrohlicher wird, da es dank seiner neu erworbenen spirituellen Kraft die übelwollenden Dschinn aktiv bekämpfen kann. Dieses Mitglied wird seinerseits aber auch in der Welt der Dschinn sichtbar, da es durch die Übungen immer feinstofflicher und daher auch angreifbarer wird. Einen wirksamen Schutz bietet deshalb nur das jeweilige Schutzgebet.

Auch bestimmten Gegenständen wird eine Schutzwirkung zugeschrieben. Als Amulett findet man häufig eine Hand, die auch Hand der Fāṭima genannt wird. Das Augenamulett wird gegen den bösen Blick getragen. Alaun (šabba) wird eine dämonenabwehrende Kraft zugeschrieben, es wird außerdem zur Räucherung verwendet. Salz und Eisen sind ebenso dämonenabwehrende Mittel.

Die Dschinn werden den gesamten Ramaḍān eingesperrt. Am Schluß des heiligen Monats, am Vorabend des großen Festes, wenn die Dschinn wieder zurückkehren, streuen daher viele Frauen »im Namen des allbarmherzigen Gottes« Salz in die Zimmer und Gänge des Hauses, um die Rückkehr der Dschinn zu verhindern.[24]

Viele Muslime bestätigten, daß das Verbrennen bestimmter Ingredienzen sehr stark auf die Welt der Dschinn wirkt, da man sich die Dschinn ja als rauchförmig vorstellt. Die Pflanze oder die jeweilige Substanz wird durch das Verbrennen auf eine andere Ebene transformiert, wo sie besonders starken Einfluß auf die Dschinn ausüben können.

Meist besteht das Räucherwerk aus einer Verbindung von drei verschiedenen Substanzen. Jede Substanz soll einen bestimmten Bereich abdecken: eine vertreibt die Dschinn, die zweite füllt das Vakuum, die dritte schließt schützend den Raum ab und verhindert so ein neuerliches Eindringen von negativen Kräften. Besonders beliebt sind Lubān ḍakar (Echter Weihrauchbaum), Kuṯbara (Koriander) und May^{c}a (Echter Storaxbaum).

Natürlich wird gerade im Zauberwesen sehr viel Wert auf Räucherung gelegt. Zum einen, um den Ort der magischen Handlung zu reinigen, zum anderen, um gezielt Dschinn herbeizuholen, da manche Substanzen eine Art magnetische Wirkung auf Dschinn ausüben. Es ist daher wichtig, die verschiedenen Räuchermittel genau zu kennen, um keine ungewollte Wirkung hervorzurufen.

Dem gläubigen Muslim steht also eine Fülle an Schutzmechanismen zur Verfügung, um sich vor Attacken der Dschinn zu schützen. Im allgemeinen herrscht jedoch die Meinung, daß diese Schutzmittel nur von geistig labilien und schwachen Menschen angewandt werden sollten oder von denjenigen, die aufgrund ihrer spirituellen Aufgaben mit der Welt der Dschinn in direkten Kontakt kommen. Trotzdem sind Amulette weit verbreitet.

ANMERKUNGEN

1. Winkler, 1936, S. 16.
2 G. van Vloten, 1893, S. 236.
3 Winkler, 1930, S. 111.
4 Topper, Erdbefragung 1998.
5 Siehe: Aḥmad ^{c}Abdalmun^{c}im, 1973.
6 Siehe: ^{c}Abdallāh al-Mušadd, 1984, S. 103.
7 Siehe: EI^{1}, Bd. 4.
8 Das hier zitierte Buch »Picatrix: Das Ziel der Weisen von Pseudo-Maǧrīṭī«, übersetzt von Helmut Ritter und Martin Plessen, 1962, wird dem Abū l-Qāsim Maslama al-Maǧrīṭī nur zugeschrieben. Maslama al-Maǧrīṭī wurde in Madrid geboren (Geburtsdatum unbekannt) und starb in Cordoba zwischen 395/1004 und 398/1007. Er beschäftigte sich mit den mathematischen Wissenschaften, der Gestirns- und Himmelskunde und suchte nach dem tiefen Verständnis des Almagest. Siehe: EI^{1}, Bd. 3.
9 Picatrix, 1962, S. XXVII.
10 Ebenda, S. XXXII.
11 Ebenda, S. IX.
12 Ebenda, S. XL.
13 Siehe: al-Ahrām, 23. 4. 1980.
14 Siehe: al-Ahrām, 8. 12. 1984.
15 Siehe: ^{c}Abdallāh al-Mušadd, 1984, S. 102.
16 Kriss, Bd. II, 1962, S. 17.
17 Winkler, 1936, S. 14.
18 Hier unterscheidet Winkler zwischen Dschinnī und Totengeist. Da die Arbeit Winklers jedoch das Verhältnis der oberägyptischen Landbevölkerung zu den unsichtbaren Mächten aufzeigt, muß man hier zwischen Land- und Stadtbevölkerung und wiederum zwischen wissenden und unwissenden Personen unterscheiden. Im allgemeinen wurde nämlich von den von mir kontaktierten Informanten die Anwesenheit von Totengeistern bestritten, da

diese keinen Einfluß mehr auf das menschliche Leben besitzen. Bei allen übernatürlichen Phänomenen kann es sich nach Meinung meiner Informanten nur um die Umtriebe der Dschinn handeln. Selbst Winkler gibt an dieser Stelle zu bedenken, daß es möglich sei, daß sich die Dschinn oder Šayāṭīn für Totengeister ausgeben können. (Siehe: Winkler, 1936 S. 62).

19 Winkler, 1936, 95.

20 Ebenda, S. 23.

21 Ich wurde von einem mir bekannten Schmuck- und Amuletthändler, bei dem Naǧwā ihre »geforderten« Schmuckgegenstände einkaufte, auf die Zustände von Naǧwā aufmerksam gemacht. Dieser Händler machte es mir auch möglich, persönlich mit Naǧwā und ihrer Mutter zu sprechen.

22 Kriss, Bd. II, 1962, S. 118 ff.

23 Mustafā Muhammad at-Ṭayr, 1971.

24 Canaan, 1929, S. 7.

Zusammenfassung

Die Welt der Dschinn ist, wie wir sahen, komplex und vielschichtig und daher schwer zu definieren und zu beschreiben. Als herausragende Figur tritt besonders Iblīs, der »Teufel«, der große Gegenspieler des Menschen hervor. Vor den Menschen erschaffen und eng mit Gott verbunden, wurde er aus dem Paradies vertrieben, weil er »scheinbar« den göttlichen Befehlen zuwiderhandelte. Iblīs hat jedoch in der islamischen Mystik nicht die gleiche negative Stellung wie im allgemeinen orthodoxen Islam. Dort ist sie vielmehr eng verbunden mit seinem Verhältnis zum Urmenschen und dessen Aufgabenstellung. Einen guten Einblick in die Funktion Iblīs für den Menschen bietet folgender Abschnitt eines Vortrags, den Scheich Muḥammad, Scheich der Šāḏilīya-Ṭarīga, 1984 in Jerusalem hielt:

Als Adam erschaffen war, befahl Gott den Engeln, sich vor ihm niederzuwerfen, und alle Engel kamen diesem Befehl nach außer Iblīs, einem der Dschinn, welcher sich scheinbar weigerte, dem Befehl nachzukommen. Und Gott fragte ihn: »Warum wirfst du dich nicht nieder?«, und Iblīs antwortete: »Warum sollte ich mich vor Adam niederwerfen, da doch Feuer mächtiger als Lehm ist?«

So könnte es scheinen, daß sich Iblīs dem Befehl Gottes widersetzte, doch in Wahrheit realisierte er nur den göttlichen Plan. Iblīs ist eigenständiges Sein, er ist Feuer, und Gott in seiner Weisheit gab allem seinen Platz, denn wenn Feuer und Wasser gemischt würden, würde eines von beiden vernichtet werden. Aber es war von Gottes Weisheit, daß Er Iblīs, der Feuer ist, aus Seiner göttlichen Anwesenheit entfernte und ihn außerhalb des Tores Seines Paradieses versetzte.

Iblīs ist der Hüter des Tores zum Paradies, das Feuer am Tor des Gartens, durch das nur der Geläuterte einzutreten vermag.

Erscheint irgend jemand beim Garten und es ist irgend etwas in ihm ungeläutert oder unhöflich, so wird es mit Iblīs konfrontiert, der es (die Eigenschaft) zurückschickt. Denn was auch immer in dieser Person das Feuer nicht tragen kann, darf nicht passieren, wird zurückgeschickt und darf den Garten nicht betreten. Was immer in der Person aus Licht ist, ist größer als das Feuer von Iblīs, und diese goldene Essenz wird geläutert durch das Feuer, um zurückzukehren in das Paradies der Anwesenheit Gottes.

Inzwischen ruft das Sein von Iblīs und sendet seine Stimme nach allen Seiten:

»Ich bin der Führer der Dunkelheit. Gott versetzte mich an diesen Platz. Ich kenne Ihn, und Er kennt mich. Ich liebe Ihn und widersetze mich keinem Befehl meines geliebten Gottes. Aber es ist notwendig, daß jeder, der im Garten des Wissens und der Erkenntnis sein will, geläutert und höflich sein muß. Er muß beten, tief beten, und sich selbst läutern von allem in dieser Welt, um sich dann mit Gewändern aus Licht zu kleiden, nachdem darin alles für Gott transformiert ist. Wenn irgend jemand versucht, ungeläutert, unhöflich und unrein einzutreten, dann ergreife ich ihn an diesen Eigenschaften und weise ihn zurück. Ich bin mächtig, da Er mir zur Seite steht, alle diejenigen zurückzuweisen, die Ihn nicht vollkommen lieben. Daher sahst du, als Er den Engeln den Befehl gab, sich niederzuwerfen, daß ich zuwiderhandelte, doch nur äußerlich, da ich wußte, auf welchen Platz er mich stellen würde, und es ist notwendig, daß ich auf diesem Platz bin. Innen trage ich Sein Abbild, wie du, und es gibt kein anderes Bild in allen Welten, aber Außen trage ich den Mantel der Dunkelheit, und alles entspringt Seiner Weisheit, und alles kehrt zu Ihm zurück.

So wisse, daß du alles verändern mußt, um mich gut zu erkennen. Überwinde mich, so will ich mich ergeben. Ich bin der Fels der Dunkelheit. Ich benötige den Menschen, welcher mich kennt, damit er mich läutert. Doch kann er mich nicht läutern, bevor er sich nicht selbst zuerst geläutert hat. Ich lebe in dir, überall, im Körper, im Herz und in der Seele. Wandelst du dich, so wandelst du auch mich.«

Iblīs ist hier die Schwelle und gleichzeitig ihr Hüter, die man, bevor man Gott gegenübertritt, überschreiten muß. Iblīs entspricht dem Gesetz der Dualität, in die der Mensch gestellt ist, denn wo es Licht gibt, gibt es auch Dunkelheit, wo es das Gute gibt, gibt es auch das Böse, wo es das Weibliche gibt, gibt es auch das Männliche, denn nur durch die Gegensätze kann man zur Erkenntnis der Einheit gelangen, d. h. durch das Erkennen des Gesetzes kann man über dieses Gesetz hinausschreiten.

Aus Iblīs entstanden die Völker der Dschinn mit ihren Klassen und Arten. Die Welt der Dschinn wird als die Spiegelwelt der Menschen bezeichnet, da ihnen ebenso wie den Menschen Verstand zueigen ist. Der Lebensraum der Dschinn wird in zwei verschiedene Bereiche unterteilt, in die Welt des gestalt- und formlosen Seins und in den Bereich der Natur innerhalb der grobstofflichen Welt des Menschen. Die letzteren sind verbunden mit dem animistischen Glauben der arabischen Bevölkerung vor Auftreten des Islam. »Nach dem fernen, unbekannten Hochgott Allāh kannte der arabische Hirtenglaube böse und gute übernatürliche Wesen, die im allgemeinen mit eigentümlichen Naturgegenständen und Naturkräften verbunden werden.«[1] Diese übernatürlichen Wesen bewohnen Quellen, Flüsse, das Meer, Bäume, Höhlen, Ruinen und andere bestimmte Plätze. Doch gewann der Mensch mit der Zeit Distanz zur Natur und ihren Kräften.

In den Dschinn lebt jedoch die uneindeutige Naturmacht fort, die das Gegengewicht zum Menschen bildet. Sind sie in ihren Wirkungen zwar schon durch primitive Kultur vorgeformte Naturmacht, so sind sie doch selbst nicht eindeutige Form, ist ihre Individualität nicht ausgebildet, sind sie entweder gestaltlose verborgene, nicht faßbare Wesen oder phantastische hybride Naturformen, die noch etwas von der aktiven Form der Begleitung haben, kraft derer sie niemals unlöslich einem einzelnen Wesen verhaftet sind.[2]

An die Dämonen, die Dschinn in den Dingen, nicht an die Dinge als Exemplare wenden sich die schamanistischen Kuhhān.[3]

Ein von Dschinn besessener Gegenstand kann nicht über sich hinausgehen, sind es doch die Dschinn, die über ihn hinausgehen.[4]

Daß den Dschinn in der Vorstellung des 6. Jahrhunderts schon längst eine Vorliebe – aber immer nur erst diese – für bestimmte Tiergattungen, für bestimmte Lokalitäten, Geschehnisse, Menschen supponiert ist, sie ihre Rückzugsgebiete also zugewiesen bekommen haben, bedeutet eine Reduktion der Natursubstanz auf einen Bereich, der als Bereich des Unbekannten in der Natur, als Quell der Angst verblieben ist.[5]

So sind die Dschinn dann als vorzugsweise chthonische Wesen in einer der Erde verhafteten Tierwelt gehalten oder in Tiere der Wildnis gebannt.[6]

Die Verbannung der Natursubstanz in bestimmte Gattungen, in einen bestimmten lokalen Bereich, die Vereidigung der Dschinn auf ihnen adäquate Ressorts, trennt die Natur in einen negativ besetzten, befreiten Naturbereich, der kalkulierbar ist.[7]

Das Verhältnis Natur-Kultur unter der Bedingung des autonomen Subjekts, das die Position der Emanzipation des Individuums aus lokalen und Sippenbindungen und damit nur eine Position des Vertrauens auf durchgehende Erkenntnis und durchgehende Herrschaft vertritt, kennt nicht die Trennung, die die prophetische Religion auf der Grundlage der durch Gott vollzogenen Freisetzungen des Menschen von der Unterwerfung unter Naturmächte als ein für allemal gesichert propagiert.«[8]

Dort, wo der Objektivierungsprozeß der Natur Rückschläge erleidet, wo die ordnende Vernunft an der Naturübermacht scheitert, erobert die Naturmacht, unter dem Blick der rationalen Ordnung ausschließlich auf die Destruktionsseite gezwungen, ihr Terrain zurück und setzt sich in der Konkursmasse einer unterbrochenen Zweckgerichtetheit unausrottbar fest. Wo Kultur nicht mehr ist, der Mensch also auf die Domestizierung von Natur verzichten muß, kehren die Dämonen zurück.[9]

Aus diesem Zusammenhang ist die »Verteufelung« der Dschinn erkennbar, da die Dschinn in Verbindung mit den schamanistischen Kuhhān gebracht wurden und daher vom

Islam abgelehnt worden sind. Außerdem drückt sich darin die Angst vor den Naturgewalten aus.

Die Auseinandersetzung mit dieser Welt wird dem Muslim durch verschiedene Hilfsmittel erleichtert, die einem Nicht-Muslim sinnlos oder abergläubisch erscheinen können. Für den Muslim sind sie jedoch oft die einzige Möglichkeit, sich mit dem Unsichtbaren auseinanderzusetzen, an das er nicht glaubt, sondern um dessen Existenz er ganz einfach weiß.

Der Qarīn ist im Gegensatz zu allen anderen Dschinn sehr eng mit dem Menschen verbunden, ja er gehört zum menschlichen Sein. Man könnte ihn als eine menschliche Seelenform bezeichnen, die die Verbindung, den silbernen Faden zur »anderen Wirklichkeit« darstellt. Man könnte ihn dem von C. G. Jung definierten »Schatten« vergleichen:

Jedermann ist gefolgt von einem Schatten, und je weniger dieser im bewußten Leben des Individuums verkörpert ist, um so schwärzer und dichter ist er.[10]

Wenn die verdrängten Tendenzen des Schattens nichts als böse wären, so gäbe es überhaupt kein Problem. Aber der Schatten ist in der Regel nur etwas Niedriges, Primitives, Unangepaßtes und Mißliches, und nicht absolut böse. Er enthält auch kindische und primitive Eigenschaften, die in gewisser Weise die menschliche Existenz beleben und verschönern würden.[11]

Oder ist der Qarīn der schamanistische Schutzgeist, der durch den Islam wegen seiner Verbindung mit dem schamanistischen Kuhhān »verteufelt« wurde, da nur Allāh im Zentrum des Glaubens und aller Anrufungen stehen soll?

Der Schutzgeist ist oft eine animalische Kraft, ein spirituelles Wesen, das den Schamanen nicht nur schützt und ihm dient, sondern für ihn eine andere Identität oder »alter ego« wird.

Die Tatsache allein, daß jemand einen Schutzgeist hat, macht ihn noch nicht zu einem Schamanen. Wie die Jivaro betonen, hat wahrscheinlich jeder, ob er es als Erwachsener noch weiß oder nicht, in seiner Kindheit die Hilfe eines Schutzgeistes oder hat sie gehabt; sonst hätte er nicht die beschützende Kraft, die notwendig ist, um ein Erwachsener zu werden. Der Hauptunterschied zwischen einem gewöhnlichen Menschen und einem Schamanen im Hinblick auf ihre Schutzgeister besteht darin, daß der Schamane seine Schutzgeister aktiv einsetzt, wenn er sich im veränderten Bewußtseinzustand befindet. Der Schamane sieht seinen Schutzgeist häufig und fragt ihn um Rat, geht mit ihm auf die schamanistische Reise, läßt sich von ihm helfen und benutzt ihn auch, um anderen zu helfen, von Krankheit und Verletzungen zu genesen.[12]

Man könnte den Qarīn auch als den »Doppelgänger« bezeichnen, wie ihn der mystische Islam kennt:

Unter dem Gesichtspunkt, daß sich der Mensch von einem außerirdischen Orte her verkörpere, kann der Anhänger der Makrokosmos-Mikrosmosmos-Theorie auch schon die Anima rationalis (an-nafs an-nāṭiqa) als einen Doppelgänger auffassen.[13]

Eine weitere, dem Islam wohl aus dem Mazdaismus, dem Mandäismus oder Manichäismus zugewanderte, aber auch bei Platon, Poseidonios, Plutarch, Vergil (Quisque suos patimur manes!) und im gnostischen Christentum vorkommende Art des Doppelgängers ist die Personifikation der eigenen Taten in einer hellen oder dunklen Gestalt.[14]

Auch wird der Doppelgänger als Zeuge (šāhid), übersinnlicher Zeuge (šāhid al-ġayb) oder übersinnlicher Meister (šayh al-ġayb) bezeichnet. Er wird auch als individuelle Kraft (oder die »Kraft der Individualität«, quwwat al-ᶜayn) vorgestellt.[15]

Im übrigen ist der Doppelgänger vor allem ein mystisches Phänomen, eine visionäre Erfahrung. Erscheint er als dunkler Mann, so zeigt das dem Mystiker seinen geringen Läuterungsgrad an. Erscheint er als heller Mann, so deutet das auf ein geläutertes Inneres.[16] Phänomenologisch und bedeutungsmäßig kommt hier der Doppelgänger dem

»Hüter der Schwelle« Rudolf Steiners sehr nahe. Auch dieser erscheint dem Menschen in unterschiedlicher Gestalt und zeigt ihn den Grad seiner Läuterung an.[17] Der Hüter der Schwelle ist das sichtbare Richtmaß für das, was der Mensch noch zu tun hat, wenn er seine wahre Bestimmung erfüllen will.

Die universelle Verbreitung der Doppelgänger- und verwandter Vorstellungen, ihre Konvergenz und doch die Unmöglichkeit, überall historische Abhängigkeit nachzuweisen, die Vielfalt der Aspekte und die sachliche Einheit, auf die sich doch alle wieder irgendwie reduzieren lassen, all das scheint mir darauf hinzudeuten, daß wir es hier grundsätzlich mit (sei es intellektuellen, sei es visionären) »Erlebnissen« bzw. Resultaten einer direkten und originalen Auseinandersetzung mit dem Unbewußten zu tun haben.[18]

Die Frage ist letztlich die: Handelt es sich (wenn man sich so ausdrücken darf) bei dem, was sich als Doppelgänger bezeichnen läßt, stets um ein und dasselbe Wesen, das nur immer unter neuen und anderen Aspekten erscheint, oder umgekehrt um eine Mehrzahl von Wesen, die im Aspekt des Doppelgängers nur ein gemeinsames haben?[19]

Die logische Definition der Welt der Dschinn ist, wie man sieht, nicht möglich, da wir es hier mit einem Gebiet zu tun haben, das sich intellektuell nicht greifen läßt. Doch vielleicht ist die Aussage des Mystikers Nağmaddīn al-Kubrā (540/1145–46)[20] richtig, der sagt:

Wisse, Seele (nafs), Satan und Engel sind nicht Dinge außerhalb von dir, sondern du bist sie selbst. Ebenso sind auch die Himmel, die Erden, der Schemel Gottes, keine Dinge außerhalb von dir, so wenig wie Paradies und Hölle, Tod und Leben, sondern es sind Dinge in dir selbst, und wenn du die mystische Reise machst und rein wirst, erkennst du dies.[21]

ANMERKUNGEN

1 Siehe: Zbingen, 1953, S. 80.
2 Siehe: Müller, 1981, S. 122.
3 Ebenda, S. 123.
4 Ebenda.
5 Ebenda.
6 Ebenda.
7 Ebenda.
8 Ebenda, S. 124.
9 Ebenda.
10 Siehe: C. G. Jung, 1971, S. 83.
11 Ebenda, S. 85.
12 Siehe: Harner, 1986, S. 72.
13 Siehe: Meier, 1957, S. 182.
14 Ebenda, S. 183.
15 Ebenda, S. 185.
16 Ebenda, S. 186.
17 Ebenda, S. 188f.
18 Ebenda, S. 194.
19 Ebenda.
20 Ebenda, S. 11.
21 Ebenda, S. 93.

3. Die sieben Meister (Šuyūḫ)

Die sieben Meister, die im folgenden beschrieben werden, beschäftigen sich seit langer Zeit mit der Welt der Dschinn. Alle sieben behaupten, in direktem Kontakt zu den Dschinn zu stehen oder gestanden zu haben. Aus diesem Grund habe ich sie als Informanten ausgewählt. Sie hatten entweder Kontakt mit Personen, die von Dschinn besessen waren, oder direkten Kontakt mit den Dschinn selbst. Da jeder der sieben Šuyūḫ lesen und schreiben kann, zogen sie auch die einschlägigen Primär-Quellen heran, um sich weitere Informationen über die Welt der Dschinn zugänglich zu machen.

Alle Šuyūḫ behandelten primär Kranke, d. h. besessene oder besetzte Personen, da sie die meisten Krankheiten auf den Einfluß übelwollender Dschinn zurückführten. Ein weiteres wichtiges Kriterium bei der Auswahl der Informanten war, daß jeder der Šuyūḫ eine ihm eigene Technik benutzte, die er teilweise aus Büchern oder auch durch mündliche Weitergabe und eigene Erfahrung erlernt hatte. Einige der Šuyūḫ kann man zusätzlich als Zauberer bezeichnen, da sie die Dschinn nicht nur austrieben, sondern auch Schadens- oder Liebeszauber ausführten, wobei sie zu diesem Zweck auf Hilfs-Dschinn zurückgriffen und diese im Ritual herbeiriefen.

Alle Šuyūḫ hatten offensichtlich ein fundiertes religiöses Wissen, d. h. ihre Beschäftigung mit den Dschinn schloß ein vertieftes Studium des Islam ein. Keiner sprach Englisch oder eine andere Fremdsprache, so daß unsere Gespräche ausschließlich in Arabisch geführt wurden. Nach Auskunft der Šuyūḫ war es das erste Mal, daß sie mit einem Europäer in Kontakt kamen und sich mit ihm über die Welt der Dschinn auseinandersetzten.

Meine Aufnahme bei den Šuyūḫ war in den meisten Fällen freundschaftlich und offen, da ich nicht als westlicher Forscher auftrat, sondern als Suchender. Ich vermittelte ihnen, daß ich ihr Wissen um die Welt der Dschinn und der diversen Besessenheitsphänomene in Europa verbreiten wollte, da Europa nicht mehr über das nötige Wissen verfüge, um mit diesen Phänomenen umzugehen. Es wurden mir am Beginn unserer Kontakte immer wieder Testfragen über mein schon vorhandenes Wissen um die Welt der Dschinn gestellt, um offenbar meine Ernsthaftigkeit zu prüfen und sicherzustellen, daß ich nicht aus touristischer Sensationslust mit ihnen in Verbindung getreten war.

Jeder Scheich wird im folgenden beschrieben, indem auf seine Person, das Umfeld seiner Tätigkeit sowie seine Entwicklungsstadien als Heiler eingegangen wird. Sein Wissen um die Welt der Dschinn, seine Heilungsmethoden, seine Techniken der Beschwörung und andere Arten magischer Handlungen werden ebenfalls dargestellt.

Scheich ^{c}Abdalḫāliq

Scheich ^{c}Abdalḫāliq ist ein älterer Herr von sehr hoher Statur, der einen imponierenden Eindruck macht. Auffallend an ihm ist sein dicker Spazierstock, der ihm einerseits als Krücke dient, andererseits von ihm als Schlagstock bei seinen Austreibungen verwendet wird.

Durch sein großes religiöses Wissen, das er sich an der al-Azhar-Universität angeeignet hat, besitzt er eine kaum überschaubare Klientenzahl, die ihn ständig mit Fragen bedrängt.

Scheich ^{c}Abdalḫāliq hält sich jeden Tag von morgens bis abends in den Moscheen Kairos auf. Dort hält er Vorträge über das Leben (die Sunna) des Propheten und das Leben der vier rechtgeleiteten Kalifen, unterrichtet aber auch Koranzrezitation (taǧwīd).

Am bekanntesten wurde er aber durch die Behandlung von Personen, die von Dschinn besessen sind. Diese Behandlungen führt er an bestimmten Tagen in den Nebenräumen der Moscheen durch.

Als er mit einer längeren Vortragsreihe nach dem Nachtgebet in einer großen Moschee in der Nähe des Mīdān Ramsīs begann, hatte ich die glückliche Gelegenheit, ihn persönlich kennenzulernen. Seine Zuhörerschaft bestand sowohl aus weiblichen als auch aus männlichen Personen, wobei die Frauen durch eine vergitterte Empore von den Männern getrennt waren. Für mich war es äußerst schwierig, ein persönliches Gespräch mit dem Scheich zu führen. Sobald er seinen Vortrag beendet hatte, stürzten sich die meisten Anwesenden auf ihn und überhäuften ihn mit Fragen zur Problematik der Dschinn. Auch wurde er meist noch spät in der Nacht zu privaten Behandlungen gerufen.

Die meisten theoretischen Fragen über die Welt der Dschinn wurden mir schon durch seine Vorträge beantwortet. Weitere Details erhielt ich in persönlichen Gesprächen. Außerdem besuchte ich mehrere Male die allgemein zugänglichen Austreibungssitzungen, wovon ich einige beschreiben werde.

Nach der theologischen Ausbildung an der al-Azhar lehrte Scheich ^{c}Abdalḫāliq in diversen Moscheen. Da er immer wieder auf die Welt der Dschinn einging, sah man in ihm bald einen Spezialisten in Fragen der Dschinn. Deshalb wurde er zu Austreibungen herangezogen, bei denen er allerdings immer genauestens darauf achtete, mit der Sunna des Propheten in Einklang zu bleiben. Er ist der orthodoxen Gruppe der Šuyūḫ zuzurechnen und arbeitet vor allem mit Koranrezitationen als Mittel der Austreibung. Die Klientenschaft des Scheichs kommt – bedingt durch seine große Popularität – aus allen sozialen Schichten Kairos. Trotzdem nimmt er, soweit mir bekannt ist, kein Geld an. Wenn ihm trotzdem etwas aufgedrängt wird, spendet er es meines Wissens jener Moschee, in der gerade arbeitet.

Das Wissen des Scheichs über die Dschinn

Um das theoretische Wissens des Scheichs über die Welt der Dschinn aufzuzeigen, beziehe ich mich hauptsächlich auf seine Vortragsreihe. Ich habe mich dabei an seine eigene Gliederung gehalten, damit ein Eindruck entsteht, wie heutzutage ein Muslim über die Welt der Dschinn aufgeklärt wird. Der Scheich betonte, daß er sich auf den Koran und die Sunna bezieht und seine Ausführungen stets belegen kann.

Die Vorträge

Oft werden Menschen von einer schrecklichen Hautkrankheit befallen, die durch einen Dschinnī verursacht wird, der Si^{c}lā genannt wird. Der Scheich begann seinen ersten Vortrag mit einem wirksamen Schutzvers dagegen. Er soll auf den Propheten Muḥammad zurückgehen und vor jedem bösgesinnten Dschinnī schützen. Der Prophet kam aus aṭ-Ṭā'if und begegnete einem Dschinnī, zu dem er sagte:

Ya 'arḍ, rabbi wa-rabbuki llāh, 'aᶜūḏu bi-llāhi min šarrin šarri mā fīki wa-šarri mā yaduqqu ᶜalayki, 'aᶜūḏu bi-llāhi min sārri l-ḥayyati wa-l-ᶜaqrabi wa-min šarri sākini l-baladi wa-min šarri wālidin wa-mā walad.

O Erde, mein Herr und dein Herr ist Allāh. Ich nehme Zuflucht zu Allāh vor Bösem und dem Bösen in dir und dem Bösen, das auf dich kommt. Ich nehme Zuflucht zu Allāh vor dem Bösen der Schlange und des Skorpions und vor dem Bösen, der dieses Land bewohnt, und vor dem Bösen des Erzeugers und was er gebiert.[1]

Der Scheich bedauerte, daß so wenige Gläubige diesen Schutzvers beachten, weil er nicht ṣaḥīḥ[2] wäre. Doch nütze dieser Schutzvers sicherlich jedem, der ihn anwendet.

Dem Scheich lag also nicht nur an theoretischer Belehrung, sondern auch an ganz praktischen Anweisungen, wie man sich den Dschinn gegenüber zu verhalten hat.

Über die einzelnen Dschinn-Arten hob der Scheich besonders den Ġūl hervor: Er gehört zu den gefährlichen Šayāṭīn, und er verdient, wo immer man ihm begegnet, den Tod: Denn der Ġūl ist unter den Dschinn wie der Zauberer unter den Menschen. Auch der Prophet sagte: »Vernichtet die Zauberer, denn die Strafe für die Zauberer ist der Tod.« Als Schutz gegen den Ġūl wirkt folgender Hadīṯ: »'iḏā ġālati l-ġīlānu fa-'aḏḏinū. Wenn die Ġūl euch packen, dann sprecht den Aḏān.«[3]

Die Welt der Dschinn ist den Menschen nicht bekannt. Sollten sie versuchen, diese Welt mit dem Verstand zu erklären, werden sie nichts als Unsinn in Erfahrung bringen. Nach Meinung des Scheichs liegt die richtige Leitung im Koran und in der Sunna, da sie Auskunft über die Welt der Dschinn geben. So steht im Koran in Sure 15/26–27;

26 Wir haben doch (bei der Erschaffung der Welt) den Menschen aus feuchter Tonmasse geschaffen. 27 Und die Geister haben wir (schon) vorher aus dem Feuer der sengenden Glut geschaffen.

Sure 23/12–16 berichtet von der Schöpfung:

12 Wir haben doch den Menschen (ursprünglich) aus einer Portion Lehm geschaffen. 13 Hierauf machten wir ihn zu einem Tropfen (Sperma) in einem festen Behälter (das bedeutet: im Mutterleib). 14 Hierauf schufen wir den Tropfen zu einem Embryo, diesen zu einem Fötus und diesen zu Knochen. Und wir bekleideten die Knochen mit Fleisch. Hierauf ließen wir ihn als neues Geschöpf entstehen. So ist Gott voller Segen. Er ist der beste Schöpfer (den man sich denken kann). 15 Hierauf, nachdem dies (alles) vor sich gegangen ist (und ihr ins Leben gerufen worden seid), habt ihr zu sterben. 16 Hierauf, am Tag der Auferstehung, werdet ihr (vom Tod) erweckt werden.

Beide Suren zeigen, daß sowohl Mensch als auch Dschinn in ihrer Entwicklung eine Transformation durchschreiten müssen. Der Mensch wurde, wie in Sure 23 gesagt, aus Ton erschaffen. Sein Körper besteht daher aus den 16 Elementen, die den 16 Elementen der Erde[4] entsprechen. Ton steht hier also symbolisch für die Zugehörigkeit des Menschen zur Erde. Ebenso verhält es sich mit den Dschinn, die ursprünglich aus dem Feuer erschaffen wurden. Das ist ein Zeichen für ihre Zugehörigkeit zum Nichtmateriellen. Auch die Dschinn haben sich in ihrer Entwicklung transformiert – von einem ursprünglichen Feuerwesen zu einem feinstofflichen (laṭīf) durchsichtigen (rūḥ) Wesen. Man muß sich die Dschinn wie Radio- und Fernsehwellen vorstellen, die zwar unsichtbar, aber trotzdem immer vorhanden sind. Der Mensch kann die Dschinn also normalerweise nicht sehen und nimmt sie nur wahr, wenn sie ein Lebewesen besetzen oder einen materiellen Körper nach ihrem Belieben bilden.

Ein Ḥadīṯ, der von Buḫārī und Muslim überliefert wird, beschreibt den Zustand des Dschinnī im Menschen:

’inna š-šayṭāna yağrī min banī ’ādama mağrā d-dami fa-ḍayyiqū mağāriyahū bi-kaṯrati ṣ-ṣiyām.

Der Teufel fließt im Menschen wie das Blut, also schützt Euch vor ihm (wörtl.: macht eng seine Wege) durch vieles Fasten.[5]

Wenn die Dschinn in ein Lebewesen eindringen, können sie durch jede beliebige Körperöffnung eintreten. Der Scheich verglich den Körper der Dschinn mit dem Geist des Menschen (rūḥ), der ebenso durch die Körperöffnungen ein- und austreten kann. Der so besetzte Mensch beginnt, sich wie ein Kind zu verhalten. Mitunter treten Nervenlähmungen im Rücken und in den Beinen auf. Sehr oft trifft man auch epileptische Anfälle an. Dschinn rufen auch Alpträume hervor, der Betroffene träumt oft sogar von seinem eigenen Tod. Auch Tagträume und Visionen können Anzeichen einer Besetzung sein.

Wie bereits erwähnt, setzen sich die Dschinn aus verschiedenen Elementen zusammen, doch ist ihre genaue Zusammensetzung nicht bekannt, weil dadurch gleichzeitig das Geheimnis des Geistes (rūḥ) gelüftet werden würde. Man weiß aber, daß es bei den Dschinn wie in der Menschenwelt weibliche und männliche Wesen gibt. Auch besitzen sie Verstand, was aus Sure 51/56 geschlossen wird: »Und ich habe die Dschinn und die Menschen nur dazu geschaffen, daß sie mir dienen.« Der Scheich will mit diesem Vers zum Ausdruck bringen, daß Dschinn und Menschen mit einem freien Willen ausgestattet sind. Sie können sich frei entscheiden, ob sie den Weg der Religion, der ihnen verkündet wurde, beschreiten wollen. Sie können sich aber auch für das Gegenteil, also die Abwendung von Allāh und seinem Wort, entscheiden. Darauf folgt aber auch, daß es nicht nur ›böse‹, sondern auch »gute« Dschinn gibt.

Über die Fortpflanzung der Dschinn berichtet der Scheich, daß sie sich in einer dauernden geschlechtlichen Vereinigung befinden. Der Dschinn kann aber auch am Geschlechtsverkehr der Menschen partizipieren. Dies ist vor allem dann möglich, wenn der Mann in die Frau eindringt, ohne die Isti^caḏa (ʼa^cūḏu bi-llāhi mina š-šayṭāni r-rağīm. Ich nehme Zuflucht zu Allah vor dem gesteinigten Satan.) zu sprechen. In diesem Fall hat der Šayṭān die Möglichkeit, die Frau zu schwängern. Daher sagt ja auch der Volksmund zu kleinen Kindern, die frech sind: »Ihr seid Kinder des Teufels.«

Der Sayṭān kann ebenfalls abgewehrt werden, wenn der Ehemann folgende Schutzformel spricht, bevor er in seine Frau eindringt: »ʼallahūmma ğannibnī š-šayṭāna wa-ğannibi š-šayṭāna mā razaqtanī. O Gott, halte den Teufel von mir fern, und halte ihn fern von dem, was du mir gegeben hast.«[6] Imām aš-Šiblī[7] sagt, daß schon ein Embryo von den Dschinn heimgesucht werden kann und ihnen hilflos ausgeliefert ist, wenn kein Schutz vorhanden war. Wenn der Mann vergißt, die Schutzformeln zu sprechen, ist das oft die Schuld des Sayṭān.

Die Dschinn können aber auch direkt – in der Gestalt eines Menschen – dem von ihnen auserwählten Opfer erscheinen. Durch die geschlechtliche Verbindung mit einem menschlichen Partner erhalten sie Macht (sulṭān) über diesen.

Die Dschinn haben im allgemeinen keine Macht über einen gläubigen Menschen, worauf bereits in Sure 16/98–99 hingewiesen wird:

98 Wenn du nun den Koren vorträgst, dann suche (zuvor) bei Gott Zuflucht vor dem gesteinigten Satan! Er hat (ja) keine Vollmacht (sulṭān) über diejenigen, die glauben und auf ihren Herrn vertrauen.

Einer der wichtigsten Ḥadīṯe empfiehlt, vor jeder Tätigkeit innerhalb des Hauses die Basmala zu sprechen, sonst kann der Teufel sogar eine Maus dazu bringen, dieses Haus anzuzünden, wie es in der folgenden Geschichte geschehen ist, die der Scheich erzählte: In einem kleinen Dorf in der Nähe Kairos benutzte ein Bauer eine Gaslampe, um damit sogenannte Antifliegentabletten zu verbrennen. Um den größtmöglichen Erfolg zu erzielen, stellte er die Lampe unter sein Bett, ohne aber vorher die Basmala zu sprechen. In der Nacht kam eine Maus und stieß die Lampe um; das Bett fing Feuer, der Mann und sein Haus verbrannten.

Folgender Ḥadīṯ gibt Auskunft darüber, welche Tiere dem Teufel besonders zugeordnet werden: Wenn ihr den Schrei des Esels oder das Bellen des Hundes hört, so sprecht die Isti^{c}āḏa; und hört ihr das Krähen der Hähne, dann bittet Gott um Gnade.[8]

Wenn die Dschinn in den Menschen eingedrungen sind, verdoppeln sie den Menschen. Innerhalb des Menschen existieren dann zwei Wesenheiten: das Wesen »Mensch« und das Wesen »Dschinn«. Diese Aussage wird durch die Sure 43/46 bestätigt: »Wenn einer von den Mahnungen des Barmherzigen nichts wissen will, bestellten wir für ihn einen Satan, der ihm dann ein (unzertrennlicher) Geselle (Qarīn) ist.«

Der Scheich definiert den Qarīn als aṣ-Ṣāḥib al-mulāzim (den anhaftenden und untrennbaren Begleiter). Der Qarīn ist das Ebenbild jeder Person und jeder Sache:

Sein Geselle (Qarīnuhū) sagt: »Herr! Ich habe ihn nicht (erst) aufgewiegelt. Er war vielmehr (von sich aus) völlig im Irrtum.« (50/27)

Und sein Geselle (Qarīnuhū) (= der Satan der ihn zum Unglauben verführt hat) sagte: »Darauf war ich gefaßt.« (wörtlich: Das ist es, was bei mir bereit ist.) (50/23)

Bei dem Qarīn in Sure 50 handelt es sich um einen Engel. Daraus kann man schließen, daß der Mensch sowohl einen Engel-Qarīn als auch einen Dschinn-Qarīn hat. Auf diesem Zusammenhang weist folgender Ḥadīṯ hin:

Der Prophet Muḥammad sagte: Es gibt keinen Gottesdiener, der nicht einen Qarīn von den Dschinn um sich hätte.[9]

Der Dschinn-Qarīn verkörpert das Böse, den Šayṭān. Ihm liegt daran, den Menschen am Versprechen Gottes vom Paradies und vom Feuer zweifeln zu lassen. Der Engel-Qarīn führt zum Guten und festigt den Glauben an die Wahrheit Gottes. Der Mensch ist wie ein Gefäß, in dem sich viele Geister (Arwāḥ) befinden:

Wir haben für sie (gewisse) Gesellen (Quranā') bestellt. Diese ließen ihnen im schönsten Licht erscheinen, was sie vor und hinter sich hatten ... (41/25)

Ist der Muslim nachlässig, so ist er besonders von den Dschinn gefährdet. Nur gläubige Muslime sind vor ihnen sicher. So verwendet der Scheich die Angst vor den Dschinn als religiöses Druckmittel.

Tritt nun tatsächlich ein Fall von Besessenheit auf, kann sich der Betroffene selbst nur durch starken Glauben (Imān) heilen. Er sollte viele gute Werke (Iḥsān) verrichten, die Gebete konsequent einhalten, dauernd den Koran rezitieren und die Gesellschaft guter Muslime aufsuchen.

Es ist interessant zu beobachten, daß alle Šuyūh den Dschinn-Glauben dazu benutzen, die scheinbar nachlässigen Muslime von der Wichtigkeit und der Notwendigkeit einer strengen Einhaltung der Gebote des Islām zu überzeugen. Sehr oft wird die Angst vor den Dschinn sogar als Drohung gebraucht.

Die Ursprünge der Geisteraustreibung

Eines Tages kam einer der Genossen zum Propheten und fragte ihn: »Wenn ich bete, so raubt mir etwas meinen Verstand, und ich weiß nicht mehr, wo ich mich befinde.« Daraufhin sagte der Prophet: »Komm näher!« Er trat also zu ihm hin und trat so nahe an ihn heran, daß er dicht bei seinen Füßen stand. Da spuckte ihm der Prophet dreimal in den Mund und sprach dreimal folgenden Spruch aus: »'uḫruǧ ᶜadūwa llāh wa-'ana rasūlu llāh. Fahr aus, Feind Gottes, denn ich bin der Gesandte Gottes.« Seit diesem Zeitpunkt war er geheilt, und sein vorheriger Zustand kehrte nicht mehr zurück.[10]

Mağnūn (verrückt) bedeutet im Zusammenhang mit den Dschinn: bihī massun mina l-ğinn (mass: Berührung, Kontakt, Unglück, Wahnsinn, Verrücktheit, Besessenheit). Dieses »mass« kann sich entweder auf den Verstand oder auf einen Teil des Körpers beziehen.

Der Prophet traf auf der Straße eine Frau mit ihrem verrückten Sohn. Die Frau sagte ihm: »Sieh diesen Jungen«. Daraufhin nahm der Prophet seinen Stock und schlug mit diesem auf den Rücken des Jungen ein und sprach dabei dreimal: 'uḫruğ ᶜadūwa llāh wa-'ana rasūlu llāh. Fahr aus, Feind Gottes, denn ich bin der Gesandte Gottes.

Dann sagte er zu der Frau: »Warte hier auf mich, bis ich wieder zurückgekehrt bin.« So wartete die Frau auf ihn, bis er zurückkam; dann fragte er sie: »Wie geht es dem Jungen«? Sie antwortete: »Besser als vorher«. Sie wollte dem Propheten drei Schafe geben, da sagte der Prophet zu einem seiner Begleiter: »Nimm nur ein Schaf, und laß ihr die beiden anderen«.[11]

Dieser Ḥadīṯ weist auf zwei wichtige Probleme hinsichtlich der Behandlung Besessener hin, nämlich die Verwendung des Stockes bei der Behandlung und die Bezahlung. Alle von mir kontaktierten Scheichs benutzten in extremen Situationen während einer Austreibung einen Stock, weil die Dschinn körperlichen Schmerz empfinden, sobald sie sich im Körper des Menschen befinden. Der erwähnte Ḥadīṯ legitimiert die Verwendung des Stockes. Der Ḥadīṯ klärt auch die Frage der Bezahlung. Hätte der Prophet alle ihm angebotenen Schafe genommen, so würde das bedeuten, daß der jeweils behandelnde Scheich sich am Patienten bereichern darf. Hätte der Prophet überhaupt kein Schaf genommen, so dürfte auch kein Scheich Bezahlung annehmen. Der Prophet nahm aber ein Schaf, was bedeuten soll: Nehmt ein wenig von dem, was man euch freiwillig anbietet.

Ein weiterer Ḥadīṯ gibt Auskunft über die Wirksamkeit des Koran bei der Austreibung der Dschinn:

Ibn Mas^{c}ūd[12] sah eine Frau, die einen epileptischen Anfall hatte. (Epilepsie gilt als ein von Dschinn verursachtes Übel.) Er ging zu ihr und sprach einige Worte in ihr linkes Ohr, daraufhin war die Frau geheilt. Als Ibn Mas^{c}ūd zum Propheten zurückgekehrt war, fragte ihn dieser, was er getan habe. Ibn Mas^{c}ūd antwortete: »Ich sagte folgende Worte aus dem Buch Gottes (Sure 23/116–118): 116 (Sag) Gott ist erhaben … (bis zum Ende der Sure).« Da sagte der Prophet: »Diese Worte haben den Dschinn vernichtet, denn wer diese Worte rezitiert, wird die Dschinn vertreiben.«

Ibn Ḥanbal wurde zum Kalif gerufen, weil dessen Tochter von einem Dschinn besessen sei. Ibn Ḥanbal schickte statt dessen einen Schüler und gab diesem einen seiner Pantoffel mit. Er befahl dem Schüler: »Geh, und stell dich vor das Mädchen, und sage dem Dschinnī in ihr: Aḥmad befiehlt dir, diesen Körper zu verlassen, denn die Körper der Menschen sind dir verboten. Solltest du aber meinem Befehl nicht Folge leisten, so werde ich dich siebzigmal mit diesem Holzpantoffel schlagen!« Darauf ging der Schüler zu dem Mädchen und tat, was ihm befohlen worden war; als er den Befehl ausgesprochen hatte, hörten die Anwesenden den Dschinnī mit der Stimme des Mädchens folgendes sagen: »Willkommen sei uns Aḥmads Befehl, denn selbst wenn er uns den Befehl gäbe, diese Welt zu verlassen, würden wir ihm gehorchen, denn Aḥmad ist ein Mann Gottes, und daher macht ihm Gott alles untertan.«

Es ist Gottes Wille, daß wir mit körperlichen und seelischen Krankheiten geprüft werden. Die körperlichen Krankheiten gehen auf natürliche Ursachen zurück wie zum Beispiel Bakterien und Mikroben. Die seelischen Krankheiten werden von den Dschinn hervorgerufen. Deswegen werden manchmal auch gute Muslime von Dschinn besetzt, um die Muslime zu prüfen. Denn der Körper wird mit Materiellem geprüft, die Seele aber mit etwas Geistigem – hier handelt es sich um die Dschinn.

Über die Aufenthalte der Dschinn im menschlichen Körper teilt der Scheich mit, daß besonders der Kopf, der Bauch, der Rücken, die Beine und die weiblichen Geschlechtsorgane anfällig seien.

Die Nahrung der Dschinn entspricht dem, was ihr Gastkörper zu sich nimmt. Die Information, daß Dschinn sich von Knochen ernähren, bezieht sich nur auf jene Dschinn, die sich im Körper eines Hundes befinden. Welche Nahrung die Dschinn außerhalb eines materiellen Körpers zu sich nehmen, ist dem Scheich nicht bekannt.

Anschließend spricht Scheich ʿAbdalḫāliq über die Gefahren des moralischen Verfalls innerhalb der muslimischen Gesellschaft, die durch das Bestreben des Šayṭān gegeben sind. Die Funktion des Šayṭān ist es, die Muslime vom geraden Weg der Religion abzubringen. Daher wendet er sich hauptsächlich den guten Muslimen zu, denn jene Menschen, die sich vom Wege des Islām entfernt haben, stehen ja schon unter seiner Herrschaft.

Es gibt drei Zustände des Menschen, die es den Dschinn ermöglichen, in ihn einzudringen: Zorn, Unachtsamkeit und Begierde.

Eines Tages kam ein Mann zum Propheten und bat ihn um einen Ratschlag. Der Prophet sagte: »Sei nicht zornig!« Doch war der Mann mit dieser Antwort nicht zufrieden, und er fragte den Propheten ein zweites und ein drittes Mal, bekam aber immer nur dieselbe Antwort. Doch beim letzten Mal sagte der Prophet: »Sei nicht zornig, denn der Zorn kommt vom Šaytān, und der Šayṭān ist vom Feuer, und wenn jemand zornig ist, so soll er die rituelle Waschung (wuḍūʾ) verrichten«.[13]

Ein anderer Ḥadīṯ berichtet, daß jemand in Gegenwart des Propheten stritt und dabei sehr zornig wurde; der Prophet sagte zu ihm: »Ich weiß einige Worte, die dir helfen, wenn du zornig bist: ʾaʿūḏu bi-llāh, as-samīʿu l-ʿalīm mina š-šayṭāni r-raǧīm, min nafṯihī wa-nafḫihī wa-hamzihī. Ich nehme Zuflucht zu Gott, dem Hörenden, dem Wissenden, vor dem gesteinigten Satan, vor seinem Blasen, seinem Hauch und seiner Verleumdung.[14]

Nach Meinung des Scheich ʿAdalḫāliq besitzt dieser Schutzvers eine große Kraft und ein großes Geheimnis. Hier beendet der Scheich seine Ausführungen über die Welt der Dschinn.

Heilungsmethoden

Die öffentlichen Austreibungssitzungen von Scheich ᶜAbdalḫāliq finden meist in abgeschlossenen Räumen der jeweiligen Moschee statt. Da sich diese Sitzungen großen Zulaufs erfreuen, herrscht meist eine beängstigende Enge, die aber in starkem Maß zur Intensität der Austreibungen beiträgt. Frauen und Männer sitzen buntgemischt am Fußboden. Oft warten auch außerhalb des Raumes Familienangehörige, die ihre Kranken zum Scheich gebracht haben.

Die Hauptbehandlungsmethode des Scheichs ist das möglichst laute Rezitieren bestimmter Suren in das linke Ohr des Patienten (vgl. Maḥmūd Ǧibālī S. 113 ff.). In vielen Fällen wehrte sich der Patient, doch ließ sich der Scheich in keinem Fall von der Fortführung der Rezitation abhalten. Oft begann der Patient zu weinen, und sein Körper wurde von Krämpfen geschüttelt. Daraufhin verstärkte der Scheich die Rezitation. Der Patient fiel dann entweder in apathisches Schweigen, oder er begann mit einer verzerrten Stimme zu sprechen, die vom Scheich als die eines Dschinnī identifiziert wurde.

Ich konnte selbst eine Patientin beobachten, die zu weinen und zu zittern begann. Der Scheich intensivierte die Rezitation, worauf die Frau stöhnte und gurgelnde Laute von sich gab. Kurz danach aber sprach sie mit klarer Stimme. Eine weibliche Dschinnī beschwerte sich offenbar bei dem Scheich über die Belästigungen. Man solle »sie« doch endlich in Ruhe lassen, das Leben mit ihrem Menschen verlaufe friedlich, denn auch »sie« (die Dschinnīya) sei eine Muslima. Was bei diesem Zwiegespräch verblüffte, war die Offenheit, mit der die »Frau« den Scheich anredete und behandelte. Eine Muslima würde es normalerweise nicht wagen, einen Scheich in einer derartig offenen, teilweise sogar provokanten Art anzusprechen. Das war für ihn ein weiterer Beweis der Besessenheit. Plötzlich veränderten sich die Augen der Frau, sie blickte verdutzt im

Raum umher, sprang auf und lief aus dem Zimmer. Auf meine Frage nach der Wirkung der Rezitation teilte mir der Scheich mit, diese würde den Dschinn im Körper des Menschen in Atome auflösen.

Als zweite Methode zur Austreibung der Dschinn verwendet Scheich ᶜAbdalḫāliq den Ḏikr, eine andauernde Wiederholung bestimmter Formeln, wie zum Beispiel: lā 'ilāha illā llāh (Es gibt keinen Gott außer Gott) oder astaġfīru llāha l-ᶜaẓīm (Ich bitte Gott, den Allmächtigen, um Vergebung) und andere.

Der Ḏikr wird bei der Austreibung angewendet, weil die Dschinn nur einen schwachen Geist (rūḥ) beherrschen können. Es stehen sich also immer Geist und Geist gegenüber. Der Ḏikr hilft dem menschlichen Geist, stark zu werden, so daß dieser sich gegen den Geist des Dschinnī zur Wehr setzen kann und schließlich sogar fähig wird, ihn zu vertreiben. Der Ḏikr wurde meist am Anfang jeder Sitzung gesprochen, wobei alle anwesenden Personen durch den Scheich und seine Assistenten aufgefordert wurden einzufallen.

Bei dieser Ḏikr-Behandlung war auffallend, daß die meisten Patienten einen starken Widerwillen gegen das Aussprechen der Formeln zeigten. Sie wurden dann vom Scheich oder seinen Assistenten verstärkt aufgefordert, mit dem Ḏikr fortzufahren. Wenn sie dieser Aufforderung nicht nachkamen, drohte der Scheich mit seinem Stock. Weigerten sie sich weiterhin, erhielten Sie einen kräftigen Schlag mit dem Stock auf die Beine oder auf den Rücken. Sie brachen daraufhin meist in Weinkrämpfe aus, doch konnten sie unter Weinen mit dem Ḏikr fortfahren, als sei eine Blockade durchbrochen worden. Sobald sich beim Patienten Krämpfe einstellten, wurde der Ḏikr abgebrochen, und der Scheich begann mit der Rezitation von Suren in das linke Ohr des betreffenden Patienten.

Bei einem Patienten handelte es sich offenbar um eine Person, die schon öfters derartige Sitzungen besucht hatte.

Er war sichtlich bemüht, dem Ḏikr zu folgen, doch sobald er aufgefordert wurde, allein bestimmte Formeln von sich zu geben, brach er in Weinkrämpfe aus. Dies lag aber in der Absicht des Scheichs, denn dann begann er, bestimmte Stellen des Körpers (Rücken, Beine) zu massieren. Bald beruhigte sich der Mann und konnte mit dem Ḏikr fortfahren.

Als dritte Methode zur Austreibung der Dschinn verwendete der Scheich Kassetten. Er war auf diese Methode besonders stolz, da er damit moderne westliche Technik einbezog. Das hat starken Einfluß auf seine Klientel, da viele von ihnen westliche Errungenschaften grundsätzlich für gut halten. Auf diesen Kassetten kann man die Rezitation bestimmter heilkräftiger Verse aus dem Koran hören, die der Scheich auch bei seinen Sitzungen verwendet. Die Kassetten werden von den Assistenten des Scheichs zum Selbstkostenpreis an die Patienten abgegeben, mit dem Auftrag, die Kassette jeden Abend einmal anzuhören.

Auflistung der Koranstellen, die sich auf oben genannten Kasetten befinden:

Sure 1	
Sure 2	Vers 1–5
	Vers 130–141
	Vers 163–164
	Vers 255 (Āyat al-Kursī) –257
	Vers 284–286
Sure 3	Vers 1–2
	Vers 16–19
	Vers 26–28
	Vers 169–175
	Vers 140–200
Sure 4	Vers 116–121
Sure 7	Vers 54–56
	Vers 118–122
	Vers 196–206

Sure	8	Vers 47–48
Sure	9	Vers 128–129
Sure	10	Vers 57–64
		Vers 79–82
Sure	17	Vers 78–85
		Vers 105–111
Sure	20	Vers 68–69
		Vers 111–114
Sure	23	Vers 96–98
		Vers 115–118
Sure	26	Vers 69–99
Sure	36	Vers 1–12
Sure	37	Vers 1–10
Sure	40	Vers 1–3
		Vers 38–46
Sure	41	Vers 44
Sure	46	Vers 29–32
Sure	55	Vers 1–33
Sure	57	Vers 1–9
Sure	59	Vers 20–24
Sure	72	Vers 1–8
Sure	4	Vers 76
Sure	5	Vers 15–17
		Vers 72–79
Sure	8	Vers 9–19
		Vers 50–51
Sure	9	Vers 14–16
		Vers 51–52

ANMERKUNGEN

1 Aḥmad b. Ḥanbal, al-Musnad Bd. 2, S. 132.

2. Ṣaḥīḥ = Termini für die Ḥadīṯ-Sammlungen des Abū Muslim und des al-Buḫārī. Diese beiden Sammlungen werden als richtig (ṣaḥīḥ) bezeichnet. Siehe: GAL, GI, S. 167.

3 Aḥmad b. Ḥanbal, al-Musnad, Bd. 3, S. 305.

4 Um welche Elemente es sich hier handelt und woher diese Information stammt, sagte der Scheich nicht.

5 Saḥīḥ al-Buḫārī, Kitāb al-Aḥkām, Bāb 21.

6 Aḥmad b. Ḥanbal, al-Musnad, Bd. 1, S. 217.
7 Imām aš-Šibli, Sirāǧ ad-Dīn. Berühmter Rechtsgelehrter und Theologe, gestorben 1372 n. Chr. in Ägypten. Siehe: EI[1], Bd. 4.
8 Ṣaḥīḥ Muslim, Kitāb aḏ-Ḏikr, Bāb 79.
9 Aḥmad b. Ḥanbal, al-Musnad, Bd. 1, S. 385.
10 Aḥmad b. Ḥanbal, al-Musnad, Bd. 4, S. 172.
11 Ebenda, S. 170.
12 Ibn Mas[c]ūd, [c]Abdallāh b. Ǧāfil b. Ḥabīb, Gefährte des Propheten, gestorben 32 oder 33 h. in Medina. Gewährsmann vieler Traditionen. Siehe: EI[2], Bd. 3.
13 Aḥmad b. Ḥanbal, al-Musnad, Bd. 4, S. 226.
14 Aḥmad b. Ḥanbal, al-Musnad, Bd. 3, S. 253.

Exkurs: Das Wissen von Scheich Maḥmūd Ǧibālī über die Dschinn

Scheich Maḥmūd Ǧibālī wohnt seit einigen Jahren in Imbāba, einem typischen Volksviertel von Kairo mit engen Gassen und ungepflasterten Straßen. Er hat sich den Kampf gegen die Dschinn als Aufgabe gestellt. Seit etwa zwei Jahren beschäftigt er sich mit der Austreibung von Dschinn. Es hat sich außerdem eine kleine Gruppe von Getreuen um ihn gebildet, die ebenso wie er ihre Freizeit dem Kampf gegen die Dschinn widmen.

Scheich Maḥmūd besitzt nicht die gleiche Popularität wie Scheich ᶜAbdalḫāliq, weil er erst kurze Zeit Austreibungen vornimmt und außerdem sehr bescheiden ist. Dadurch wirkt er in den Augen des Volks nicht wie ein großer Wundertäter.

Die Getreuen übernehmen oft Scheich Maḥmūds Platz und führen an seiner Stelle Austreibungen durch. Deswegen kann man seine Gruppe als Arbeitskollektiv bezeichnen. Seit einiger Zeit unternimmt die Gruppe regelrechte Suchaktionen, um Zauberer oder andere Scheichs ausfindig zu machen, die ebenfalls den Dschinn den Kampf angesagt haben oder sogar über einen Dschinn-Diener verfügen.

Scheich Maḥmūd kennt einige Scheichs, die ich kontaktierte. Er lehnte sie aber ab, weil sie entweder nicht fähig seien, eine wirksame Austreibung vorzunehmen (Scheich ᶜAbdalḫāliq), oder aber mit unerlaubten Mitteln vorgingen (z. B. Scheich Muṣṭafā Dāwūd). Ich wurde von Scheich Maḥmūds Gruppe als gleichwertig behandelt, weil ich ihrer Meinung nach bereits ansehnliches Wissen über die Welt der Dschinn und die Möglichkeiten der Austreibung besaß.

Die Gruppe von Scheich Maḥmūd trifft sich etwa dreimal in der Woche nach dem Nachtgebet, um dann in einer privaten Wohnung eine Austreibungssitzung vorzunehmen. Die Anzahl der Treffen hängt auch vom Andrang der Klienten ab.

Scheich Maḥmūd und seine Gruppe zeichnen sich durch strenge Rechtgläubigkeit aus. Sie betrachten alles als Unglauben, was sich nicht vollkommen mit der Sunna des Propheten vereinigen läßt. Dazu gehört neben dem Christen- und Judentum auch der Sufismus, der in den Augen von Scheich Maḥmūd eine der größten Gefahren für den gläubigen Muslim bildet. Seine Anhänger sieht Scheich Maḥmūd als gleichberechtigte Mitstreiter gegen den Unglauben und den moralischen Verfall der islamischen Gesellschaft. Beides wird seiner Meinung nach von Zauberei und Besessenheit hervorgerufen. Daher begann er, sich mit der Welt der Dschinn auseinanderzusetzen. Die Gruppe von Scheich Maḥmūd stützt sich hauptsächlich auf die Sunna des Propheten und auf jene Erfahrungen, die sie in der kurzen Zeit selbst machen konnte. Ebenso wichtig ist für sie der Kontakt und der Gedankenaustausch mit anderen Šuyūḫ.

Der Großteil seiner Klienten kommt aus Imbāba, seiner Wohngegend, allerdings kommen auch Ratsuchende aus weit entfernten Stadtteilen zu ihm. Die meisten Personen entstammen der Mittelschicht Kairos. Scheich Maḥmūd stellt keine finanziellen Forderungen. Angebote werden von ihm strikt zurückgewiesen. Er besitzt großen Einfluß auf die Personen, die zu ihm kommen. Immer wieder werden sie von ihm und seinen Mitarbeitern aufgefordert, zum wahren Islam zurückzukehren. Sie verbinden damit immer den Hinweis, daß durch die Nichteinhaltung der religiösen Pflichten und Gesetze eine starke Bedrohung durch die Dschinn und die schwarze Magie gegeben sei.

Sein Wissen unterscheidet sich kaum von dem, was mir Scheich ᶜAbdalḫāliq mitteilte. Es gibt nur geringe Abweichungen, von denen die meisten im Zusammenhang mit den Heilmethoden des Scheichs stehen.

Die Dschinn sind wie Luft. Sie befinden sich daher auch in der Luft. Sie sind aber nicht mit der Luft verbunden, sondern von ihr getrennte Wesen. Sie bewegen sich in der

Luft fort und können ohne weiteres in den Körper des Menschen gelangen, indem sie mit Hilfe des Sauerstoffaustausches in die Blutbahn eindringen.

Alle Körperöffnungen gelten als Ein- und Austrittspunkte der Dschinn in den menschlichen Körper (Augen, Nase, Ohren, Mund, Anus, Harnröhre, Vulva). Diese Körperöffnungen können durch bestimmte Rituale für den Dschinnī geöffnet oder geschlossen werden. Der kleine Finger der linken Hand gilt als spezieller Punkt, durch den der Dschinnī ausfahren kann. Diese Tatsache geht darauf zurück, daß die Dschinn Linkshänder sind (daher gilt auch die linke Hand als unrein). Der Austrittspunkt liegt genau zwischen Nagel und Nagelbett. Um ein Austreten zu erleichtern, kann man mit einer Nadel in diesen bestimmten Punkt stechen, um die Blutbahn zu öffnen.

Befindet sich der Dschinnī im menschlichen Körper, so versucht er diesen zu verändern. Die Zehen verkrampfen sich, die Hände werden zu Fäusten geballt, der Bauchmuskel wird gespannt. Ein untrügliches Zeichen für Besessenheit ist ein schiefer Mund. Bei Beginn einer Austreibung treten Krämpfe auf. Ein besessener Patient nimmt seine Umgebung mit den Augen des Dschinn wahr. So kann der Patient die Welt der Dschinn erkennen, der Scheich aber nicht. Es ist nicht von Bedeutung, ob der Patient Arabisch versteht oder dem Islam angehört, die Verwendung von ganz bestimmtem heilkräftigen Suren bei der Austreibung ist in jedem Falle von höchster Bedeutung.

Jede Art von Dschinn bevorzugt bestimmte Speisen oder Getränke. Die meisten Dschinn schätzen Hülsenfrüchte. Über Fleisch spricht man bei der Schlachtung die Basmala, damit nur die muslimischen Dschinn daran teilhaben können. Sobald über einen Gegenstand die Basmala gesprochen wurde, ist es für nicht-muslimische Dschinn tabu. Dschinn, die in ihrer ursprünglichen Lebensform verharren (d. h. keine materielle Form annehmen), »schnüffeln« die Nahrung, d. h. sie atmen die Nahrung ein.

Wenn man die veränderte Augenfarbe des Menschen betrachtet, kann man erkennen, von welcher Art Dschinn er besessen ist. Wenn sich das Weiße des Auges (Glaskörper) rot färbt, dann weist das auf den al-Ǧinn al-Aḥmar hin. Verfärbt sich der Glaskörper gelb, weist das auf den al-Ǧinn al-Aṣfar hin. Wenn die Pupille verschwindet und nur mehr das Weiße des Glaskörpers sichtbar ist, auf den al-Dschinn al-Abyaḍ. Manche Arten der Dschinn sind außerdem sehr lichtempfindlich. Daher hat der Mensch, in dessen Körper sich so ein Dschinnī aufhält, das ständige Bedürfnis, die Augen zu schließen.

Die allgemeinen Auskünfte über den Quarīn unterschieden sich nicht von denen anderer Informanten. Doch ging Scheich Maḥmūd auf eine spezielle Frage über die Rolle des Quarīn innerhalb der Zauberei genauer ein: Der Zauberer verwendet seinen Qarīn, um ihn der zu verzaubernden Person zu unterwerfen. Er kann dann von diesem Qarīn alle Informationen erhalten, die er über seinen Patienten haben möchte. Ein Beispiel dafür erfuhr ich selber bei meiner Begegnung mit Scheich Muḥammad Labīb, der die Qarīn für die Zauberei verwendet.

Scheich Muḥammad Labīb

Ḥāǧǧ Muḥammad, wie der Scheich genannt wird, ist Abteilungsleiter der öffentlichen Verkehrsmittel für die Strecke Kairo–Port Said. Ich wurde auf ihn aufmerksam, als er im Radio ein Interview über die Welt der Dschinn und seine Beschäftigung mit dieser gab. Nach seinen Aussagen ist er ein vielbeschäftigter Mann, sowohl in seiner Stellung, als auch bei seiner Tätigkeit als Zauberer (Scheich).

Da ich ihn in seiner Wohnung im Monat Raǧab besuchte, teilte er mir mit, daß er im Augenblick nur an Donnerstagen Besuch empfangen dürfe, um seine Kraft nicht zu verlieren. Denn nach der Meinung Scheich Muḥammads sei der Monat Raǧab ein heiliger Monat, in dem keine übermäßigen spirituellen Tätigkeiten ausgeübt werden dürften. Durch diese Einschränkung war der Andrang der Ratsuchenden sehr groß.

Die Klientel kommt zum größeren Teil aus der gehobenen Mittelschicht Kairos. Dies ist wahrscheinlich auf seine nicht geringen finanziellen Forderungen zurückzuführen: Schon der Hausdiener verlangt ein Bakschisch von fünf Pfund. In welcher Höhe sich die finanziellen Forderungen von Ḥāǧǧ Muḥammad wirklich bewegen, konnte ich aber nicht in Erfahrung bringen. Er wollte mir darüber keine Auskunft geben und nahm auch kein Geld von mir an. Ḥāǧǧ Muḥammad besitzt mehrere Dschinn-Diener (Ḫuddām), die ihm alle gewünschten Auskünfte liefern und ihm bei seinen Austreibungen zur Seite stehen.

Geisterbeschwörung

Während einer Sitzung konnte ich dem Scheich einige Fragen stellen. Ḥāǧǧ Muḥammad sitzt normalerweise allein in einem Raum, getrennt von der Klientel. Wer eine Frage stellen will, wird vom Hausdiener aufgefordert, seinen Vornamen, den der Mutter und die Fragen auf einen Zettel zu schreiben. Das Ausfüllen des Zettels soll nicht in Gegenwart des Dieners oder des Scheichs erfolgen. Das Papier wird gefaltet und in der linken Hand verwahrt. Wenn man vor den Scheich tritt, bittet er, den Zettel ungeöffnet in der linken Hand zu lassen. Dann soll sich der Klient in einiger Entfernung vor ihn setzen, die linke Hand zu einer Faust ballen und sich auf die Fragen konzentrieren. Sobald alle Vorbereitungen abgeschlossen sind, beginnt der Scheich mit der Beschwörung der Diener. Der Klient muß die einzelnen Passagen laut nachsprechen. (Die verwendete Anrufung entspricht fast genau jener, die Scheich Yāsīn verwendet. Vgl. Scheich Yāsīn, S. 185 ff.) Nach Ende der Anrufung beginnt ein Zwiegespräch zwischen dem Scheich und seinen Dienern, das für den Klienten unhörbar ist. Nur die Ausrufe und Zwischenfragen des Scheichs können gehört werden. In meinem Fall konnte mir Ḥāǧǧ Muḥammad am Ende dieses Zwiegesprächs meinen vollen Namen, den Namen meiner Mutter und alle meine Fragen im exakten Wortlaut sagen. Ich möchte betonen, daß der Scheich keine Möglichkeit gehabt hatte, auch nur einen Blick auf meinen Zettel zu werfen. Ebenso ist in diesem Fall Hypnose auszuschließen, da ich immer wieder Zwischenfragen stellte. Damit handelte ich aktiv, was bei Hypnose unmöglich ist.

Ḥāǧǧ Muḥammad beantwortete mir meine Fragen nicht sofort, sondern verlangte eine Wiederholung der Anrufung in leicht abgeänderter Form. Vor der erneuten Anrufung gab er mir einen Kugelschreiber, dessen Spitze ich mit der Zunge berühren mußte. Der Zettel mit den Namen und Fragen wurde nun um das untere Ende des Kugelschreibers gewickelt, und ich nahm beides wieder in die linke Faust. Über Kugelschreiber und Faust wurde ein Tuch gebreitet. Dann erfolgte die gleiche Anrufung.

Am Ende der Anrufung sagte mir der Scheich, daß meine Fragen von seinen Dienern schriftlich beantwortet seien.

Der Zettel wurde daraufhin auseinandergefaltet, und man konnte deutlich die Schriftzüge erkennen, die neu hinzugekommen waren. Sie standen neben den Fragen und waren etwas unleserlich.

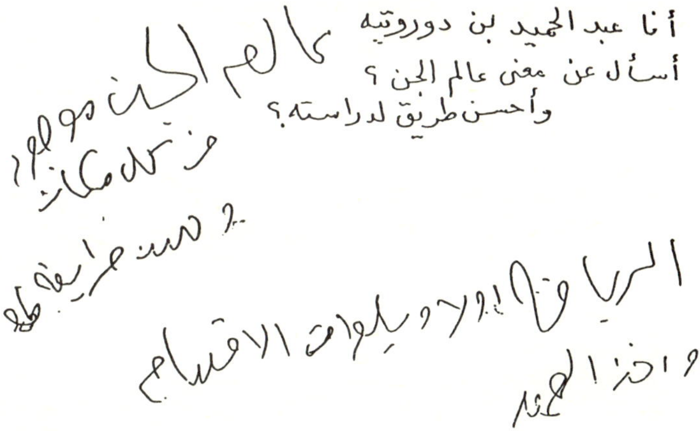
أنا عبد الحميد بن دوروتيه
أسأل عن معنى عالم الجن ؟
وأحسن طريق لدراسته ؟

Die Fragen lauteten:
'anā ᶜAdalḥamīd b. Dorothea,
'as'alu ᶜan maᶜnā ᶜālami l-ǧinī wa-'aḥsani ṭarīqin li-dirāsathihī
Was bedeutet die Welt der Dschinn?
Was ist der beste Weg, diese Welt zu studieren?
Die Antworten:
ᶜālamu l-ǧinnī mawǧūdun fī kulli makānin wa-min ṭarīqihī r-riyāḍatu 'awwalan wa-ṣalawātu l-'aqsāmi wa-'aḫḏu l-ᶜahd.
Es gibt die Welt der Dschinn, und sie befindet sich an jedem Ort. Der beste Weg ist erstens die Askese, die Beschwörung und der Kontrakt (zwischen mir und meinem Diener).

Scheich Maḥmūd bezeichnete die Vorgangsweise von Ḥāǧǧ Muḥammad als Augenwischerei und als nicht wirklich hilfreich.

Seiner Meinung nach horcht der Qarīn des Scheichs den Qarīn des Klienten aus und teilt die Informationen dem Scheich mit. Der Qarīn des Klienten weiß aber nicht mehr als der Klient selbst, daher beantwortet sich der Klient seine Fragen nur selbst. Der Klient wird zuerst in großes Staunen versetzt, weil er sieht, daß der Scheich alles über seinen Namen und seine Fragen weiß. Dies geschah aber durch die Vermittlung des Qarīn. Danach befindet sich der Klient in einer dermaßen ehrfurchtsvollen und gläubigen Stimmung, daß er die Antworten und Auskünfte des Scheichs in keiner Weise zu bezweifeln wagt.

Das Erscheinen der Schrift auf dem Papier wird auf die allgemeinen Fähigkeiten der Dschinn zurückgeführt, die jede Form annehmen können. So bereitet es ihnen auch keine Schwierigkeit, sich selbst als Kugelschreibertinte zu erschaffen, um auf dem Papier die gewünschten Schriftzüge zu bilden.

Die Seele (rūḥ) des Menschen begibt sich bei seinem Tod direkt in eine unbekannte Sphäre. Der Qarīn aber bleibt auf der Erde und führt dort das »normale« Leben eines Dschinnī, allerdings mit dem gesamten Wissen seines früheren Gastkörpers. Deshalb wird nach Scheich Maḥmūds Meinung bei der Beschwörung eines Toten nicht sein menschlichen Geist gerufen, sondern nur dessen Schatten – sein Qarīn.

Die Zauberer üben ihre Tätigkeit nicht nur wegen des materiellen Gewinns aus, sondern führen eine Kampagne gegen den Islam. Gerade gläubige Muslime werden als Opfer dieser Zauberei erwählt.

Als Beispiel dafür gilt die Besessenheit von Scheich Aḥmad[1], der durch Zauberei von einem jüdischen Dschinnī besetzt worden ist. Sobald sich Scheich Aḥmad religiösen Handlungen (Gebet, Fasten, Koranrezitation, u. a.) zuwenden will, überkommt ihn ein plötzlicher Kopfschmerz, der mit starken Schwindelanfällen verbunden ist.

Heilungsmethoden

Scheich Maḥmūd verwendet ähnliche Methoden wie Scheich ᶜAbdalḫāliq. Die Behandlungen werden jedoch nie im Beisein anderer Patienten vollzogen, sondern ausschließlich in Einzelsitzungen, bei denen nur die Assistenten anwesend sind.

Auch Scheich Maḥmūd benutzt bestimmte heilkräftige Suren und Verse. Die Rezitation erfolgt dicht am Ohr des Patienten, bei schweren Fällen sogar in beide Ohren gleichzeitig. Der Patient liegt ausgestreckt auf einem Bett, der Scheich und einer der Assistenten knien daneben und beginnen mit der Rezitation. Sobald der Patient irgendeine Reaktion zeigt (z. B. Schlucken oder Krämpfe), wird er nach seinem Namen gefragt. Antwortet er mit dem richtigen Namen, wird mit der Rezitation fortgesetzt. Wenn ein anderer Name genannt wird als der des Patienten, so spricht der Dschinnī, und die Befragung kann beginnen.

Folgende drei Fallbeschreibungen sollten genügen, das Vorgehen Scheich Maḥmūds bei den Austreibungen zu illustrieren.

Der Fall Fatīya

Sobald die betreffende Patientin die rezitierten Koranverse hörte, fiel sie augenblicklich, ohne jede Übergangsphase, in Trance (sie verkrampfte die Zehen und hob die Füße an). Kurz darauf begann der Dschinnī in ägyptischem Arabisch mit der Stimme der Patientin zu sprechen. Es war ein christlicher Dschinnī namens »Buṭrus«. Er teilte dem Scheich mit, daß er durch schwarze Magie gezwungen worden war, in diesen Körper zu fahren und dort nun durch einen Talisman gebannt sei. Durch die Macht des Zauberers befand sich Buṭrus permanent im Körper der Patientin und rief dort eine Bewußtseinsspaltung hervor: Mal sprach Buṭrus aus ihr, das andere Mal agierte sie persönlich. Buṭrus gehörte zur Gruppe des al-Dschinn al-Aḥmar, die alle Christen sind. Man erkennt sie immer an einem Kreuz, das sie auf die linken Schulter tätowiert haben, sobald sie einen menschlichen Körper bilden.

Meistens erfährt man direkt vom Dschinnī, ob er durch Zauberei oder eigenen Willen in einen menschlichen Körper eingedrungen ist. Der Dschinnī gibt darüber bereitwillig Auskunft. Oft kann er sogar die Adresse des Zauberers mitteilen, der ihm den Befehl gab, in diesen oder jenen Körper einzufahren.

Um den Dschinnī zum Reden zu zwingen, wird er im Körper lokalisiert. Zu diesem Zweck werden die Austrittsöffnungen und -stellen des Körpers verschlossen. Zuerst werden bestimmte magische Buchstaben aus dem Koran auf die Fingernägel geschrieben, um die Austrittsstellen der beiden Hände zu schließen. Auf die Fingernägel der rechten Hand werden die fünf Buchstaben geschrieben, die am Beginn der Sure 19 stehen: Kāf, Hā', Yā', ᶜAin, Ṣād. Die Fingernägel der linken Hand werden mit den Buchstaben Ḥā', Mīm, ᶜAin, Sīn, Qāf, den Anfangsbuchstaben der Sure 42/1–2, beschriftet. (s. S. 145 ff. Sayyid Abū an-Naǧa) Auch die Zehennägel werden mit der gleiche Buchstabenfolge versehen.

Um die Austrittsöffnungen am Kopf (Augen, Ohren, Mund, Nase) zu verschließen, wird, ausgehend vom rechten Ohrläppchen über die Stirn bis zum linken Ohrläppchen, ein umgedrehtes Nūn (ᑎ) gezeichnet. Dieses Nūn verschließt auch die restlichen Ausgänge des Körpers. Alle Beschriftungen erfolgen mit normaler schwarzer Tinte oder mit Kugelschreiber.

Die Bestrafung der Dschinn (taḥrīq al-Ǧinn, wörtlich; »das Verbrennen der Dschinn«)

Sobald die Lokalisierung des Dschinnī gelungen ist, legt der Scheich seine rechte Hand auf den Kopf des Patienten, damit die Energie des Koran direkt in dessen Körper fließen kann. Dann beginnt er mit der Rezitation. Merkwürdigerweise wird diese Tätigkeit mit dem Wort Ruqya (Zauber, Magie, Beschwörung) bezeichnet.

Gleichzeitig wird ein Stück Stoff, auf das die Suren 99 und 104 geschrieben sind, zum Schwelen gebracht und unter die Nase des Patienten gehalten. Er muß notgedrungen den Qualm einatmen, womit er beziehungsweise der Dschinnī in ihm, gezwungen wird, die Kraft der Koransuren in reinster Form zu sich zu nehmen. Der Qualm entspricht ja dem feinstofflichen Element der Dschinn und ist daher doppelt wirksam.

Für den nicht-muslimischen Dschinnī ist der Kontakt mit dem Koran in dieser Form die größte Folter. Er kann ihr aber nicht ausweichen, da er im Körper des Menschen gefangen ist. In diesem gepeinigten Zustand wird der Dschinnī gezwungen, zum Islam überzutreten. Er muß versprechen, den Körper zu verlassen und nicht mehr in ihn zurückkehren. Wenn er auf diese Forderungen eingegangen ist, werden die körperverschließenden Buchstaben entfernt.

Um mit Sicherheit feststellen zu können, daß sich der Dschinnī im Körper des Patienten befindet, wird bei Beginn der Schließungen ein brennendes Papier unter seine Hände gehalten. Fühlt der Patient Schmerz, ist der Dschinnī nicht vollständig im Körper. Ist der Patient aber immun gegen den Schmerz, so ist der Dschinnī offenkundig im gesamten Körper des Patienten, und es kann mit der Festsetzung begonnen werden.

Alle vorangehend beschriebenen Handlungen wurden an der Patientin Fatīya vorgenommen. Später wurde mir mitgeteilt, daß die Austreibung positiv verlaufen und die Patientin geheilt sei.

Die Hilfe muslimischer Dschinn bei der Austreibung

Es ist möglich, muslimische Dschinn um ihre Hilfe bei Austreibungen zu bitten, mit ihnen gemeinsam den Kampf gegen den Unglauben zu führen. Dies ist dann besonders notwendig, wenn ein starker Zauber auf dem Patienten liegt und der Dschinnī, der sich im Körper des Patienten befindet, diesen nicht mehr aus eigener Kraft verlassen kann. Der herbeigerufene Dschinnī muß sich aber unbedingt in völligem Einklang mit der Sunna des Propheten befinden. Ein schwacher Dschinnī (zum Beispiel ein Dschinnī, der dem Sufismus angehört) würde dieser Aufgabe nicht gewachsen sein, er könnte sogar vom ungläubischen Dschinnī unterworfen werden. Einen sunnitischen Dschinnī erkennt man daran, daß er den Menschen auf den rechten Weg der Sunna zurückzuführen will.

In Fällen, in denen eine normale Austreibung keine Wirkung zeigt, bittet Scheich Maḥmūd einen gewissen Scheich Muṣṭafā um seine Hilfe. Dieser besitzt eine muslimische Dschinnīya. Früher hatte er sich der Zauberei verschrieben. Eines Tages wurde er von einer schweren scheinbar unheilbaren Krankheit befallen, die durch einen bösen Dschinnī verursacht worden war. Als Muṣṭafā jede Hoffnung aufgab, erschien ihm eine muslimische Dschinnīya, die ihn von dem ungläubigen Dschinnī befreite. Sie übernahm dessen Stelle und wich nicht mehr von Muṣṭafās Seite. Sie ist seine Scheicha geworden. Sie schreibt ihm religiöse Übungen vor und verlangt andere Dinge von ihm, die mit dem sunnitischen Islam in Einklang stehen.

Nur Scheich Muṣṭafā kann mit der Scheicha kommunizieren. Bei einer Sitzung, an der ich teilnahm, führte er zu Beginn ein längeres unhörbares Gespräch mit ihr. Es wurde nur unterbrochen, um die Anweisungen auszuführen, die er von der Scheicha erhielt – z. B. die Lage des Patienten zu verändern oder eine bestimmte Rezitation anzustimmen. Der Dschinnī erschien zwar (ein Jude namens

Dāwūd), ließ sich aber nicht im Körper des Patienten lokalisieren. Aufgrund seiner Stärke war die Scheicha gezwungen, Verstärkung von Dschinn-Scheichs aus Medina herbeizurufen. Aber auch mit dieser Verstärkung war es nicht möglich, eine Heilung durchzuführen. Schließlich wurde eine Therapie vorgeschlagen, die mit bestimmten rituellen Waschungen verbunden war. Die Scheicha wies darauf hin, daß der Zeitpunkt der Waschungen von größter Wichtigkeit sei, vor allem bei Besetzung durch Zauberei. Denn der Zauberer wartet mit seinem Ritual auf bestimmte besonders günstige Konstellationen, unter denen er den Dschinnī bezwingen kann. Darum muß man auch bei der Austreibung auf diese günstigen Konstellationen achten, damit sie gelingt. Leider erfuhr ich den genauen Zeitpunkt für das Ritual nicht.

Als die Therapie vollzogen worden war, weigerte sich die Scheicha, weiter an der Sitzung teilzunehmen, da sie sehr müde war. Das erzürnte aber Scheich Maḥmūd so sehr, daß er ihre Fähigkeiten bezweifelte. Er wies emphatisch darauf hin, daß er und seine Assistenten sich auch jede Nacht bis zwei Uhr früh um die Patienten kümmern müßten. Um ihn zu beschwichtigen, versprach die Scheicha, am nächsten Tag wieder an der Sitzung teilzunehmen, aber nur unter der Bedingung, daß ihre Therapie eingehalten wurde. Soweit mir bekannt ist, verzichtete Scheich Maḥmūd aber auf die weitere Hilfe der Scheicha.

Der Fall Samya

Samya litt eine Zeitlang unter Krämpfen und begann in einer fremden Sprache zu sprechen. Als sich diese Vorfälle häuften, wandte sich ihr Ehemann an Scheich Maḥmūd und bat ihn um Hilfe. Scheich Maḥmūd trug der Frau auf, jeden Tag Āyat al-Kursī (Sure 2/255) zu lesen. Aber die Anfälle hörten nicht auf, im Gegenteil, sie verstärkten sich so, daß eine Austreibungssitzung unumgänglich wurde.

Der Ehemann war bei der gesamten Austreibung anwesend.

Wie immer legte sich die Patientin auf das Bett. Für die Rezitation wurde in diesem Fall ein Kassettenrecorder verwendet. Nach kurzer Zeit fiel die Patientin in Trance, und es traten die üblichen Anzeichen auf: Zuckungen in den Beinen, Verdrehen der Augen. Kurz darauf begann sie unverständliche Laute von sich zu geben, die anscheinend eine bestimmte, nicht identifizierbare Sprache darstellten. Sie konnte nur durch Stockschläge so weit zur Ruhe gebracht werden, daß der Scheich mit der Rezitation fortfahren konnte. Währenddessen wurde der Körper immer wieder von krampfartigen Zuckungen geschüttelt, und sie stieß ein abstoßendes Lachen aus. Nachdem die Feuerprobe zeigte, daß ein Dschinnī in ihr wohnte, wurde er festgesetzt und mit der Befragung begonnen. Die Patientin (bzw. der Dschinnī) sprach jetzt arabisch. Er war ein christlicher Dschinnī namens »Joe«. Er wurde zum Übertritt zum Islam genötigt. Außerdem wurde er nach Mekka geschickt, um die Wallfahrt zu vollziehen. Dort sollte er auch einen muslimischen Dschinn-Scheich treffen, dessen Name Scheich Muḥammad ist. Der Dschinnī wurde vor dem Grab des Propheten in Medina gewarnt, weil sich dort sufische Dschinn aufhalten, die eine große Gefahr für jeden muslimischen Dschinnī darstellen.

Nach dem Austritt des Dschinnī aus dem Körper fuhr der Scheich noch einige Zeit mit der Rezitation fort, um eine neuerliche Besetzung unmöglich zu machen. Scheich Maḥmūd legte dem Ehemann nahe, noch öfters Āyat al-Kursī Sure 2/255) zu lesen.

Nach Auskunft von Scheich Maḥmud wurde Samya durch diese Sitzung von ihrem Dschinnī befreit und ist seitdem geheilt.

Liste der Koranstellen, die Scheich Maḥmūd bei Austreibungen verwendet. Die angegebenen Koranstellen werden immer in der gleichen Reihenfolge rezitiert. Das freie Gebet (du^{c}ā’) wird, soweit ich es beobachten konnte, stets ad hoc formuliert und besteht aus religiösen Einleitungssätzen und Formeln, an die Gebete für den Propheten angeschlossen werden.

Freies Gebet (du^{c}ā’)	
Sure 1	
Sure 2	Vers 1–5
	Vers 163–164
	Vers 255 (Āyat al-Kursī)
	Vers 285–286
Sure 3	Vers 18–19
Sure 7	Vers 18–19
Sure 23	Vers 115–118
Sure 37	Vers 1–11
Sure 59	Vers 21–24
Sure 72	Vers 1–3
Sure 112	
Sure 113	
Sure 114	
Freies Gebet (du^{c}ā’)	

ANMERKUNGEN

1 Scheich Aḥmad ist einer der Assistenten von Scheich Maḥmud. Er befindet sich immer noch im Zustand der Besessenheit, hat sich aber dem Kampf gegen die Dschinn verschrieben.

Scheich Muḥammad Amīn

Scheich Muḥammad wohnt in al-Basātīn, einem Vorort, der zu der ausgedehnten südlichen Gräberstadt Kairos gehört. Dort leben Teile der ärmeren Bevölkerungsschichten von Kairo. Durch die unmittelbare Nähe der Gräber ist der Glaube der Bevölkerung an die Dschinn besonders ausgeprägt und ihr ganzes Sein eng mit der Welt der Dschinn verwoben. Vor Beginn der Besiedlung der Gräberstadt gab es hier viele böse (vor allem nicht-muslimische) Dschinn, und es war daher nicht ungefährlich, hier zu siedeln. Durch den Zuzug von frommen Muslimen und den Bau von Moscheen sind diese bösen Dschinn inzwischen vertrieben worden.

Als Scheich Muḥammad Amīn 1952 in dieses Viertel zog, begann er, sich intensiver mit der Welt der Dschinn zu beschäftigen. Er ist ein alter weißhaariger Mann, der sehr gebrechlich wirkt. Bei unserem ersten Zusammentreffen empfing er mich im Bett liegend, da er gerade einen Leistenbruch kurierte. Er wirkte generell sehr schwach und kränklich und war schnell erschöpft.

Er wohnt mit seiner Familie in einem alten Haus in einer kleinen ungepflasterten Straße. Seine Patienten empfängt er in seinem Wohn- und Schlafzimmer.

Leider konnte ich an keiner Sitzung (maǧlis) teilnehmen, da der Scheich in den Monaten Raǧab, Šaᶜbān und Ramaḍān keine Austreibungen und Behandlungen vornimmt. Ihm sind diese Monate heilig, und er nützt sie zu Entspannung und Besinnung.

Der Scheich begann, sich mit der Welt der Dschinn zu beschäftigen, als er bei seiner Tochter abnorme Verhaltensweisen entdeckte. Sie sprach öfters von schwarzen Katzen, die aber nur sie sehen konnte. Er erkundigte sich deshalb nach Menschen, die mit derlei Phänomenen vertraut waren und seiner Tochter helfen könnten. Zuerst fand er Hilfe bei einer Gruppe von Šuyūḫ, die ebenfalls in al-Basātīn lebten.

Als Behandlungsmethode schlugen sie ihm vor, daß seine Tochter ständig ein eisernes Kreuz bei sich tragen müsse, was er aber nicht mit seinem muslimischen Glauben vereinbaren konnte. Er lehnte dieses Ansinnen ab und beschloß sogar, keinerlei Behandlung vorzunehmen.

Ein guter Freund riet ihm aber dringendst dazu, als er das abnorme Verhalten des Mädchens bemerkte. Er warnte den Scheich, daß das Mädchen schon Anzeichen von vollkommenem Wahnsinn zeige, und schickte Scheich Muḥammad zu Scheich Muṣṭafā Dāwūd.

Dieser ging folgendermaßen vor: Die Patientin mußte sich sieben Tage lang täglich mit einer Mischung aus Rosenwasser, Safran und Olivenöl einreiben. Sie erhielt außerdem sieben Zettel, auf denen Formeln geschrieben waren, die mit den sogenannten magischen Quadraten[1] in Verbindung standen. Jeden Tag mußte sie einen dieser Zettel verbrennen. Das Mädchen wurde auf diese Weise geheilt, und als Dank und Anerkennung schickte Scheich Muḥammad Amīn viele kranke Menschen zu Scheich Muṣṭafā Dāwūd.

Diesen Zeitpunkt betrachtet er selber aber auch als Beginn seines Kampfes gegen die bösen Dschinn. Bald danach überfielen ihn Depressionen. Er gab seine Arbeit auf, löste sich von seinen Freunden und entfernte sich immer mehr von der Realität. Er fühlte sich besessen, was ihn nicht verwunderte, denn er hatte damit gerechnet, daß die Dschinn früher oder später versuchen würden, sich seiner zu bemächtigen.

Zu Beginn seiner depressiven Phase suchte er oft Scheich Muṣṭafā Dāwūd auf, aber seine innere Unruhe trieb ihn auch zu anderen Heilern. Unter anderem begab er sich zu einer Scheicha, die mit Hilfe eines Dschinn-Dieners Heilungen erzielte. Sie deutete ihm sein Leben und prophezeite ihm, daß ihn der Wahnsinn überwältigen würde, wenn er nicht zu einem bestimmten Scheich in einem kleinen Dorf in der Nähe Kairos ginge. Alle Informationen erhielt sie von ihrem Dschinn-Diener, den sie Sulṭān nannte.

Nach einigem Suchen fand Scheich Muḥammad jenen Scheich. Dieser schien ihn bereits zu kennen, denn als sie endlich zusammentrafen, nahm der Scheich die Hand von Scheich Muḥammad, drückte sie fest und drehte sich wortlos um, um in sein Haus zu gehen. Er forderte Scheich Muḥammad aber nicht auf, ebenfalls das Haus zu betreten und sein Gast zu sein. Nach einer Weile kehrte er wieder zurück und fragte Scheich Muḥammad, ob er am Abend des vorigen Tages einen Traum (ru'yā) gehabt habe. Scheich Muḥammad bejahte und schilderte ihn: Er habe sich inmitten einer Gruppe von Personen gesehen. Eine der Personen sei auf ihn zugekommen, habe ihn an der Hand genommen und fortgeführt. Der Scheich gab ihm folgende Deutung des Traums: Der große Scheich Aḥmad al-Badawī[2] sei ihm erschienen, um ihm zu zeigen, daß seine scheinbare Besessenheit keine wirkliche sei, sondern ganz im Gegenteil ein Geschenk Gottes, ein Zeichen seiner Erwählung.

Als Aufgabe müsse er nun 21 Tage lang das Morgengebet in der Moschee von al-Imām aš-Šāfiʿī[3] beten.

Dann befahl der Scheich Muḥammad zu gehen, doch dieser war von dessen Ausstrahlung so beeindruckt, daß er ihn nicht verlassen wollte. Der Scheich ging noch mal in sein Haus und kam mit einem Zettel zurück, den er Scheich Muḥammad in die Hand drückte. Da spürte Scheich Muḥammad plötzlich eine starke unbekannte Macht, die ihn zwang, sich umzudrehen und den Scheich zu verlassen.

Nachdem er die ihm gestellte Aufgabe erfüllt hatte begann er, seine Fähigkeit als Heiler zu erkennen. In der Zwischenzeit ist Scheich Muḥammad im ganzen Viertel als Heiler bekannt geworden. Er wird deswegen und auch aufgrund seines hohen Alters von allen mit großem Respekt behandelt.

Leider konnte ich nicht in Erfahrung bringen, aus welchem sozialen Umfeld seine Patienten und Ratsuchenden kommen. Auch über seine finanziellen Forderungen konnte ich nichts herausfinden, da er während meiner Anwesenheit keinerlei Tätigkeiten ausübte.

Das Wissen des Scheichs über die Dschinn

Auf meine Fragen wiederholte der Scheich, daß er kein tiefergehendes Wissen über die Welt der Dschinn besitze. Seine Heilerfolge seien in erster Linie auf die Allmacht Gottes zurückzuführen und zweitens auf das Phänomen, daß er selbst ein Werkzeug guter Dschinn sei, die sich seiner bedienten, um die entsprechenden Heilungen vorzunehmen. Der Dschinn ergreift Besitz von ihm, sobald sich Scheich Muḥammad vor einem Patienten in einen Entspannungszustand (istrirāḥa) versetzt hat. Von diesem Zeitpunkt an handelt nur noch der Dschinnī, er selbst ist nicht mehr fähig, die Handlungen zu steuern. Zuerst versucht der ›Heiler-Dschinnī‹ die Ursache der Krankheit oder des Problems des Hilfesuchenden zu erfahren, indem er in dessen Körper fährt oder den Qarīn des Hilfesuchenden befragt. Liegt eine Besessenheit vor, so versucht der ›Heiler-Dschinnī‹ den fremden übelwollenden Dschinnī aus dem Körper des Hilfesuchenden zu vertreiben. Gelingt dies nicht, so teilt der ›Heiler-Dschinnī‹ Scheich Muḥammad, der noch in Trance ist, die notwendige Behandlungsmethode mit. Er sagt ihm auch, wenn eine ›normale‹ Krankheit vorliegt. Der ›Heiler-Dschinnī‹ spricht teilweise in fremder unverständlicher Sprache mit dem Dschinnī des Klienten, so daß Scheich Muḥammad und der jeweilige Klient diese Konversation nicht verstehen, doch wird der Scheich später von seinem Dschinnī über den Verlauf des Gespräches aufgeklärt. Wenn der Dschinnī seine Ausführungen abgeschlossen hat, verläßt er den Körper von Scheich Muḥammad, und dieser erwacht aus seiner Trance.

Sein gesamtes Wissen haben ihm die Dschinn im Laufe der Zeit selbst mitgeteilt. Die Behandlungsmethoden der Dschinn sind zwar unterschiedlich, einige tauchen allerdings immer wieder auf, vor allem die Verwendung bestimmter Suren in Verbindung mit der heilenden Wirkung des Wassers.

Scheich Muḥammad schien sich nicht mit theoretischen Fragen auseinandersetzen zu wollen. Er verwies mich immer wieder an den oben erwähnten Scheich Muṣṭafā Dāwūd, der über die Welt der Dschinn und ihre Beschaffenheit viele Bücher gelesen habe und dessen theoretisches und praktisches Wissen besonders groß sei.

Heilungsmethoden

Bevor sich der Scheich in einen Entspannungszustand versetzt, bemüht er sich, aus eigener Kraft eine Behandlung für den Patienten zu finden. Er legt seine rechte Hand auf den Kopf des Patienten, um zu erfahren, in welchem Zustand dieser sich befindet. Außerdem rezitiert er Āyat al-Kursī (Sure 2/255), bis ihm klar ist, welche Behandlung für diesen Fall notwendig ist. Kann er aus eigener Kraft keine Methode entdecken, muß er auf die Hilfe seines Dschinn-Dieners Sulṭān hoffen.

Scheich Muḥammad geht nach keinem festen Schema vor. Bei leichten Fällen greift er jedoch meist auf die gleichen Methoden zurück. Er gab mir folgende Koranstellen an, die der Selbstheilung des Patienten dienlich sind. Der Patient sollte sie zu Hause nach dem Morgengebet und dem Abendgebet lesen: Āyat al-Kursī 21mal, Sure 104, Sure 99, Sure 112, Sure 113 und 114. Die Suren müssen jeweils 21mal oder 99mal gelesen werden. Bei den Aufgaben handelt es sich immer um ungerade Zahlen (witr), die eine bestimmte Heilkraft besitzen.

Wenn der Patient das Stadium erreicht, in dem er starke Abneigung und Widerwillen gegen das Lesen dieser Koranstellen verspürt, so liest sie der Scheich mit ihm zusammen. Außerdem sollte der Patient aus der Sure 18 die Verse 108–110 siebenmal nach dem Nachtgebet lesen.

All das muß an 21 Tagen hintereinander ausgeführt werden. Nach dieser Frist muß der Patient den Scheich wieder aufsuchen und erhält neue Aufgaben: Sure 37, Sure 67, Sure 56. Diese Suren sollen je dreimal oder bei schweren Fällen je siebenmal nach dem Morgen- und dem Abendgebet gelesen werden.

Folgende Formeln sollen jeweils vor dem Schlafengehen gesprochen werden:

astaġfiru llāha l-ᶜaẓīm (ich bitte Gott, den Mächtigen, um Vergebung) 111mal,

lā 'ilāha 'illā llāh (es gibt keinen Gott außer Gott) 111mal,

allāhumma ṣalli ᶜalā muḥammadin wa-'ālihī wa-sallim (o Gott, segne Muḥammad und seine Angehörigen und spende ihnen Heil) 111mal.

Wenn sich der Patient in einem depressiven Zustand befindet, soll er siebenmal die Sure 36 lesen und währenddessen die rechte Hand in einer Wasserschüssel halten. Nach Beendigung der Lesung wird mit dem Wasser eine rituelle Waschung (wuḍū') vollzogen, danach soll der Patient dreimal von dem Wasser trinken und dabei in Gedanken um Heilung bitten. Zum Schluß wird der Mund mit Wasser gefüllt und dieses an die Wände des Zimmers gesprüht. Es darf aber kein Tropfen dieses Wassers auf den Boden gelangen, denn es enthält nun den heiligen Koran.[4]

Um sich gegen negative Einflüsse der Umwelt zu schützen, soll man folgende Verse lesen, bevor man das Haus verläßt: Āyat al-Kursī dreimal, Sure 112, Sure 113 und Sure 114 je dreimal.

Eine weitere wirksame Heilung bietet auch diese Methode: Der Scheich legt die rechte Hand auf den Kopf des Patienten und rezitiert über einem Glas Wasser dreimal Āyat al-Kursī, dann gibt er dem Patienten das Glas Wasser und bittet ihn, dreimal aus dem Glas zu trinken und dabei vor jedem Schluck die Basmala (bi-smi llāhi r-raḥmāni r-raḥīm: Im Namen Gottes, des Erbarmers, des Barmherzigen) zu sprechen. Doch bevor der Patient zu trinken beginnt, nimmt der Scheich selbst einen Schluck aus dem Glas und behält ihn im Mund. Sobald der Patient zum drittenmal getrunken hat, sprüht ihm der Scheich das Wasser aus seinem Munde unvermittelt ins Gesicht. Die momentane Schockwirkung und das Eindringen des heilkräftigen Wassers in den Körper des Patienten versetzten ihn in einen Zustand, der den Dschinnī aus dem Körper treibt.

Sehr oft können die Dschinn nur deswegen in einen menschlichen Körper eindringen, weil sich dieser in einem Erregungszustand befindet (Ärger, Zorn, Schock usw.). Wenn Besessenheit vorliegt, muß der Patient wiederum in einen erregten Zustand versetzt werden – mit dem wesentlichen Unterschied, daß diese Erregung vom Scheich gesteuert wird. Außerdem ist der Patient durch die Macht des Korans im Wasser geschützt. Die Stärke des Korans, den er mit dem Wasser zu sich genommen hat, zwingt den Dschinnī, augenblicklich den Körper zu verlassen. Das Wasser bewirkt auch, nach Aussage des Scheichs, daß das Feuer (der Dschinnī) im Körper des Patienten ausgelöscht wird.

Scheich Muḥammad Amīn lehnt die Behandlung mit dem Stock ab, weil er nicht das Recht habe, irgendein Geschöpf Gottes zu schlagen. Auch die Dschinn sind Geschöpfe Gottes und gehören zu einem Stamm, zu einer Familie.

Nach Meinung des Scheich weiß der Patient grundsätzlich selbst, wann er geheilt ist. Meistens verspürt er eine tiefe Ruhe und eine innere Festigkeit, die außerdem mit der Rückkehr zum Islam verbunden ist. Der Scheich weist aber darauf hin, daß es für die Nachbehandlung wichtig sei, daß der Patient auch weiterhin die Aufgaben erfüllt, die ihm gestellt worden sind.

Scheich Muḥammad Amīn ist der einzige mir bekannte Fall in Kairo, bei dem man von einer schamanistischen Heilungsmethode sprechen kann.[5] Bereits seine Entwicklung zum Heiler zeigt typisch schamanistische Symbolik: geistige Krankheit, Rückzug, Aufnahme durch Geistwesen (Aḥmad al-Badawī), die der Person die Heilkraft übermitteln. Besonders wichtig ist hier die Trance – die Entspannung, wie sich der Scheich Amīn auszudrücken pflegt –, in die er sich vor jeder Sitzung bewußt versetzt. Während dieser Trance kommen die Geister (Dschinn) über ihn und heilen durch ihn. Doch er kann diese kurzzeitige Besessenheit steuern, wodurch aber er sich von einem ›normalen‹ Besessenen unterscheidet.

ANMERKUNGEN

1 Magische Quadrate sind im allgemeinen solche, bei denen die Zahlen der waagrechten und senkrechten Reihen und der Diagonalen stets die gleiche Endsumme ergeben. Anstatt der Zahlen können auch die jeweiligen Buchstaben entsprechend ihrem Wert aufgezeichnet werden. Kriss, II, 1962, S. 82. Vgl. auch die umfassende Studie von W. Ahrens über die magischen Quadrate der Araber. Ahrens, Islam, Bd. VII, 1917, S. 186ff.

2 Aḥmad al Badawī: einer der größten Heiligen Ägyptens. Gründer des Aḥmadīya genannten Sufi-Ordens. Um 1200 n. Chr. in Ägypten geboren und am 24. August 1276 in Ägypten gestorben. Siehe: EI², Bd. 1.

3 al-Imām aš–Šāfiᶜī, Abū ᶜAbdallāh Muḥammad = Begründer der šāfiᶜitischen Rechtsschule. Um 820 n. Chr. in Ägypten gestorben. Sein Grab befindet sich in der südlichen Friedhofsstadt Kairos. Siehe: EI², Bd. IV.

4 Der Prophet Muḥammad legte eine besondere Betonung auf die heilkräftige und reinigende Wirkung des Wassers. So wird das Wasser nicht nur bei der rituellen Reinigung (wuḍū') vor dem Gebet verwendet, sondern auch als dämonenabwehrendes Mittel. »So soll man das Wasser in und durch die Nase nach Schlaf und Ohnmacht aufziehen. Denn der Teufel übernachtet in dem Nasenknorpel des Menschen. Gegen böse Mächte schützt man die Verstorbenen mit Wasser, das als die bösen Einflüsse abwehrendes Element betrachtet wird.« H. Reinfried, 1915, S. 29ff.

5 Ich möchte hier den Begriff Schamanismus verwenden, da er meiner Meinung nach die Art und Weise des Vorgehens von Scheich Muḥammad am besten definiert. Ich stütze mich hier hauptsächlich auf Mircea Eliade, der u. a. folgende Definition des Schamanismus gibt: »Es ist leicht zu sehen, worin der Schamane sich vom Besessenen unterscheidet: er meistert seine ›Geister‹ in dem Sinn, daß er als menschliches Wesen eine Verbindung mit den Toten, den ›Dämonen‹ und den ‹Naturgeistern‹ zustande bringt, ohne sich dann in ihr Instrument verwandeln zu müssen.« M. Eliade, 1957, S. 15 ff.

Scheich Muṣṭafā Dāwūd

Auf Scheich Muṣṭafā wurde ich erst durch Scheich Muḥammad Amīn aufmerksam. Er ist mittleren Alters, von gedrungenem Körperbau, mit gelblich-trüben Augen. Er empfängt seine Klienten an den vier Wochentagen Sonntag, Dienstag, Donnerstag und Freitag jeweils nach dem Mittagsgebet in einer kleinen Moschee im alten Zentrum Kairos (al-Ğamālīya).

Der Scheich begegnete mir zuerst freundlich, doch ließ er mich bald merken, daß er nicht bereit war, sein Wissen wirklich mitzuteilen. Unsere Zusammenarbeit wurde schließlich dadurch beendet, daß der Scheich mehrere Male nicht zu den verabredeten Terminen erschien. Außerdem waren unsere Zusammenkünfte nur kurz und von vielen Störungen unterbrochen. Viele Scheichs legen die Eigenart an den Tag, ihre Aufmerksamkeit auf mehrere Personen gleichzeitig aufzuteilen, so daß kaum ein konzentriertes Gespräch möglich ist. Es schien, als wollten sie den Eindruck von Überbeanspruchung erwecken, um wichtiger und bedeutender zu erscheinen. Scheich Muṣṭafā empfing die Ratsuchenden mitten im Gebetsraum der Moschee, begab sich aber dann mit ihnen in eine Ecke der Moschee, um dort ihre Probleme zu erörtern.

Ich kam mit dem Moscheediener und anderen Personen, die sich dort öfters aufhielten, ins Gespräch. Sie alle sprachen von Scheich Muṣṭafā mit großer Hochachtung, vor allem wegen seines aufrichtigen und korrekten muslimischen Verhaltens, nicht so sehr aufgrund seiner Tätigkeit als Heiler.

Der Scheich empfing sowohl männliche als auch weibliche Klienten, die, soweit ich sah, aus den ärmeren Bevölkerungsschichten Kairos stammten. Er war nicht gewillt, mir Auskunft über die individuellen Behandlungen an bestimmten Patienten zu erteilen. An Austreibungen teilnehmen ließ er mich schon gar nicht. Interessanterweise bereitete er sich offensichtlich doch auf unsere Zusammenkünfte vor, denn er notierte bestimmte Methoden und Formeln, um sie mit mir zu besprechen. Auf Zwischenfragen reagierte er aber ausweichend. Das Wissen, das er mir übermittelte, und die Methoden, die er mir beschrieb, bezogen sich auf die klassische islamische Zauberliteratur. Es ist aber schwer zu entscheiden, ob Scheich Muṣṭafā über ein umfangreiches – praktisches und theoretisches – Wissen verfügt oder ob er die Leute durch seine scheinbare Überbeschäftigung täuscht. Jedenfalls ist er über die Grenzen der oben erwähnten Moschee hinaus bekannt (s. z. B. Scheich Muḥammad Amīn; er war aber auch der Gruppe um Scheich Maḥmud bekannt, doch lehnten diese seine Praktiken als nicht mit der Sunna übereinstimmend ab).

Über seinen Weg zum Heiler wollte er mir keinerlei Auskunft geben. Auch war er nicht gewillt, über seine normale Berufstätigkeit zu sprechen. Der Scheich stellte keinerlei finanzielle Forderungen an seine Klienten, sondern sieht seine Tätigkeit als Dienst an der muslimischen Gemeinschaft an.

Heilungsmethoden

Scheich Muṣṭafā verwendet vor allem bestimmtes Räucherwerk und Amulette und einen Dschinn-Diener. Um die Krankheitsursache eines Patienten festzustellen, verwendet er die Methode des sogenannten Qiyās al-Āṯār (das Vergleichen der Spuren). Dafür benötigt er einen persönlichen Gegenstand des Patienten, am besten ein Stück Stoff (etwa ein Taschentuch), das längere Zeit mit dem Schweiß des Patienten in Berührung gekommen ist. Wenn ein bestimmtes Ritual darüber angewendet wird, verändert sich der Gegenstand, und man kann daraus die Krankheitsursache ablesen. So konnte Scheich Muṣṭafā durch ein Ritual erkennen, ob die Krankheit durch Dschinn oder durch Zauberei hervorgerufen oder von Gott gesandt wurde.

Ein beliebiges Ende des Taschentuchs wird so zwischen Zeige- und Mittelfinger der rechten Hand des Scheichs gelegt, daß es locker von diesen beiden Finger gehalten wird. Die Länge des Taschentuchs, das über den Handrücken hinausragt, muß genau abgemessen werden, denn es darf nicht mehr als vier Finger breit über den Handrücken herausragen. Nun spricht der Scheich über dieses Ende des Taschentuchs folgende Formel:

'anūḫin zweimal, sanšanūḫin, nūḫin zweimal
'iḏhab yā 'abā nūḫin wa-nzil ᶜalā hāḏā l-'aṯari wa-bayyin mā fīhi 'in kāna mina l-ǧinni fa-qaṣṣirūhu wa-'in kāna mina l-'insi fa-ṭawwilūhu wa-'in kāna mina llāhi fa-baqqūhu ᶜalā ḥālihī bi-ḥaqqin
'anūḫin zweimal, sanšanūin, nūḫin zweimal
Komm, o Vater des Nūḫ, und steige herab auf diese Spur (das Taschentuch), und mache sichtbar, was in ihm verborgen ist (manche den Krankheitsgrund offenbar). Wenn die Krankheit durch Dschinn verursacht wurde, so verkürzt eṣ (den Stoffzipfel des Taschentuchs, der über den Handrücken hinausragt), und wenn die Krankheit durch Menschen verursacht wurde, so verlängert es, und wenn die Krankheit durch Gott verursacht wurde, so läßt es wahrhaftig so, wie es ist, in seinem Zustand.

Dann wird die Sure 104 über das Taschentuchende gesprochen. Ist nach Beendigung der Lesung das Ende kürzer geworden, so liegt als Ursache eine Beeinflussung durch Dschinn vor, ist es länger geworden, so ist Zauberei Ursache der Krankheit. Ist aber das Taschentuch unverändert geblieben, so ist die Krankheit der Wille Gottes, der Patient muß sich in sein Schicksal fügen, und eine weitere Behandlung ist nicht möglich.

Hat der Scheich herausgefunden, daß die Krankheit durch Dschinn hervorgerufen worden ist, so schreibt er für den Patienten ein Schutzamulett (ḥiǧāb). Er schreibt die Sure 72 und den sogenannten Vers der Heilung (Āyat aš-Šifā') darauf:

Wenn ihr gegen sie kämpft, wird Gott sie durch euch bestrafen, sie zuschanden machen, euch zum Sieg über sie verhelfen und Leuten, die gläubig sind, innere Genugtuung verschaffen (wörtl.: die Brust heilen). (Sure 9/14)

Dann wird auf sieben Papierblätter folgendes Siegel geschrieben[1]:

ل ى ص و ه
ل ى ص و ه
ل ى ر و ش
ل ى ر و ش

اذهبوا ابا المرض باذن الله

l	y	ṣ	w	h
l	y	ṣ	w	h
l	y	r	w	š
l	y	r	w	š

’iḏhabū ’ābā’a l-maraḍi bi-ḏni llāh. Geht, Väter der Krankheit, mit der Erlaubnis Gottes.«

Jeden Tag wird zur Zeit des Sonnenuntergangs eines dieser Siegel zusammen mit lubān ḏakar (Harz des Echten Weihrauchbaumes) und kusbara (Koriander) verbrannt. Danach schreibt der Patient die Sure 87 auf einen Porzellanteller, um dann die Schrift mit Rosenwasser aufzulösen. Mit diesem reibt der Patient seinen ganzen Körper ein. Diese gesamte Prozedur wird über den Zeitraum von sieben Tagen hin regelmäßig jeden Tag vollzogen.

Ist eine Person von einer Krankheit befallen, die von Menschen hervorgerufen ist, etwa durch Zauberei oder bösen Blick, so fertigt der Scheich für den Patienten ein Amulett mit der Sure 20 an. Dann schreibt er auf zehn Papierblätter den sogenannten Vers des Edlen (Āyat aš-Šarīf):

Sie sagen dann zu ihrer Haut: Warum habt ihr gegen uns Zeugnis abgelegt? Sie (d. h. ihre Haut) sagen: Gott, der allem (möglichen, was es in der Welt gibt) die Fähigkeit zum Sprechen verliehen hat, hat sie (auch) uns verliehen. Er hat euch erstmals geschaffen, und zu ihm werdet ihr zurückgebracht. (Sure 41/21)

Jeder dieser Zettel wird nun täglich mit mistik turk[2] vom Patienten verbrannt. Der Patient schreibt außerdem an sieben aufeinanderfolgenden Freitagen vor dem Freitagsgebet den Vers der Zauberei (Āyat as-Siḥr):

Und als sie geworfen hatten, sagte Mose: »Was ihr da vorgeführt habt, ist Zauberei. Gott wird sie zunichte machen. Er läßt das Tun derer, die Unheil anrichten, nicht gedeihen. (Sure 10/81)

Er schreibt dies auf einen Porzellanteller, löst die Schrift mit Rosenwasser auf und reibt damit seinen Körper ein.

Scheich Muṣṭafā legt Wert darauf, daß alle Dschinn als Fürsten oder Könige (mulūk) bezeichnet werden.

Unter ihnen gibt es sieben Hauptfürsten (auch Könige genannt), deren Namen nach Meinung von Scheich Muṣṭafā hebräischen oder syrischen Ursprungs sind. Die Könige sind den sieben Wochentagen zugeordnet:[3]

Samstag	– Maymūn Abū Nūḫ
Sonntag	– Murra
Montag	– Maḏhab al-Abyaḍ
Dienstag	– al-Malik al-Aḥmar
Mittwoch	– Barakān
Donnerstag	– Qāḍī al-Ǧinn (Richter der Dschinn) Šamhūriš
Freitag	– Zawbaᶜ Abū Ru'ūs al-Arbāᶜ

Die Beschwörung des Sayyid Ānī

Scheich Muṣṭafā steht mit dem Dschinnī Sayyid Ānī in besonders enger Verbindung. Er kontaktiert ihn als Helfer bei Diebstahlsdelikten, bei der Suche nach verlorengegangenen Dingen, in Liebesangelegenheiten, aber auch bei Krankheiten und deren Heilung.

Der Scheich benötigt ein Medium, durch das Sayyid Ānī sprechen kann, wozu sich am besten Knaben in der Pubertät, schwangere Frauen oder »schwarze Sklaven« eignen. (Hier bezieht Scheich Muṣṭafā sein Wissen sichtlich aus älteren Quellen, denn Sklavenhaltung gibt es in Ägypten natürlich nicht mehr.)

Die Beschwörung soll am besten zu einem Zeitpunkt erfolgen, an dem ein Planet, der dem Element Luft zugeordnet ist, aufgeht. (Venus oder Merkur).

Der Scheich schreibt auf die rechte Hand des Mediums den Namen Allah in getrennten Buchstaben. Dann befiehlt er ihm, die Hand über ein Räucherbecken zu halten, das mit brennendem Rauchwerk gefüllt ist. Geräuchert wird mit ǧāwī (Harz des Benzoebaumes), lubā ḏakar (Harz des Echten Weihrauchbaumes) und kusbara (Koriander). Dabei spricht der Scheich folgenden Satz: »Spreizt die Finger, und bekleidet die Hand, und hebt die Hand zum Kopf, und werft über ihn/sie den Schlaf, so daß er/sie schläft und nichts mehr verspürt (vgl. S. 185ff., Scheich Yāsīn.)

Wenn sich die Finger nicht spreizen, so ist die Person als Medium ungeeignet. Spreizen sich die Finger aber und bewegt sich die Hand zum Kopf, wo sie liegenbleibt, und schläft das Medium ein, so rezitiert der Scheich folgenden Spruch: »Sprich im Namen dessen, der (ᶜĪsā) Jesus im Kindbett sprechen ließ, sprich und beginn wahrlich mit dem Gruß des Friedens: (weiter Koran) »Sie sagen dann zu ihrer Haut...« (bis Ende des Verses; Sure 41/21).

Die Rezitation erfolgt so lange, bis Sayyid Ānī aus dem Medium heraus zu sprechen beginnt, und die Befragung durch den Scheich beginnen kann.

Eine andere Methode, um einen Dschinnī, der in eine Person gefahren ist, zu beschwören oder um einen Pakt (ᶜahd) mit ihm abzuschließen, damit er den Körper des

Menschen verläßt, ist folgende: Man schreibt auf die Stirn der besessenen Person ein umgedrehtes Hā, und ein umgedrehtes Nūn, und auf die rechte Hand schreibt man vier Waw 9999 . Dann wird folgender Koranvers so lange rezitiert, bis der Dschinnī gezwungen ist, durch den Patienten zu sprechen:

Er kommt von Salomon und lautet: Im Namen des barmherzigen und gnädigen Gottes. Seid gegen mich nicht überheblich (und aufsässig), und kommt als Muslime (oder: demütig, ergeben) zu mir! (Sure 27/30–31)

So, wie Scheich Muṣṭafā einen bestimmten Dschinn-Helfer verwendet, benutzt er auch ein spezielles Siegel für die verschiedenen Angelegenheiten. Ich möchte hier nur ein Beispiel stellvertretend für andere Verwendungszwecke zeigen, denn diese unterscheiden sich kaum voneinander.

Folgendes Siegel schreibt man mit einer Tinte aus Rosenwasser und Safran auf ein Blatt Papier und auf einen Porzellanteller.

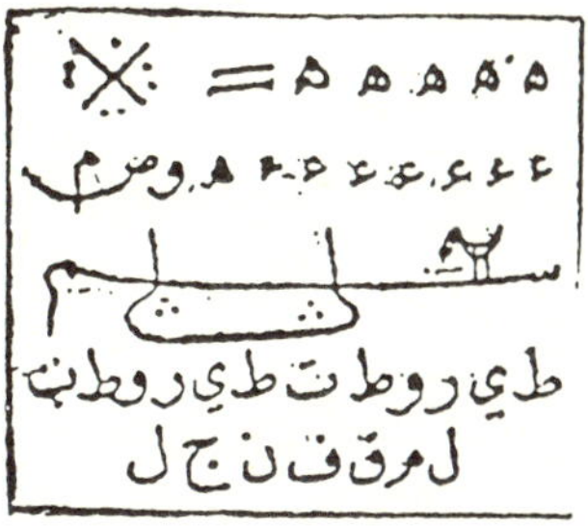

Das Siegel auf dem Porzellanteller wird mit Rosenwasser aufgelöst, so daß der Patient seinen ganzen Körper mit der segensreichen Flüssigkeit einreiben kann. Dabei muß der Patient ununterbrochen folgende Gebetsformel wiederholen:

'allāhumma šfī 'innaka 'anta š-šāfī wa-š-šifā'u lā yuġādirunā

O Gott, heile, denn du bist der Heiler, und die Heilung geht nie mehr von uns.

Um das Siegel auf dem Papier wird folgendes Gebet geschrieben:

'abri' saqāmī yā ḥakīmu wa-dāwinī bi-ḥaqqi smika l-ḥakīmi 'as-saqāmu 'ubri'a

qāla lā taḫaf naǧawta mina l-qawmi ẓ-ẓālimīna ḏālika taḫfīfun min rabbikum

Heile mich von meiner Krankheit, o Weiser, und behandle mich mit der Wahrheit deines Namens, al-Ḥakīm (der Weise). Die Krankheit ist geheilt.

Er sagte: »Hab keine Angst! Du bist (jetzt) aus dem Volk der Frevler (glücklich) entkommen.« (Sure 28/25)

»Jenes ist eine Milderung (des Leidens) von eurem Herrn.« (Sure 2/178)

Das so beschriebene Blatt wird gefaltet und dem Patienten übergeben, damit er es als Schutzamulett bei sich trägt.

ANMERKUNGEN

1 Es handelt sich hier um die Übertragung des Amuletts durch meine eigene Handschrift.

2 Um welche Substanz es sich hier handelt, war leider nicht feststellbar, vielleicht war es Mastixbaum.

3 Der Scheich ordnet den bekannten Dschinn-Fürsten bestimmte Beinamen zu, so dem Fürsten Maymūn den oben bereits erwähnten Beinamen Abū Nūḫin. Der Dschinn-Fürst al-Maḏhab verbindet sich hier mit dem Dschinn-Fürsten al-Abyaḍ (der Weiße), der eigentlich den Freitag regiert. Anstelle des al-Abyaḍ tritt der Dschinn-König Zawbaᶜ, der eigentlich nicht zu den sieben Fürsten gerechnet wird, sondern der Herr der Windhosen ist.

Sayyid Abū an-Naǧā

Sayyid Abū an-Naǧā lebt 100 km nördlich von Kairo in der Kreisstadt Kafr az-Zayyāt. Nachdem ich von einigen Seiten auf seine Heiltätigkeit aufmerksam gemacht worden war, fuhr ich zu ihm in diese Stadt. Kafr az-Zayyāt liegt am östlichen Ufer des Nils. Es ist ein Umschlagplatz für Bodenprodukte des Deltas, vor allem für Getreide und Baumwolle. Daher gibt es dort große Entkörnungsanlagen und Baumwollspeicher.

Der Sayyid (Herr, in Bedeutung von Scheich) wohnt in einem großen alten Haus am Rande des Stadtzentrums in der Nähe des Nils.

Sayyid Abū an-Naǧā begrüßte mich sehr freundlich, zeigte großes Interesse an meinen Fragen und war sehr entgegenkommend. Dies war sicherlich darauf zurückzuführen, daß ich von einem ägyptischen Freund von mir begleitet wurde, der mit Sayyid schon lange sehr gut bekannt ist.

Sayyid Abū an-Naǧā ist mittleren Alters und von untersetzter gedrungener Gestalt. Im ersten Moment fiel die Starrheit seiner Augen und die Unbeweglichkeit seiner Gesichtszüge auf. Zuerst wirkte dies abstoßend, doch wurde dieser negative Eindruck sehr schnell durch seine offene und freundliche Art weggewischt. Der Sayyid besitzt auch große schauspielerische Begabung und hat eine besondere Art, sich sprachlich auszudrücken. Sowohl Gäste als auch Klienten empfängt der Sayyid in einem Empfangsraum, dessen Fensterläden absolut lichtundurchlässig sind, da für bestimmte Rezitationen Dunkelheit unerläßlich ist.

1959 befielen den Vater von Sayyid Abū an-Naǧā schwere Depressionen. Dadurch geriet die Familie in finanzielle Nöte. Sayyid Abū an-Naǧā versuchte damals, mit Hilfe von bekannten Šuyūḫ und Zauberern den Zustand des Vaters zu verbessern, doch alle Versuche schlugen fehl. Deshalb begann er, sich selbst Wissen über psychische Krankheiten anzueignen, die, daran gibt es für den Sayyid gar keinen Zweifel, von den Dschinn hervorgerufen werden. Es gelang ihm aber nicht, den Vater in kurzer Zeit zu retten, der bald starb. Sein Tod war für den Sayyid ein Zeichen, sich noch intensiver mit der Welt der Dschinn auseinanderzusetzen, um anderen Menschen helfen zu können. Er ging bei vielen Šuyūḫ in die Lehre und erwarb sich auch auf autodidaktischem Weg viel Wissen. Besonders wichtig war für ihn das Lesen der Sunna des Propheten, wobei ihm vor allem die Technik des Blasens auffiel, die der Prophet anwandte.

Seine Klienten kommen aus Kafr az-Zayyāt und Umgebung, aber auch aus Kairo kommen Menschen zur Behandlung zu ihm. Finanziell fordert er von seinen Klienten nichts. Er beschränkt sich auf freiwillige Spenden. Er wies immer wieder darauf hin, daß seine Tätigkeit von Gott gewollt und absolut im Sinne der islamischen Gemeinschaft sei. Im »normalen Beruf« ist Sayyid Abū an-Nağā Angestellter der Post von Kafr az-Zayyāt.

Das Wissen des Scheich über die Dschinn

Auch der Sayyid hält das Bad und die Toilette für die bevorzugten Aufenthaltsorte der Dschinn (s. S. 45 f.), wobei die Toilette von extrem bösartigen Dschinn frequentiert wird. Sie bevorzugen diese Räume, weil sie durch die Kanalisation mit der »Unterwelt« verbunden sind. Auch läßt der Mensch seinen Schmutz an diesen Orten zurück, und überdies ziehen üble Gerüche immer bösartige Dschinn an. Bei schwarzmagischen Ritualen verwendet ein Zauberer immer schlecht riechendes Räucherwerk.

Im Bad können die Dschinn den nackten Menschen längere Zeit betrachten, denn sie ergötzen sich an der menschlichen Nacktheit. So beginnen sie, sich dem ungeschützten Menschen zu nähern. Der Mensch kann sich aber schützen, wenn er die Basmala-Formel ausspricht, denn dadurch legt sich ein Schutzmantel um seinen Körper, und die Dschinn werden gezwungen wegzublicken. Doch bei längerem Verweilen im Bad läßt dieser Schutz wieder nach. Weil das Bad in Hinblick auf die Dschinn für den Menschen ein gefährlicher Ort ist, soll er jede größere Erregung im Bad vermeiden (Streit, Sexualverkehr, Masturbation, usw.).

Diese Umstände nutzt der Schwarzmagier für seine Zwecke. Da er sicher ist, in den Toilettenanlagen auf bösartige Dschinn (aš-Šayāṭīn) zu stoßen, werden von ihm hier bestimmte schwarzmagische Rituale (siḥr suflī) vollzogen (z. B. bestimmte Beschwörungen mit menschlichem Sperma schreiben, den Körper mit Milch waschen, den Koran mit den Füßen treten).

Der Mensch sollte sich in jedem Fall korrekt gegenüber den Dschinn benehmen, also etwa in leere Räume nur langsam eintreten und dabei die Basmala sprechen. Man sollte sie auch sprechen, bevor man sich irgendwo niedersetzt und dabei mit der rechten Hand über die jeweilige Sitzfläche streichen.

Es ist auch nicht vorteilhaft für einen Menschen, längere Zeit allein in einem Raum zu schlafen. Die Dschinn können nämlich viel offensiver agieren, wenn der Mensch sich nicht in einer Gruppe befindet, denn diese schützt den einzelnen und füllt den Raum mit menschlicher Energie. Wenn ein Mensch lange ohne den Schutz eines anderen schläft, kann ihn der Dschinnī beobachten, sich in ihn zu verlieben und sich seinem Körper nähern. Schließlich wird er versuchen, diesen Körper zu besetzen und die Person völlig von der menschlichen Gesellschaft abzukapseln. Hier treten die bereits erwähnten Ehen zwischen Mensch und Dschinn auf, wobei meistens nur der menschliche Ehepartner den Dschinnī sehen und auch mit ihm kommunizieren kann. Allerdings kann der Dschinnī auch einen menschlichen Körper bilden und damit von der normalen menschlichen Umwelt wahrgenommen werden (s. S. 62 ff.).

Zu den Krankheiten, die hauptsächlich durch die Dschinn hervorgerufen werden, zählt der Sayyid alle seelischen Krankheiten, negative Visionen, Krankheiten ohne erkennbare Ursachen sowie Abszesse und Eiterungen. Letztere werden durch Dschinn verursacht, die die Menschen mit ihrem Atem anblasen. (nafaṯa bedeutet mehr als Blasen und weniger als Speien. Hier ist das Blasen mit dem Ausspritzen von Speichelpartikeln verbunden.)

Dschinn und Mensch haben unterschiedliche »Energieschwingungen«. Die Dschinn schwingen mit viel höherer »Frequenz« als die Menschen. (Sayyid Abū an-Naǧā benutzte diese Vokabel und erklärte das Phänomen auch anhand von Armbewegungen.) Die Dschinn versuchen nun durch verschiedenste Methoden, den Menschen zur Schwingung im Hochfrequenzbereich zu bringen. Erst wenn Dschinn und Mensch sich im gleichen Frequenzbereich befinden, ist es dem Dschinnī möglich, in den Körper des Menschen einzudringen.

In höheren Schwingungen gerät der Mensch in Schock- oder Angstzustände. Daher gibt es so oft Spukerscheinungen, denn sie dienen dazu, den Menschen in Angst zu versetzen. Langsame Annäherung an den menschlichen Körper ist eine andere Methode der Dschinn, denn so können sie langsam ihre eigene Schwingungsfrequenz mit der des Menschen in Übereinstimmung bringen. Das geht aber nur unter bestimmten Voraussetzungen (langes Verweilen im Bad und in der Toilette, alleine schlafen, Einsamkeit im allgemeinen). Die Dschinn lieben aber nicht nur die menschlichen Körper, sondern auch ihr Blut, weil sie einerseits mit dessen Hilfe an jeden beliebigen Punkt des menschlichen Körpers gelangen können, andererseits aber das Blut das Geheimnis des menschlichen Lebens in sich trägt.

Bei der Geburt des Menschen wird ihm ein Qarīn beigegeben. Diese Quranā' gehören zu dem Stamm der Šayāṭīn, die man als die bösen Einflüsterer des Menschen bezeichnet. Bei einer sogenannten Geisterbeschwörung (taḥḍīr al-arwāḥ) erscheint nicht der Geist (rūḥ) des Verstorbenen, sondern sein Qarīn, der nach dem Tode des Menschen länger auf der Erde verweilen muß, während der Geist des Menschen die Erde verläßt und in einer der verschiedenen Himmelsebenen ein neues Leben beginnt.

So sind jegliche Aussagen, die man durch solch eine Beschwörung erhält, nichts weiter als die gefährliche und lügnerische Stimme des Qarīn, die oft den Personen, die an einer solchen Sitzung teilnehmen, Schaden zufügen wollen.

Als besonders gefährliche Quranā' werden die Mitglieder der neun Stämme, die sogenannten al-Arhāṭ (rahaṭ »Gruppe von Leuten«), bezeichnet. Diese Stämme lebten schon in den Tagen der Propheten Hūd und Ṣāliḥ[1] und treiben auch heutzutage in dieser Gegend ihr Unwesen.

Heilungsmethoden

Sayyid Abū an-Naǧā glaubt mit Bestimmtheit, daß nur der Gebrauch von bestimmten heilkräftigen Suren und Versen des Koran negative Beeinflussungen von den Menschen fernhält. Daher ist der Gebrauch von Hilfsmitteln, die nicht aus dem Koran stammen (z.B. Weihrauch), wirkungslos. Die einzige Ausnahme bildet hier die Sunna des Propheten, die seines Wissens ebenfalls als Hilfe bei der Behandlung von Patienten dienen kann.

Wenn ein Patient das erste Mal beim Sayyid erscheint, so bittet dieser den Klienten, zuerst einen Arzt aufzusuchen, da es sich bei den Beschwerden auch um ganz normale körperliche Gebrechen handeln könnte, ohne Einflüsse durch Zauberei oder die Dschinn. Wenn der Arzt allerdings nicht helfen kann, soll sich der Klient wieder beim Sayyid einfinden, um sich einer sprirituell-religiösen Behandlung zu unterziehen.

Sayyid Abū an-Naǧā verwendet das Abǧad-System, um das Sternzeichen und den Planeten des Klienten zu errechnen und die Krankheitsursache zu erfahren.

Das Abğad-System[2]

Jeder arabische Buchstabe ist einem bestimmten Zahlenwert zugeordnet (vgl. Transkriptionstabelle, S. 18). Innerhalb der islamischen Buchstabenmystik und der Zauberei werden bestimmte Namen oder Worte in Zahlenwerte umgewandelt, um so entweder Geheimnisse vor uneingeweihten Blicken zu schützen oder um die betreffenden Namen und Worte in ein rechnerisches System zu bringen. So kann man den Namen des Dschinnī errechnen, versteckte Botschaften übermitteln oder auch Tierkreiszeichen ermitteln. (Beispiel: Muḥammad: m = 40, h = 8, m = 40, m = 40, d = 4, alle Zahlen ergeben addiert 132; dies entspricht also dem Zahlenwert des Namens Muḥammad. Kurzvokale werden in diesem Umrechnungssystem nicht berücksichtigt.) Das Hamza »'« des Artikels 'al- hat den Zahlwert 1. Endet ein weiblicher Name mit a, z.B. Gisela, dann hat dieses a den Zahlwert 5, es wird also wie ein h behandelt. Bei den europäischen Namen kann es zu Ungenauigkeiten kommen, da es kein einheitliches Transskriptionsschema gibt, besonders bei der Transskription kurzer oder langer Vokale.

Ich will dieses System am Beispiel des Namens meiner Begleiterin genauer erklären, die sich einer Behandlung durch Sayyid Abū an-Nağā unterzogen hat:

a) Der Name der jeweiligen Person wird mittels des Abğad-Systems in eine Zahl umgewandelt.[3] Unter dem Namen versteht man in diesem Fall den Vornamen der Person, die Bezeichnung des Geschlechts (bint = weiblich, Tochter, Zahlwert 452, ibn = männlich, Sohn, Zahlwert 53) und den Vornamen der Mutter.[4]

Petra bint Maria

b = 2	b = 5	m = 40
t = 400	n = 50	a = 1
r = 200	t = 400	r = 200
a = 5		i = 10
		a = 5
607	452	256

Die drei Ergebnisse werden addiert, und man erhält so den endgültigen Zahlenwert des gesamten Namens, nämlich 1315.

b) Die Errechnung des Sternzeichens:[5] Die Zahl des Namens wird durch 12 (12 Tierkreiszeichen) dividiert, der Restwert gibt das Sternzeichen an. Diese Regel gilt auch für alle anderen Errechnungsarten.

1315 : 12 = 109,5
12
 11
 00
115
108
  7 = Rest

Jetzt sucht man in der Tabelle 1 (siehe S. 153) die Zahl (7) und erhält so das Sternzeichen, in diesem Fall Waage.

c) Die Errechnung des Planeten: Die Zahl des Namens wird durch 7 (sieben Planeten) dividiert.

1315 : 7 = 187,8 (Rest 6)

Jetzt sucht man in der Tabelle 2 (siehe S. 153) die Zahl (6) und erhält so den Planeten, in diesem Fall Merkur. Der Klientin ist also das Sternzeichen Waage (Luft) und der Planet Merkur (Quecksilber) zugeordnet.

d) Die Errechnung der Krankheitsursache: Zum Zahlenwert des Namens wird die Zahl des Wochentags addiert, an dem der Klient den Heiler aufgesucht hat. In unserem Fall war dies der Freitag (al-ǧum^c^a) mit dem Zahlenwert 149.

Das Ergebnis dieser Addition wird durch 7 (sieben Wochentage) dividiert.

1315
149
1464 : 7 = 209,7 (Rest 1)

Nun sucht man in der Tabelle 3 (siehe S. 153) die Zahl (1) und erhält so die Krankheitsursache. Im Beispiel entspricht die Zahl 1 dem Sonntag, dem die Zauberei (siḥr) zugeordnet ist. Die Beschwerden wurden also durch Zauberei hervorgerufen. In unserem Fall war es eine oft auftretende Migräne.

Die Arten der Krankheitsursachen

a) Zauber (siḥr):

Beschwerden, die durch einen Zauber mittels magischer Quadrate, Namen oder Kleiderspuren erzeugt wurden. Der Zauberer arbeitet immer nur mit Fremdenergien, seien es Engel oder Dschinn. Bei einem für den Menschen schädlichen Ritual werden natürlich nur Dschinn herangezogen.

b) der böse Blick der Dschinn (mass al-arḍ):

Beschwerden werden direkt durch bösartige Dschinn hervorgerufen, d. h. es ist normale Besessenheit ohne Zaubereinwirkung.

c) Beschwerden durch den Qarīn:

Der Qarīn wird entweder durch Fremdeinwirkung (Zauberei) zum Handeln gezwungen, oder er wird durch unkorrektes Verhalten der Person übermächtig (z. B. durch Mißachtung der islamischen Gebote, etc.).

d) schwarzmagische Zauberei (siḥ suflī):

Das stärkste Mittel, einen Menschen negativ zu beeinflussen.

Tabelle 1

nār = Feuer	turāb = Erde	hawā' = Luft	mā' = Wasser
1 ḥamal Widder	2 ṯawr Stier	3 ǧawzā' Zwilling	4 saraṭān Krebs
5 'asad Löwe	6 sunbula Jungfrau	7 mīzān Waage	8 ᶜaqrab Skorpion
9 qaws Schütze	10 ǧady Steinbock	11 dalw Wassermann	12 ḥūt Fische

Tabelle 2

Samstag	Donnerstag	Dienstag	Sonntag	Freitag	Mittwoch	Montag
1 zuḥal Saturn raṣāṣ Blei	2 al-muštarī Jupiter fuṣfūr Phosphor	3 marrīḫ Mars ḥadīd Eisen	4 šams Sonne ḏahab Gold	5 az-zuhara Venus nuḥās Kupfer	6 ᶜuṭārid Merkur zi'baq Quecksilber	7 qamr Mond fiḍḍa Silber

Tabelle 3

1 Sonntag	Zauberei (siḥr)
2 Montag	Zauberei (siḥr
3 Dienstag	Böser Blick der Dschinn (mass al-arḍ)
4 Mittwoch	Zauberei (siḥr)
5 Donnerstag	Qarīn
6 Freitag	Zauberei (siḥr)
7 Samstag	schwarzmagische Zauberei (siḥr suflī)

Die Austreibung

Nachdem durch diese Berechnungen die Krankheitsursache analysiert wurde, wird das Empfangszimmer vom Sayyid vollkommen abgedunkelt und alle vorhandenen

Lichter gelöscht. Dann setzt sich der Sayyid neben den Patienten, um mit einer Rezitation zu beginnen, die er in das linke Ohr des Patienten spricht. Sie besteht aus Suren, Versen und bestimmten Gebeten, die den Zauber oder die Besessenheit zunichte machen sollen.

Ich gebe hier den genauen Wortlaut dieser Austreibungsrezitation in Transkription und Übersetzung wieder.

Transkription:

'al-fātiha ziyādatan fī šarafi n-nabīyi ṣl^{c}m / 'a^{c}ūḏu bi-llāhi mina š-šayṭāni r-rağīm / Sure 1 / mašāyiḫunā fī llāhi ta^{c}ālā 'aḥyā'un / wa-muntaqilīna wa-naḥnu fī riḥābihim lahum minna l-fātiḥa / Sure 1 / ^{c}ummāru hāḏa l-makāni min malakin wa-'insin wa-ğānnin lahum minna l-fātiḥa / Sure 1 / 'al-ḫātimatu ziyādatan fī šarafi n-nabīyi sl^{c}m / 'inna llāha yaqḍi ḥawā'iğanā
wa-ḥawā'iğa l-muslimīna wa-yašfī maraḍanā wa-maraḍa l-muslimīna wa-yafukku ^{c}aqdanā wa-^{c}aqda l-muslimīn / wa-yuyassiru 'umūranā wa-'umūra l-muslimīna bi-sirri n-nabīyi l-karīmi wa-l-qur'āni l-^{c}aẓīmi wa-bi-sirri l-fātiḥa / Sure 1 / taḥaṣṣantu bi-ḏī l-^{c}izzati wa-l-ğabarūti wa-^{c}taṣamtu bi-rabbi l-malakūti wa-tawakkaltu ^{c}alā l-ḥayyi llaḏī lā yamūt / 'iṣrif ^{c}anna l-'aḏā 'innaka ^{c}alā kulli šay'in qadīr / 'iṣrif ^{c}anna l-'aḏā 'innaka ^{c}alā kulli šay'in gadīr / 'iṣrif ^{c}anna l-'aḏā 'innaka ^{c}alā kulli šay'in qadīr / yā sayyidī yā rasūla llāhi 'anta wasīlatī qallat ḥilatī 'adriknī 'anta lahā wa-li-kulli karbin ^{c}aẓīm / yā rabb / 'allāhu 'akbar 4× 'ašhadu 'an lā 'ilāha 'illā 2× 'ašhadu 'anna muḥammadan rasūlu llāh
2× ḥayya ^{c}alā ṣ-ṣalāt 2× ḥayya ^{c}alā l-falāḥ 2× 'allāhu 'akbar 2× lā 'ilāha 'illā llāh.
'allāhu 'akbar 2× 'ašhadu 'an lā 'ilāha 'illā llāh 'ašhadu 'anna muḥammadan rasūlu llāh ḥayya ^{c}alā ṣ-ṣalāt ḥayya ^{c}alā l-falāḥ qad aqāmati ṣ-ṣalāt 2× 'allāhu 'akbar 2× lā 'ilāha 'illā llā.
Sure 10/59; Sure 14/12; Sure 23/115–118; Sure 2/255–257; Sure 2/284–286; Sure 9/128–129; Sure 55/33–36; Sure 59/18–24.
yā sayyidī yā rasūla llāhi 'anta wasīlatī qallat ḥīlatī 'adriknī lāhā 'anta wa-li-kulli karbin ^{c}aẓīm /
yā 'ahla bayti rasūli llāhi naẓra madad /
yā 'ahla t-taṣrīfi naẓra madad /
yā riğāla l-ġaybi naẓra madad /
yā ṣāḥiba l-waqti naẓra madad /

yā sittī yā ra'īsata d-dīwāni naẓra madad /
yā sayyidanā ḥusayn naẓra madad /
yā sayyidī 'abū ḥasan yā šāḏilī naẓra madad /
yā sīdī 'aḥmad yā badawī naẓra madad /
yā sīdī 'ibrahim yā dasūqī naẓra madad /
yā sīdī ^{c}abda l-qādir yā ğīlānī naẓra madad /
yā sīdī 'aḥmad yā rifa^{c}i naẓra madad /
naẓra madad yā riğāla llāh /
Sure 46/31; Sure 44/32; Sure 41/21; Sure 37/8–10.
yā sayyidī yā rasūla llāhi 'anta wasīlatī qallat ḥīlatī 'adrikni 'anta lahā wa-li-kulli karbin ^{c}aẓīm / yā rabb /
Sure 36
'allāhu huwa ḥaqqu yā sīn wa-'āli yā sīn wa-man nazala bi-yā sīn wa-man nazalat ^{c}alayhi yā sīn / tawakkalū yā ḫuddāma yā sīn wa-ṭahirū wa-ḫuḏū wa-ṣrifū mā fī hāḏā l-ğasad / mina l-^{c}awāriḍi wa-l-'aryāḥi wa-l-'asḥāri wa-n-naẓrāti wa-l-qarā'ini (sic!) wa-t-tawābi^{c}i wa-l-'uḫrā' / bi-ḥaqqi hāḏihī s-sūrati ^{c}alaykum wa-bi-ḥaqqi mā fīhā mina s-sirri wa-l-'asrār / wa-n-nūri wa-l-'anwār / wa-bi-ḥaqqi lā 'ilāha 'illā llāh / sayyidinā wa-nabīyinā muḥammadin rasūlu llāhi ṣl^{c}m /
yā sayyidī yā rasūla llāho 'anta wasīlatī qallat ḥīlatī 'adrikni 'anta lahā wa-li-kulli karbin ^{c}aẓīm / yā rabb /
Sure 1/1–5
fağašin ẓašḥaḏin Sure 44/12 /
lalṭahṭīl Sure 10/81 /
mahṭahṭīl Sure 17/105 /
qahṭahṭīl Sure 18/95 (von fa-'iḏa ğā'a bis Ende des Verses) /
fahṭabṭīl Sure 25/23 /
nahahṭaṭīl Sure 7/118 /
ğahaṭalṭīl Sure 7/120–122 /
lahahṭaṭīl Sure 35/10 /
lamuqfanğalin Sure 7/182 /
'abṭaltu mā ^{c}amalū min ^{c}amalin wa-siḥrin wa-^{c}aqdin bi-yawmi l-'aḥad / wa-l-waḥīdi l-'aḥadi l-fardi ṣ-ṣamadi lladī Sure 112/3–4 /
'abṭaltu mā ^{c}amalū min ^{c}amalin wa-siḥrin wa-^{c}aqdin bi-yawmi l-iṯnayn / Sure 9/40 /
'abṭaltu mā ^{c}amalū min ^{c}amalin wa-siḥrin wa-^{c}aqdin bi-yawmi ṯ-ṯulaṯā' / mina l-malā'ikati l-muqarrabīna ğibrīla wa-mīkā'īla wa-'israfila wa-^{c}azrā'īl /

’abṭaltu mā ^{c}amalū min ^{c}amalin wa-siḥrin wa-^{c}aqdin bi-yawmi l-’arbi^{c}ā’ / bi-l-kutubi l-’arab^{c}ati ṯ-ṯawrati wa-l-’inǧīli wa-z-zabūri wa-l-furqāni l-^{c}aẓīm /
’abtalṭu mā ^{c}amalū min ^{c}amalin wa-siḥrin wa-^{c}aqdin bi-yawmi l-ẖamīs /
bi-ḥaqqi ṣalawāti llāhi l-ẖamsa /
’abṭaltu mā ^{c}amalū min ^{c}amalin wa-siḥrin wa-^{c}aqdin bi-yawmi l-ǧum^{c}a /
Sure 54/45–46
’abṭaltu mā ^{c}amalū min ^{c}amalin wa-siḥrin wa-^{c}aqdin bi-yawmi s-sabt / bi-ḥaqqi Sure 65/12 (von sab^{c}a samāwāt bis kulli šay’in qadīr)
bi-smi llāhi l-maliki l-ḥaqqi l-mubīni /
Sure 94/1 /
wa-l-^{c}amalu wa-s-siḥru qad baṭula wa-l-^{c}aqdu ḥall /
Sure 94/1–2 /
wa-l-^{c}amalu wa-s-siḥru qad baṭula wa-l-^{c}aqdu ḥall /
Sure 94/1–3 /
wa-l-^{c}amalu wa-s-siḥru qad baṭula wa-l-^{c}aqdu ḥall /
Sure 94/1–4 /
wa-l-^{c}amalu wa-s-siḥru qad baṭula wa-l-^{c}aqdu ḥall /
Sure 94/1–5 /
wa-l-^{c}amalu wa-s-siḥru qad baṭula wa-l-^{c}aqdu ḥall /
Sure 94/1–6 /
wa-l-^{c}amalu wa-s-siḥru qad baṭula wa-l-̣aqdu ḥall /
Sure 94/1–7 /
wa-l-^{c}amalu wa-s-siḥru qad baṭula wa-l-^{c}aqdu ḥall /
Sure 94/1–8 /
’abṭaltu ǧamī^{c}a l-’a^{c}māli wa-l-’asḥāri wa-l-^{c}aẓā’imi wa-l-^{c}uqad / ’in kānat fī waraqin ’aw šaǧarin ’aw ^{c}urūqin ’aw ẖuyūṭin ’aw ṭuyūrin ’aw sākinin fī l-’arḍ / bāṭil bāṭil mā ^{c}amalū wa-mā kanū ya^{c}malūn / wa-llāhu ^{c}alā mā naqūlu wakīl / wa-ṣallā llāhu ^{c}alā sayyidinā muḥammad / an-nabīyi l-’ummīyi wa-^{c}alā ’ālihī wa-ṣaḥbihī wa-sallam / Sure 1 / Sure 62/9–10 (bis fa-ntaširū) 2× / Sure 99/1–6 (bis ’an-nāsu ’aštātan) / ’inṣarifū bāraka llāhu fīkum wa-^{c}alaykum 2× (mit Sure 99/1–6) / Sure 62/9–10 (bis fa-ntaširū) / Sure 113 / ’inṣarifū bi-ḥaqqin / Sure 114 / ’inṣarifū bi-ḥaqqin 2× (mit Sure 114) / Sure 1 / ’inṣarifū bi-ḥaqqin / Sure 2/255.

Übersetzung:

Die Fātiḥa zur Mehrung der Ehre des Propheten ṣl[c]m. Ich nehme Zuflucht zu Gott vor dem gesteinigten Satan, al-Fātiḥa. Unseren Šuyūḫ, den ewig in Gott, dem Erhabenen, Lebenden und die in Gottes Nähe versetzt wurden. In deren Weiten wir sind (durch sie geschützt). – Für sie (lesen wir) eine Fātiḥa.

Eine Fātiḥa für die Bewohner dieses Ortes, seien es Engel, Menschen oder Dschinn. al-Ḫātima (al-Fātiḥa) zusätzlich für den edlen Propheten ṣl[c]m. Gott befriedigt unsere Bedürfnisse und die Bedürfnisse der Muslime, und er heilt unsere Krankheiten und die Krankheiten der Muslime, und er löst unsere Bindungen und die Bindungen der Muslime, und er erleichtert unsere Angelegenheiten und die Angelegenheiten der Muslime durch das Geheimnis des edlen Propheten ṣl[c]m und den mächtigen Koran und durch das Geheimnis der Fātiḥa.

Ich bin geschützt durch den Herrn der Kraft und der Allmacht, und ich suche Zuflucht beim Herrn des Himmelreichs, und ich vertraue auf den Lebenden, der nicht stirbt. Wende Schaden ab von uns! Du hast Macht über alle Dinge. Wende Schaden ab von uns! Du hast Macht über alle Dinge. Wende Schaden ab von uns! Du hast Macht über alle Dinge.

O mein Herr, o Gesandter Gottes, du bist mein Mittel (Fürsprecher). Meine Möglichkeiten sind gering. Nimm dich meiner an. Du bist zuständig für alle mächtigen Qualen, o Herr, Gott ist groß. 4× Ich bezeuge, daß es keinen Gott außer Allāh gibt. 2× Ich bezeuge, daß Muḥammad der Gesandte Gottes ist. 2× Auf zum Gebet. 2× Auf zur Freude. 2× Gott ist groß. 2× Es gibt keinen Gott außer Allāh. Gott ist groß. 2× Ich bezeuge, daß es keinen Gott außer Allāh gibt. Ich bezeuge, daß Muḥammad der Gesandte Gottes ist. Auf zum Gebet. Auf zur Freude. Das Gebet ist bereit. 2× Gott ist groß. 2× Es gibt keinen Gott außer Allāh.

Sure 10/59; Sure 14/12; Sure 23/115–118; Sure 2/255–257; Sure 2/284–286; Sure 9/128–129; Sure 55/33–36; Sure 59/18–24.

O mein Herr, o Gesandter Gottes, du bist mein Mittel (Fürsprecher). Meine Möglichkeiten sind gering. Nimm dich meiner an. Du bist zuständig für alle mächtigen Qualen, o Herr.

O Familie des Gesandten Gottes, Beistand und Unterstützung. O Leute, die ihr Erleichterung bringt (die Gruppe der Heiligen, die verwirrt durch Gottesliebe sind – al-maǧāḏīb), Beistand und Unterstützung.

O Männer der göttlichen Geheimnisse (die Gruppe der Heiligen, die das Verborgene kennen), Beistand und Unterstützung.

O Herr der Zeit (der mystische Pol des Universums), Beistand und Unterstützung.

O Herrin, o Leiterin des Dīwān[7] (der Heiligen), Beistand und Unterstützung.

O unser Herr Ḥusayn[8], Beistand und Unterstützung.

O mein Herr Abū Ḥasan, o Šāḏilī[9], Beistand und Unterstützung.

O mein Herr Aḥmad, o Badawī, Beistand und Unterstützung.

O mein Herr Ibrāhīm, o Dasūqī[10], Beistand und Unterstützung.

O mein Herr ᶜAbdalqādir, o Ǧīlānī[11], Beistand und Unterstützung.

O mein Herr Aḥmad, o Rifā[12], Beistand und Unterstützung.

Beistand und Unterstützung, o Männer Gottes.

Sure 46/31; Sure 44/32; Sure 41/21; Sure 37/8–10.

O mein Herr, o Gesandter Gottes, du bist mein Mittel (Fürsprecher). Meine Möglichkeiten sind gering. Nimm dich meiner an. Du bist zuständig für alle mächtigen Qualen, o Herr.

Sure 36 (Yā Sīn).

Gott, er ist die Wahrheit (der Sure) Yā Sīn und der Leute, (die Engel und Dschinn der Sure) Yā Sīn und desjenigen, der Yā Sīn übermittelte (Gabriel), und desjenigen, auf den Yā Sīn kam (Muḥammad). O Diener (der Sure) Yā Sīn reinigt, nehmt und haltet fern, was sich in diesem Körper an Hindernissen, Winden, Gerüchten, Zaubereien, bösen Blicken, Quarīnen, Begleiterinnen und anderem befindet. Durch die Wahrheit dieser Sure, die euch obliegt, und durch die Wahrheit des Geheimnisses und der Geheimnisse und des Lichts und der Lichter, die in ihr sind, und durch die Wahrheit, daß es keinen Gott außer Allāh gibt und daß unser Herr und Prophet der Gesandte Gottes ist, ṣlᶜm.

O mein Herr, o Gesandter Gottes, du bist mein Mittel (Fürsprecher). Meine Möglichkeiten sind gering. Nimm dich meiner an. Du bist zuständig für alle mächtigen Qualen, o Herr.

Sure 1/1–5.

faǧašin ẓašḥaḏin Sure 44/12

lalṭahṭīl Sure 10/81

mahṭahṭīl Sure 17/105

qahṭahṭīl Sure 18/95 (von fa-'iḏa ǧā'a bis Ende des Verses)

fahṭabṭīl Sure 25/23
nahahṭaṭīl Sure 7/118
ğahaṭalṭīl Sure 7/120–122
lahahṭaṭīl Sure 35/10
lamuqfanğalin Sure 7/182

Ich machte zunichte die Handlungsweisen und Zauber und Pakte, die sie vollzogen. Am Sonntag und dem Einen, dem Alleinigen, dem Einzigartigen, dem Ewigen, welcher...: Sure 112/3–4.

Ich machte zunichte die Handlungsweisen und Zauber und Pakte, die sie vollzogen. Am Montag: Sure 9/40 (von ṯāniya ṯnayni bis 'inna llāhu ma^canā).

Ich machte zunichte die Handlungsweisen und Zauber und Pakte, die sie vollzogen. Am Dienstag, durch die (Gott) nahestehenden Engel: Ğibrīl, Mīkā'īl, Israfīl und ^cAzrā'īl.

Ich machte zunichte die Handlungsweisen und Zauber und Pakte, die sie vollzogen. Am Mittwoch durch die vier Bücher: die Thora, das Evangelium, den Psalter und den mächtigen Koran.

Ich machte zunichte die Handlungsweisen und Zauber und Pakte, die sie vollzogen. Am Donnerstag und durch die Wahrheit der fünf Gebete Gottes.

Ich machte zunichte die Handlungsweisen und Zauber und Pakte, die sie vollzogen. Am Freitag: Sure 54/45–46.

Ich machte zunichte die Handlungsweisen und Zauber und Pakte, die sie vollzogen. Am Samstag durch die Wahrheit (von): Sure 65/12 (von sab^ca samāwātin bis kulli šay'in qadīr).

Im Namen Gottes, des Königs, des deutlich Wahren.

Sure 94/1

Das Wirken und der Zauber wurden nun zunichte gemacht, und der Pakt ist gelöst.

Sure 94/1–2

Das Wirken und der Zauber wurden nun zunichte gemacht, und der Pakt ist gelöst.

Sure 94/1–3

Das Wirken und der Zauber wurden nun zunichte gemacht, und der Pakt ist gelöst.

Sure 94/1–4

Das Wirken und der Zauber wurden nun zunichte gemacht, und der Pakt ist gelöst.

Sure 94/1–5

Das Wirken und der Zauber wurden nun zunichte gemacht, und der Pakt ist gelöst.

Sure 94/1–6

Das Wirken und der Zauber wurden nun zunichte gemacht, und der Pakt ist gelöst.

Sure 94/1–7

Das Wirken und der Zauber wurden nun zunichte gemacht, und der Pakt ist gelöst.

Sure 94/1–8

Ich mache zunichte alles Wirken, alle Zauberei, alle Beschwörungen und alle Pakte, seien sie nun auf Papier oder Holz oder Wurzeln oder Schnüren (Stoff) oder Vögeln oder bei denjenigen, die in der Erde leben (die Dschinn). Nichtig, nichtig, nichtig, was sie machten und was sie zu machen pflegten. Gott ist der Herr über das, was wir sagen. Gottes Segen und Frieden auf unseren Herrn Muḥammad, dem des Schreibens unkundigen Propheten, und auf seine Familie und seine Gefährten.

Sure 1

Sure 62/9–10 (bis fa-ntaširū) 2×,

Sure 99/1–6 (bis an-nāsu ʾaštātan)

Gehet! Gottes Segen sei in und auf euch. 2× (mit Sure 99/1–6).

Sure 62/9–10 (bis fa-ntaširū); Sure 113

Gehet in Wahrheit

Sure 114

Gehet in Wahrheit 2× (mit Sure 114)

Sure 1

Gehet in Wahrheit

Sure 2/255

Der Text beginnt mit Gebeten, die im besonderen den Propheten Muḥammad einschließen, sich aber auch auf die Bewohner des Hauses, in dem die Heilung stattfindet, beziehen. Nach einem kurzen Bittgebet folgen der Gebetsruf (aḏān) und der Ruf zur Aufstellung zum Gebet (iqāma). Dies soll vor allem bewirken, daß die Engel und die guten Dschinn aufgerufen werden, aktiv am Heilungsprozeß mitzuwirken. Die gesamte Austreibung soll als ein Gebet verstanden werden. Dann folgen mehrere heilkräftige Koranverse. Der nächste Abschnitt ist eine Anrufung der in Ägypten besonders verehrten Heiligen, um sie ebenso zur Mithilfe an der Heilungszeremonie zu bewegen.

Die Sure 36 sollte nur bei sehr starkem Zauber (siḥr suflī) oder beim Vorliegen einer gefährlichen Besessenheit (mass al-arḍ) gelesen werden. In unserem Fall diente die Verlesung der Sure 36 anscheinend nur prophylaktischen Zwecken, da nach Meinung des Sayyid ja nur ein normaler Zauber (siḥr) auf der zu behandelnden Person lag. Die Sure 36 besitzt bestimmte Dschinn-Diener, die der Sayyid »Fağašin Ẓašḥaḏin« nennt und die durch die Macht der Gebete zur Mithilfe verpflichtet werden. Mit diesen beiden Namen und den nachfolgenden Ṭahaṭīl-Siegeln ist immer ein ganz bestimmter Koranvers verbunden, ohne den die Namen (die Dschinn) oder die Siegel keinerlei Wirkung ausüben würden.

Die eigentliche Austreibung beginnt mit der Nennung der »Ṭahaṭīl-Siegel«, die in einem engen Zusammenhang zu den sieben Wochentagen, den Planeten, den sieben Siegeln Salomons und bestimmten Gottesnamen stehen. Diese Siegel stellen mit der Rezitation einzelner Verse der Sure 94 eine Einheit dar und erhalten durch diese Verse eine sehr große Macht. Weitere Auskünfte über die Bedeutung der Ṭahaṭīl-Siegel konnte der Sayyid mir nicht mitteilen (siehe S. 190 ff.).

Die Dunkelheit dient wahrscheinlich dazu, jegliche Ablenkung zu verhindern und den Patienten in einen tiefen Entspannungszustand zu versetzen. Wenn die Rezitation beendet ist, wird wieder Licht gemacht, und Sayyid Abū an-Nağā beschreibt für den Patienten auf ein Blatt Papier ein Amulett (ḥiğāb). Dieses besteht aus der Sure 1 und Sure 48/29 und folgendem Gebet für den Träger des Amuletts. Daran schließt die Niederschrift der Ṭahaṭīl-Siegel und der Lamuqfanğal-Formel. Es folgen jene Buchstaben, die nicht in der Sure 1 vorkommen, die Siegel Salomons, die Gottesnamen, die mit jenen Buchstaben beginnen, die nicht in der Sure 1 vorkommen, und dann eine Wiederholung der Siegel Salomons.

Rund um diese Siegel wird ein Schwur geschrieben, der Zauber zunichte macht. Von großer Wichtigkeit ist es, jeden Buchstaben einzeln niederzuschreiben, damit gewährleistet ist, daß die Kraft jedes einzelnen Buchstabens auch wirklich voll zur Wirkung kommt. Auch muß der gesamte Raum des Blattes mit Buchstaben ausgefüllt werden, damit keinerlei negative Einflüsse (z. B. schriftliche Hinzufügungen) das Amulett schwächen können.

Das Amulett wird mit einer Tinte aus Safran und Rosenwasser geschrieben.

Transkription:

Sure 1; Sure 48/29; ʼallāhumma ʼinnī ʼasʼaluka bi-ḥaqqi nabīyika sayyidinā muḥammadin ṣallā llāhu ^{c}alayhi wa-sallama ʼan taḥfaẓa ḥāmilata kitābiī hāḏā bi-mā ḥafiẓta bihī ḏ-ḏikra fa-ʼinnaka qulta wa-qawluka l-ḥaqqu: »ʼinnā naḥnu nazzalnā ḏ-ḏikra wa-ʼinnā lahū l-ḥāfiẓūna« (Sure 15/9) wa-lā ḥawla wa-lā qūwata ʼillā bi-llāhi l-^{c}alīyi l-^{c}aẓīmi wa-ṣallāllāhu ^{c}alā sayyidinā muḥammadini n-nabīyi l-ʼummīyi wa-^{c}alā ʼālihī wa-ṣaḥbihī wa-sallam

lalṭahṭīl lām fāʼ	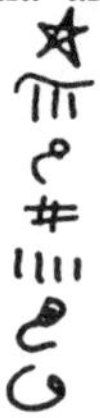	fard	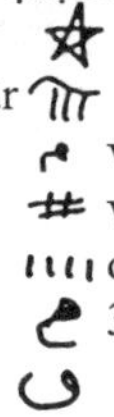	
mahṭahṭīl mīm ǧīm		ǧabbār		
qahṭahṭīl qāf šīn		šakūr		wa-ʼabṭaltu siḥra s-sāḥirīna
fahṭabṭīl fāʼ ṯāʼ		ṯābit		wa-makrahum bi-^{c}izzati
nahahṭaṭīl nūn ẓāʼ		ẓahīr		qahhārin bihī s-siḥa ʼabṭaltu
ǧahaṭalṭīl ǧīm ḫāʼ		ḫbīr		3×
lahahṭaṭīl lām zāʼ		zakī		

Übersetzung:

Sure 1; Sure 48/29; O Gott, ich bitte dich durch die Wahrheit deines Propheten, unseres Herrn Muḥammad ṣl^{c}m, daß du die Trägerin dieses meines Schreibens beschützt, wie du beschützest die Mahnung, denn du sagtest, und deine Rede ist wahr: »Wir haben die Mahnung hinabgesandt. Und wir gaben auf sie acht.« (Sure 15/9) Und keine Macht und keine Stärke ist, außer bei Gott, dem Hohen, dem Mächtigen. Gott segne unseren Herrn Muḥammad, den des Schreibens und Lesens unkundigen Propheten und gebe seiner Familie und seinen Gefährten Frieden.

lalṭahṭīl lām fā’		Einziger		
mahṭahṭīl mīm ǧīm		Allgewaltiger		Ich mache den
				Zauber der
qahṭahṭīl qāf šīn		Dankbarer		Zauberer und
				ihre Arglist
fahṭabṭīl fā’ṯā’		Fester		mittels der
nahahṭaṭīl nūn ẓā’		Helfer		Macht des All-
				bezwingers
ǧahaṭalṭīl ǧīm ḫā’		Kundiger		zunichte. Ich
				mache den
lahahṭaṭīl lām zā’		Läuterer		Zauber zu-
				nichte. 3×

Die nächste Seite beinhaltet das Originalsiegel.

Eine andere Methode der Behandlung ist das Schreiben der sieben Siegel Salomons auf einen Porzellanteller, um danach diese Schrift in Wasser aufzulösen. Diese Flüssigkeit wird dann getrunken. Diese Behandlung sollte an drei aufeinanderfolgenden Tagen durchgeführt werden.

Eine weitere heilkräftige Methode besteht darin, den Vers 29 der Sure 48, der alle 28 Buchstaben des arabischen Alphabets enthält, auf einen Porzellanteller zu schreiben, wozu wieder eine Schreibflüssigkeit aus Safran und Rosenwasser verwendet wird. Diese Schrift wird ebenfalls in Wasser aufgelöst und getrunken. Die Behandlung soll an sieben aufeinanderfolgenden Tagen erfolgen.

Befindet sich der Patient nach Berechnung seiner Krankheitsursache und der darauffolgenden Rezitation im gewünschten emotionalen offenen Zustand, der den Austritt des Dschinnī aus dem menschlichen Körper ermöglicht, dann lokalisiert der Sayyid den Punkt, an dem sich der Dschinnī im Körper des Patienten befindet.

Sayyid Abū an-Naǧā hat, wie er selbst sagte, bedingt durch seine Erfahrung, die er im Lauf der Zeit sammeln

بسم الله الرحمن الرحيم الحمد لله رب العالمين ال
رحمن الرحيم مالك يوم الدين اياك نعبد واياك نس
تعين اهدنا الصراط المستقيم صراط الذين انعمت
عليهم غير المغضوب عليهم ولا الضالين امين بس
م الله الرحمن الرحيم محمد رسول الله والذين معه
اشداء على الكفار رحماء بينهم تراهم ركعا س
جدا يبتغون فضلا من الله ورضوانا سيماهم في وجو
ههم من اثر السجود ذلك مثلهم في التو
راة ومثلهم في الانجيل كزرع اخرج شطاه
فآزره فاستغلظ فاستوى على سوقه يعجب الز
راع ليغيظ بهم الكفار وعد الله الذين امنوا
وعملوا الصالحات منهم مغفرة واجرا عظيما
اللهم انى اسالك [illegible]
[illegible]
[illegible]
[illegible]
لاب الله [illegible]
[illegible]
[illegible]
[illegible] ☆ [illegible] ☆ [illegible]
[illegible]
[illegible]
[illegible]
[illegible]
[illegible]
[illegible]
[illegible]
[illegible]

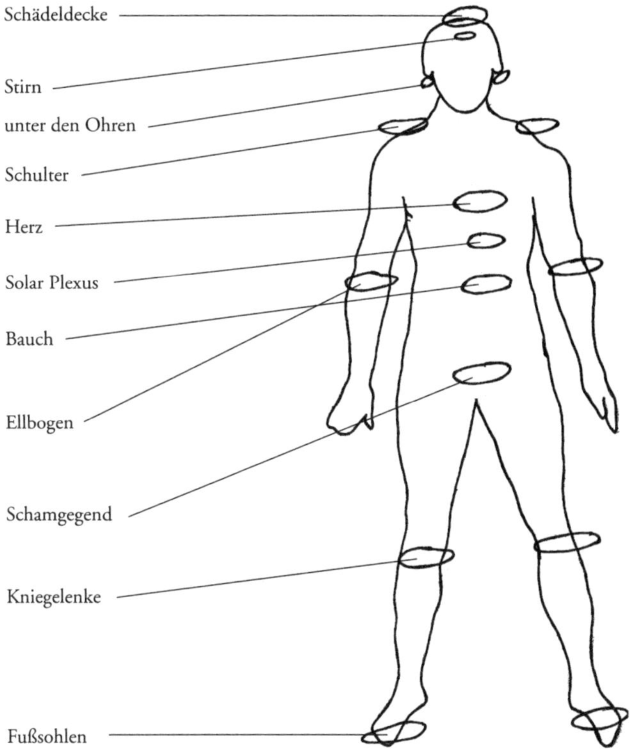

konnte, ein Schema der Orte oder Punkte im menschlichen Körper erstellt, die besonders häufig von Dschinn besetzt wurden (siehe Zeichnung, oben). Diese Punkte nannte der Sayyid luṭafā' »die Feinen« (Pl. von laṭīf, fein, dünn, zart).[13]

Grundsätzlich ist eine Stelle verdächtig, an der sich ein lokaler Schmerz befindet. Wenn kein offensichtlicher lokalisierbarer Schmerz vorhanden ist, greift der Sayyid auf das angeführte Schema zurück.

Ein besonders anfälliger Punkt für eine Besetzung ist die Verbindung zwischen Unter- und Oberkiefer (Lymphknoten). Wenn es einem Dschinnī gelingt, sich dort festzusetzen, kontrolliert er von diesem Punkt aus den gesamten menschlichen Körper.

Auch an den Schultern halten sich die Dschinn besonders häufig auf, als würden sie auf dem Menschen reiten. Dieses Bild wird auch häufig verwendet. Alle anderen angezeichneten Punkte werden ebenso von den Dschinn heimgesucht, doch nicht so häufig wie die beiden vorher genannten.

Der Sayyid berührt mit seinem Mund den Körper des Patienten an der schmerzenden Stelle oder an einem der gefährdeten Punkte und bläst mit großer Intensität gleichsam in den Körper des Patienten, ohne daß die ausgestoßene Luft nach einer Seite ausweichen kann. Breitet sich die Wärme des Atems an dieser Stelle nicht aus, so liegt dort keine Besetzung vor. Wandert aber die Wärme des Atems in eine beliebige Richtung, so ist das ein untrügliches Zeichen, daß hier ein Dschinnī den Schmerz oder das Unbehagen verursacht. Der Dschinnī fürchtet den machtvollen Geist des Atems und flieht vor ihm, da gleichzeitig mit dem Ausblasen der Luft der Sayyid die al-Fātiḥa (Sure 1) im Geiste rezitiert und diese so in den Atem gelangt.

Hinsichtlich der Anwendung des Blasens als Mittel zur Heilung berief sich Sayyid Abū an-Naǧā auf den Koran, der bereits die Kraft und die Macht des Atems hervorhebt (Sure 113/4: »Und vor dem Übel der Knotenbläserinnen«). Zwar sei hier der Atem zu einer negativen Handlung mißbraucht worden, aber durch diese Koranstelle wird auch mitgeteilt, daß der Atem einen positiven Einfluß haben kann; denn gibt es einen negativen Aspekt bei einer Sache, so muß es auch einen positiven geben.

Auch die Sunna gibt Hinweise auf die Heilkraft des Atems. Aus welcher Überlieferung der Sayyid sein Wissen bezog, konnte er mir aber nicht mitteilen.[14]

Wenn der Dschinnī nun lokalisiert ist, streicht der

Sayyid mit seiner rechten Hand von dem Punkt mit der festgestellten Anwesenheit in Richtung der Fußsohlen oder zu den Händen des Patienten. Nach Auskunft des Sayyid befinden sich auf seinen Handflächen Engel (arwāḥ nūrānīya). Legt der Sayyid seine Hand auf besagten Punkt, so dringt die Kraft der Engel in den Körper des Patienten und zwingt den Dschinnī, aus dem Körper auszutreten. Die Austrittsöffnungen sind die Handflächen und die Fußsohlen des Patienen. Falls keine sofortige Besserung eintritt, muß die gesamte Behandlung (Rezitation, Anblasen des Punktes) regelmäßig wiederholt werden, bis die Heilung Erfolg zeigt.

In unserem Fall ist eine kurzzeitige Besserung der Beschwerden (Migräne) eingetreten. Nach einigen Monaten traten sie wieder in gewohntem Ausmaße auf.

ANMERKUNGEN

1 Hūd, der Name des frühesten der fünf arabischen Propheten, Hūd, Ṣāliḥ, Ibrāhīm, Šuayb und Muḥammad, die im Koran erwähnt werden. Siehe: EI², Bd. 3.
Ṣāliḥ, ein Prophet, der zu dem arabischen Volk Ṯamūd gesandt wurde. Siehe: EI¹, Bd. 4.

2 Idris Shah erwähnt die mystische Verwendung des Abǧad-Systems in seinem Buch »Die Sufis«. Siehe: Idris Shah, 1980, S. 155 ff.

3 Die Schicksalsbestimmungen aus dem Zahlenwert des Namens gehen bis in altägyptische Darstellungen der Astrologie zurück. Siehe: Dornseif, 1925, S. 113.

4 Die Verwendung des Mutternamens bei magischen Ritualen geht auf jüdische Ursprünge zurück. Siehe: Merschen, 1982, S. 50.

5 Im Buch des Abū Maᶜšar al-Falakī; Fī ṭawāliᶜ ar-rigāl wa-n-nisā, bi-t-tamām wa-l-kamāl, das sich in Astrologenkreisen Kairos großer Beliebtheit erfreut, wird die gesamte Errechnung des Sternzeichens und des Aszendenzen anhand der Umrechnung des Namens durch das Abǧad-System vorgenommen.

6 Rote Tinte geht auf Blutschreibung zurück, Gleiches wird durch Gleiches abgewehrt. Merschen, 1982, S. 45.

7 Zaynab bint ʿAlī b. Abī Ṭālib: Die Tochter von ʿAlī und Fātima. Siehe EI¹, Bd. 1, sv. Zaynab.

8 al-Ḥusayn b. ʿAlī: Er wurde als zweiter Sohn von ʿAlī und Fātima im 4. oder 5. Jahr der Hiğra in Medina geboren. Am 10. Muḥarram 62 d. H. (10. Oktober 680) bei Kerbela gefallen. Siehe EI², Bd. 3, sv. al-Ḥusayn b. ʿAlī.

9 as-Šāḏilī, Abū Ḥasan: Berühmter Mystiker, Gründer der unter dem Namen aš-Šāḏilīya bekannten Bruderschaft. 593 (1196/97) bei Ceuta geboren. 565 (1258) in Ägypten gestorben. Siehe EI¹, Bd. 4, sv. al-Shādhilī.

10 ad-Dasūqī, Burhānaddin Ibrāhīm: Gründer der ad-Dasūqīya genannten Bruderschaft. Geboren 633 (1235), im Jahre 676 (1278) in ad-Dasūq in Unterägypten gestorben. Siehe EI², Bd. 2, sv. al-Dasūqī.

11 ʿAbdalqādir al-Ğīlī (Ğīlānī): Prediger und Sufi; nach ihm wurde der al-Qādirīya-Orden benannt. 470 (1077/1078) in Ğīlān geboren, 561 (1166) in Bagdad gestorben. Siehe EI², Bd. 1, sv. ʿAbd al-Ḳādir al-Djīlānī.

12 ar-Rifāʿī, Aḥmad b. ʿAlī: Begründer der ar-Rifāʿīya genannten Bruderschaft. Gestorben am 22. Ğumādā I 578 (23. September 1183) in Umm ʿAbīda im Kreise Wāsiṭ. Siehe EI¹, Bd. 3, sv. al-Rifāʿī.

13 Interessant ist die Übereinstimmung der feinstofflichen Punkte des Sayyid Abū an-Nağā mit dem indischen Chakren-System. Vgl. Johari Harish: Das große Chakra-Buch, Freiburg 1979. M. P.: Kundalini-Yoga, Mit ausführlicher Erläuterung der Chakras, München 1985. Verwendung der Chakren-Meditation in der sufischen Meditationspraktik des Naqšabandi-Ordens. Scheich Muharrem Hilmi bin Ahmad Harputi: Hediyet-Uz-Zakirin, Berlin 1984, Edition Gülistan.

14 »Die Wunden des Abu-Salama heilte der Prophet Gottes durch dreimaliges Anblasen.« Jazid-ben-Abu-ʿObeid berichtet: »Ich habe die Narbe einer Wunde am Bein des Abu-Salama gesehen.« Da sagte ich: »O Abu-Salama, was ist das für eine Narbe?« Er antwortete: »Das ist die Narbe einer Wunde, die ich bei Chaibar erhielt. Die Leute riefen damals: ›Salama ist verwundet!‹ Da ging ich zum Propheten Gottes, der blies mir dreimal darauf, und seitdem fühlte ich keinen Schmerz mehr daran.«
Reinfried, H., 1915, S. 40.

Scheich Muḥammad Ǧābir

Durch meine Aufenthalte im Grabungshaus auf dem Westfeld des Giza-Plateaus und meine Bekanntschaft mit Ḥāǧǧ Aḥmad Yūsuf schloß ich nähere Bekanntschaft mit den angestellten Wächtern, die in diesem Grabungsbereich arbeiteten. Nach einiger Zeit lud man mich zu einem Treffen (Ḏikr) in der Nähe des Grabungshauses ein. Diese Ḏikr fanden zu dieser Zeit regelmäßig jeden Freitag kurz vor Sonnenuntergang in einem Grab der IV. Dynastie, das zur Zeit des Mykerinos (Men-kau-re) errichtet wurde, statt.[1]

Dieses alte Grab ist für die Bewohner des nahe liegenden Dorfes Nizlit as-Sammān, für einige Kairiner aus der nahen Stadt und für ein paar Bauern aus den weiter entfernten Dörfern ein heiliger Ort. Die Überlieferung berichtet, vor langer Zeit habe ein gewisser Scheich Aḥmad as-Sammānī in diesem Grab als Asket gelebt und sei auch dort begraben worden. Es war nicht eindeutig eruierbar, zu welcher Zeit der Scheich gelebt hat. Manche behaupten, Scheich Aḥmad habe sich zur Zeit der islamischen Eroberung Ägyptens (642 n. Chr.) hier niedergelassen, nach anderen soll er im vorigen Jahrhundert hier gelebt haben. Wahrscheinlich hat er Mitte des 19. Jahrhunderts hier gelebt. Dies kann man aus einer Bemerkung des Leiters der preußischen Ägypten-Expedition (1842–1845) schließen: »Das Grab wird jetzt von einem Scheich bewohnt, der sich steinerne Stufen herabgebaut hat.«[2] Sicher ist, daß er Schüler um sich sammelte und eine Bruderschaft gründete (aṭ-Ṭarīqa as-Sammānīya), die auch heute noch existiert. Sein Grab befindet sich – so glauben zumindest die Besucher und Pilger – in der alten Grabkammer des Debhen (siehe Anm. 1). Aḥmad as-Sammānī wurde bereits zu seinen Lebzeiten als Heiliger verehrt, nach seinem Tod entwickelte sich der Ort seines Wirkens zu einer Pilgerstätte für fromme Einwohner der umliegenden Dörfer und Sufigruppen aus dem nahen Kairo, die so ihre Verehrung für den Scheich bezeugen.

Dieser Ort wird aber nicht nur aufgesucht, um des verstorbenen Scheichs zu gedenken, sondern auch wegen seiner Segenskraft (baraka), durch die kranken und besessenen Menschen geholfen wird. So entwickelte sich neben der Heiligenverehrung ein spezielles Ritual, das besonders auf Besessene abgestimmt ist.

An einem Freitag zur Zeit des Nachmittagsgebetes begab ich mich in Begleitung eines mir gut bekannten Grabwächters zum ersten Mal zum Grab. Dort wurde ich dem Leiter der Veranstaltung, Scheich Muḥammad Ǧābir, vorgestellt. Er stammt aus dem nahe gelegenen Dorf Nizlit as-Sammān, das nach dem Heiligen benannt ist. Der Scheich und die meisten Einwohner dieses Gebietes führen ihre Herkunft auf Beduinenstämme zurück, die in der Nähe der Pyramiden seßhaft wurden, was besonders an ihrem Dialekt deutlich wird, der sich vom kairinischen Dialekt unterscheidet. Scheich Muḥammad Ǧābir ist in mittlerem Alter, von großer Statur und kleidete sich in traditioneller Art. Aufmerksamkeit erregten besonders seine buschigen Augenbrauen und sein verhärteter, starrer Gesichtsausdruck. Er war freundlich, doch sehr zurückhaltend und vorsichtig und ließ mich bald merken, daß er zu keinem tiefergehenden Gespräch bereit war. Eine Einladung zum Ḏikr sprach er dennoch aus.

Das Grab ist sehr geräumig und gliedert sich in mehrere Räume, deren größter von etwa 30 m^2 den Männern vorbehalten ist. Von diesem Raum gelangte man in die eigentliche Grabkammer, in der sich nur der Sarkophag des Debhen befand und zu der man durch einen schmalen Gang hinabsteigen mußte. Dieser Sarkophag wurde von den Besuchern mehrere Male umrundet, was zu den Heilzeremonien des Grabes gehörte. In der Sarkophagkammer hielt sich immer – zumindest an Freitagen – eine sehr alte Frau (Šayḫa) auf, die die Umrundung des Sarkophags mit Gebeten und Gesängen begleitete, um so ihre Segenskraft und die des Ortes in den Heilungsprozeß einfließen zu lassen.

Leider war sie zu keinen Auskünften bereit und verwies auf Scheich Muḥammad Ǧābir.

Von diesem großen Raum gelangte man in einen zweiten, etwas kleineren von etwa 20 m^2, in dem sich die Frauen aufhalten. Das gesamte Grab wurde mit Kerzen beleuchtet, an einigen Wänden befanden sich altägyptische Reliefs, die u. a. auch interessante Tanz- und Musikszenen darstellten.

In den Räumen des Grabes befand sich eine große Anzahl von Menschen, die am Ḏikr teilnahmen, am Boden sitzend oder zum Sarkophagraum hinuntersteigend, um dort um Hilfe zu bitten und zu Scheich Aḥmad as-Sammānī zu beten. Auch vor dem Eingang zum Grab herrschte reges Treiben: Familien saßen essend beieinander, Bauern hockten in Gruppen zusammen und diskutierten. Oft saß Scheich Muḥammad mit seinen Helfern direkt neben dem Eingang auf einer Strohmatte (wobei es als Ehre angesehen wurde, auf dieser Strohmatte Platz nehmen zu dürfen) und empfing diverse Personen, um mit ihnen entweder über allgemeine Angelegenheiten zu plaudern oder sich ihre Krankheitsgeschichte anzuhören.

In einiger Entfernung vom Grab befindet sich ein ebener Platz, wo unter schützenden Zeltbahnen, die gegen die Sonneneinstrahlung schützen sollten, das Freitagsgebet ungestört abgehalten werden kann.

Der Ḏikr, zu dem mich die Grabwächter eingeladen hatten, stand in keinerlei Verbindung zu der kurz vorher stattgefundenen Ḏikr-Veranstaltung des Muḥammad Ǧābir. Dieser zweite Ḏikr wurde von den Anwesenden als Ḏikr aš-Šarīᶜa bezeichnet oder auch Ḏikr al-Aḥmadīya, da die meisten Teilnehmer – meist nicht mehr als 15 Personen – zum Orden des Aḥmad al-Badawī gehörten.

Vor Beginn des Ḏikr aš-Šarīᶜa wurden alle nicht teilnehmenden Personen in roher Weise aus dem Grab entfernt, damit der Ḏikr ungestört verlaufen könne. Dies war meist der günstigste Zeitpunkt, dem Scheich Muḥammad Ǧābir

Fragen zu stellen, denn er nahm nie am Ḏikr aš-Šarīʿa teil. Er war jeden Freitag vom Morgengebet bis zum Sonnenuntergang anwesend, um sich während des ganzen Tages der Hilfesuchenden anzunehmen, wahrte jedoch immer eine gewisse Distanz zu ihnen, war sogar teilweise recht unfreundlich zu ihnen. Gelegentlich schlug er mit seinem schweren Stock auf einen Patienten ein. Mit diesem unnahbaren Verhalten nahm er eine Position ein, die es ihm einerseits ermöglichte, seine Macht besser auszuüben, die ihm andererseits große Achtung und Höflichkeit von seiten der Patienten und Ratsuchenden garantierte. Ob er materielle Forderungen an seine Klienten stellte oder an den restlichen Tagen der Woche im privaten Rahmen Besessene heilte, konnte ich nicht erfahren.

Der Scheich berichtete, daß er lange Zeit keinen Kontakt zu der Welt der Dschinn hatte. Eines Tages befielen ihn die Dämonen, und er pilgerte zum Grab von Scheich Aḥmad as-Sammānī, um dort Hilfe zu erlangen. Kurze Zeit später wurde er geheilt und gelobte, seine Kraft für die Heilung anderer Menschen einzusetzen. Seitdem findet man ihn hier jeden Freitag als Leiter und Scheich. Insgesamt zeigte er sich sehr zurückhaltend und wollte wenig detaillierte Informationen über seine Heilungsmethoden geben.

Das Wissen des Scheichs über die Dschinn

Die gesamte Dschinn-Kosmologie steht in enger Verbindung zur Kosmologie der Zār-Geister.[3] Der Scheich bezeichnete die Geister oder Dämonen als mulūk al-arḍ, »Könige der Erde«, oder auch als abnā' al-ḥaḍar (Söhne der zivilisierten Orte). Sie sind keine Dschinn, sondern Geister (arwāḥ) und Könige (mulūk). Welchen Platz diese Geister in der Schöpfungshierarchie Gottes einnehmen, konnte mir der Scheich nicht sagen.

Die Patienten, die das Grab aufsuchen, sind nur von dieser Sorte von Geistern befallen, ihre Behandlung ist einzig und allein durch die Anwendung des Ḏikr-Rituals möglich, wie es im Grab von Scheich Aḥmad as-Sammānī praktiziert wird. Diese Dämonen oder Geister befinden sich in der Blutbahn des Menschen. Es bringt dem Besessenen keine Hilfe, einen Arzt aufzusuchen, weil dieser zwangsläufig das Blut des Patienten aufwühlt und etwa bei einer Blutprobe durch das Eindringen der Nadel in die Blutbahn den Dämon in größeren Aufruhr versetzt, so daß dieser den befallenen Menschen noch mehr peinigt.

Es existieren verschiedene Arten von Dämonen, die die Menschen befallen können:

- Der Dämon al-ᶜArabī (der Araber), der in Verbindung zu Aḥmad al-Badawī, as-Sayyid Ḥusayn, as-Sayyida Fāṭima an-Nabawīya[4] und zu den anderen Mitgliedern der Familie des Propheten gebracht wird (d. h. der Dämon steht unter ihrer Herrrschaft);
- der Dämon as-Sūdānī, der aus dem Sudan stammt;
- der Dämon al-Ḥabašī, der aus Abessinien stammt;
- der Dämon al-Baḥrī, der den Weiten des Meeres entstammt;
- der Dämon al-Masīḥī (der Christ), der in Verbindung zu Moses (Mūsā) und Jesus (ᶜĪsā) gebracht wird.

Diese Dämonen führen ein Leben ähnlich dem der Dschinn, d. h. sie haben die gleichen Religionen wie die Menschen und befolgen entweder die religiösen Regeln oder widersetzen sich ihnen.

Den Hauptdämonen – die den Namen Könige (mulūk) tragen – unterstehen andere Dämonen, die der Scheich nicht im einzelnen benennt, die die eigentlichen Verursacher der Besessenheit sind. Bei der Austreibung werden die Namen der Hauptdämonen angerufen, damit sie durch ihre Macht über die Unterdämonen diese aus dem Körper des Patienten treiben. Der im Pyramidengebiet ansässige Dämonen-Stamm geht auf den Dschinn al-Aḥmar, »der Rote«, zurück, dessen Heimat Abessinien sein soll. Hier vermischte der Scheich seine Dämonen-Kosmologie mit dem üblichen Dschinn-Glauben, da ja der Dschinn al-Aḥmat zu den Dschinn-Königen gehört.

Die Ursache der Besessenheit vermutet er meist im unkorrekten Verhalten gegenüber den mulūk al-arḍ. Er nimmt an, daß die besessene Person die Verhaltensregeln, die im allgemeinen auch gegenüber den Dschinn gelten, nicht beachtet hat. Besessenheit kann aber auch als Bestrafung durch die mulūk al-arḍ verstanden werden. Sie wird besonders bei Vergehen wie Unzucht und Verleumdung ausgeübt, wohingegen Verstöße gegen rituelle islamische Regeln von den mulūk al-arḍ nicht bestraft werden.

Auch ein »ausländischer Dämon« (malik ağnabī) kann den Menschen befallen. Dieser Umstand wurde besonders betont, da es scheinbar zum Zeitpunkt meiner Anwesenheit »modern« war, von dieser Dämonen-Art besessen zu sein. Der Befallene beginnt in einer Sprache zu sprechen, die man für Englisch, Französisch oder Deutsch hält. Mir selbst wurde ein junger Mann von seinem Vater vorgestellt, der aus sehr einfachen, bäuerlichen Verhältnissen stammte und mit seinem Sohn zum Grab Scheich Aḥmads pilgerte, um hier für ihn Heilung zu finden. Der Vater wies nicht ohne Stolz darauf hin, daß sein Sohn von einem ausländischen Dämon befallen worden sei, da er in bestimmten extremen Zuständen Englisch rede. Der Sohn zeigte kaum Reaktionen und saß apathisch auf der Erde oder stand einfach aufrecht und schaute mit leerem Blick in die Ferne. Nur im Ḏikr wachte er für kurze Momente aus seiner Apathie auf. Auf diese Weise wird der von einem ausländischen Dämon Besessene nicht zu einem Außenseiter der Gesellschaft, sondern rückt durch das vorhandene Interesse an ihm in ihren Mittelpunkt.

Der Ḏikr

Der Ḏikr teilt sich in zwei Abschnitte:

Die Teilnehmer am Ḏikr sitzen auf dem Boden. Sänger einer Musikgruppe rezitieren einige Suren aus dem Koran. Nach der Rezitation werden Scheich Aḥmad as-Sammānī und einige Dämonen-Fürsten angerufen. Daraufhin beginnen die Musiker mit dem Ḏikr. Die Gruppe besteht normalerweise aus einem Nay-Spieler (die Nay ist eine Bambusrohr-Flöte), drei Trommlern und einem Sänger, der auch gleichzeitig den Ḏikr leitet.

Sobald die Musik beginnt, beginnt der zweite Teil, und alle Teilnehmer stehen auf und bewegen sich zum Rhythmus der Trommeln. Die Bewegung wird von einer bestimmten Atemtechnik begleitet, einem rhythmisierten, starken Aus- und Einatmen, verbunden mit dem gleichzeitigen Sprechen bestimmter religiöser Formeln, wie Allah oder lā 'ilāha 'illā llāh. Diese Technik wird so lange fortgesetzt, bis die Musik abbricht. Einzelne Sequenzen können bis zu zwei Stunden andauern. Die Teilnehmer geraten währenddessen in Trancezustände, sie schreien, sprechen in fremden unverständlichen Sprachen, schlagen um sich oder stürzen zu Boden. Äußerlich scheint völliges Chaos zu herrschen. Jedoch wird die Ordnung durch Scheich Muḥammad Ǧābir und seine Helfer aufrechterhalten, indem sie entweder Personen aus ihrer Ekstase zurückholen, in der Dschinn-Sprache auf sie einreden oder sie einfach nur zu beruhigen versuchen.

Dieser Hauptteil des Ḏikr unterteilt sich wiederum in drei Abschnitte:

1. die Anrufung der Ahl al-Bayt (der Nachkommenschaft des Propheten Muḥammad), insbesondere von as-Sayyida Fāṭima an-Nabawīya,
2. die Anrufung des Dämonen-Fürsten al-ᶜArabī,
3. die Anrufung des Dämonen-Fürsten as-Sūdānī.

Innerhalb der Abschnitte werden bestimmte Lieder über den jeweiligen Dschinn-Fürsten oder Heiligen gesungen (ein Vorgang, der auch in den Zār-Heilzeremonien anzutreffen ist), außerdem können einzelne Ḏikr-Teilnehmer die Musiker bitten, ein für ihren persönlichen Dämon bestimmtes Lied zu spielen. Als ich den Scheich auf die offenkundige Übereinstimmung mit den Zār-Techniken hinwies, distanzierte er sich strikt vom Zār, den er als ḥarām (sündhaft) bezeichnete.

Erklingt das von einer Person bestellte Lied, so hofft diese, daß der Dämon, der in ihr steckt, sich davon besänftigen lasse. Der Dämon soll nach dem Lied tanzen und die Person danach verlassen und die Musik als Entschuldigung für das jeweilige Vergehen ansehen. Doch genügt zur vollkommenen Beschwichtigung des Dämon in den seltensten Fällen eine einzige Sitzung, und die hilfesuchende Person muß sich öfters diesem Heiltanz unterziehen. Das Lied wird im allgemeinen von allen Teilnehmern, nicht nur von den Bestellern getanzt.

Am Höhepunkt des Ḏikr kommen auch einige Frauen in den Männerraum und tanzen gemeinsam mit diesen für ihren Dämon. Es sind erfahrene Frauen, die ihre Zustände bereits kontrollieren konnten, weshalb sie auch mit den Männern am Ḏikr teilnehmen dürfen. Die Frauen im Frauenraum blieben meist am Boden sitzen und bewegten nur ihre Oberkörper im Rhythmus der Musik. Doch selbst diese abgeschwächte Form bringt die Frauen in sehr ekstatische Zustände, so daß der Scheich häufig in den Frauenraum überwechselt, um dort einer Frau zu helfen oder ihr gut zuzureden, wenn sie sich schreiend am Boden wälzt. Nicht selten schlägt er die Leute mit seinem Stock, wenn sie nicht gleich reagieren.

Nach Beendigung des Hauptabschnitts bricht die Musik ab, die Teilnehmer setzen sich wieder auf den Boden, und Verse aus dem Koran werden verlesen.

Es folgt ein Beispiel für den Ablauf einer Heilungszeremonie, in der der Sohn von Scheich Muḥammad Ǧābir behandelt wurde, der seiner Aussage nach von den drei Königen al-ʿArabī, al-Ḥabašī und al-Baḥrī besessen war.

Die gesamte Heilzeremonie wurde in großem Rahmen abgehalten, da es sich hier ja um den Sohn des Scheichs handelte. Die vergrößerte Musikergruppe bestand aus drei Flötenspielern (sie könnten die drei oben erwähnten Könige symbolisieren), zwei Trommlern (einer Riqq und einer Darabukka) und einem Sänger.

Im Verlauf der Zeremonie sprach der Sohn des öfteren in der Dschinn-Sprache. Einerseits, um so den König sprechen zu lassen, andererseits drückte er seinen Unwillen (scheinbar auch den Unwillen des Königs) über die anscheinend falsch gespielte Musik aus. Es kam zu mehreren Wortgefechten zwischen den Musikern, die die Dschinn-Sprache rudimentär beherrschten, und dem Tanzenden. Diese Dispute gipfelten in einer Diskussion zwischen Vater und Sohn, in deren Verlauf – soweit es zu erkennen war – der Vater den Sohn (der durch diesen den König) aufforderte, sich dem Ḏikr hinzugeben und dem Scheich as-Sammānī die Verehrung, die ihm gebühre, zukommen zu lassen. Daran wird ein weiterer Punkt der Ḏikr-Zeremonie deutlich. Es geht nicht nur um die Anrufung der Dämonen, sondern auch ganz bewußt um den Grabinhaber, damit auch dessen heilkräftige Barka auf die besessene Person einwirken kann.

Der Sohn des Scheichs begann nun durch das Grab zu tanzen, wobei ihm die Musiker folgten. Dieser Rundgang durch das Grab drückt die Unterwerfung der Könige unter Scheich Aḥmad as-Sammānī aus, wodurch sie gebannt werden.

Kurz nach dem Rundgang wurde die Behandlung abgebrochen, der Tänzer fiel erschöpft zu Boden.

Die Dschinn-Sprache (luġat as-suryānī) ist neben dem Ḏikr das wichtigste Mittel zur Vertreibung der Dämonen.

Im Grab von Scheich Aḥmad as-Sammānī wurde sie nicht nur von Scheich Muḥammad Ǧābir verwendet, sondern auch von seinen Helfern, den Musikern und einigen Frauen. Die luġat as-suryānī ist die Sprache der Dämonen, die aber auch von Menschen gesprochen werden kann. Nur wer von einem Dämon besessen ist, kann von ihm diese Sprache lernen. Alle Personen, die sie beherrschen, behaupten, daß diese Sprache, wenn sie regelmäßig den Ḏikr besuchten, plötzlich in ihnen war. Sie kann also nicht auf normalem Weg erlernt werden, sondern nur von den Dämonen selbst. Es gab Personen, die hilfesuchend zum Grab des Scheichs gepilgert waren, um sich dort den Ritualen zu unterziehen. Nach einiger Zeit begann der Dämon durch sie zu sprechen, und sie erlernten von ihm die Sprache.

Das Beherrschen der luġat as-suryānī ist ein wichtiger Hinweis auf die Heilung. Geheilte Personen griffen dann selbst bei anderen Besessenen in die Heilungszeremonie ein, sie wurden zu Helfern von Scheich Muḥammad Ǧābir. Dieser beherrschte jedoch die luġat as-suyānī am besten.

Die Sprache wird vom Scheich und seinen Helfern aus verschiedenen Gründen benutzt. Sie heben sich dadurch von den Personen ab, die sie nicht sprechen, und erzeugen durch deren Gebrauch Ehrfurcht im Patienten, der durch begleitende Gesten erkennt, daß man über ihn in dieser für ihn unverständlichen Sprache spricht.

Die Sprache wird auch als Disziplinierungsmittel verwendet. Oft werden Personen, die sich in Trance befinden, in dieser Sprache energisch zur Ruhe aufgefordert und sind durch den Klang der Sprache allein schon beruhigt. Angesprochen wird aber nicht die Person selbst, sondern der Dämon in ihr. So ergaben sich manchmal laute Streitgespräche in Dschinn-Spache, weil sich der Dämon entweder nicht den Rhythmen der Musik hingeben wollte oder weil er versuchte, den Ablauf des Ḏikr durch Schreien oder wildes Herumspringen zu stören. Man muß aber bewußt unterscheiden zwischen dem Sprechen in Trance und dem gezielten Einsetzen der Sprache durch den Scheich oder seine Helfer.

Besonders dient die Dschinn-Sprache aber als Austreibungsmittel. Ich konnte einen Fall beobachten, bei dem der Scheich im Ḏikr vor einem Besessenen stand, ihn mit der linken Hand am Kopf faßte und mit der rechten Hand leicht und rhythmisch auf das Sonnengeflecht schlug. Dabei redete er beschwörend in dieser Sprache auf den Besessenen ein, worauf dieser aus seiner Apathie erwachte, zu lachen begann und mit erhobenem Finger nach oben deutete. Der Scheich ruft durch die luġat as-suryānī seine Hilfsgeister, die aus den entferntesten Gebieten der Welt erscheinen: Mulūk al-Ḥabaši, Mulūk al-Baḥrī, Mulūk as-Sūdānī. Diese Dämonen-Könige teilen ihm die Ursachen der Krankheit und deren Behandlung mit. Die Übermittlung erhält der Scheich direkt auf geistigem Weg.

Auf meine Frage über die Bedeutung einzelner Wörter antwortete man ausweichend oder behauptete, dies wären Geheimnisse und nur die Dämonen selbst würden jemanden in dieser Sprache unterweisen.

Soweit ich erkennen konnte, zerfällt die Dschinn-Sprache in zwei Gruppen: Eine Gruppe möchte ich als »slawischen Typ« bezeichnen, die andere ist dem unverständlichen Gebrabbel kleiner Kinder ähnlich.[5]

Scheich Muḥammad sprach im »Kleinkinder-Typus«, wohingegen der »slawische Typus« meist von in Trance befindlichen Personen herausgeschrien wurde. Auffallend war, daß der Scheich immer wieder die gleichen Phrasen verwendete. Dies könnte bedeuten, daß es sich um einen ganz bestimmten Wortlaut für eine bestimmte Situation handelte. Es könnte sich damit aber auch bereits um den gesamten Sprachschatz des Scheichs handeln, den er immer wieder in den verschiedensten Situationen anwendete.

Im folgenden gebe ich die Transkription des Typus, der von Scheich Muḥammad Ǧābir gesprochen wurde, an.

'ašhadu 'an lā 'ilāha 'llā llā'h/
sin sidri 'ālak mā kālaka ḥirduntitak raǧa si 'irāha lā lāka lā mālaka laka ḥirdun bi-sin si sidr'ārtak lik lik ġaddan fī 'allāh/
ḥan yamlaka 'igāddan fī ḥisāb 'āsi si sidri 'ālak fī wuǧūdika lāka fī / haynā mālak laka ġuddi kirāsan sadr 'aytōk riǧǧi kilīk lik lāka mālaka laka 'aġuddu kamlisī/
^{c}alā mālaka lak tintidri ^{c}alā ǧak kalakalak tanbirru ǧir ṭuṭri ^{c}alā ǧa kalak luk lik ṣallsār/
^{c}alā bābi r-ruḥūt si sdr 'ayšāk lakalak luk ġuddin kalaka lak kalak kalak sanfī/
ḥāla mālaka kalak kalā ṣall sadr 'aytōk riǧi kilīk lak sin kāfilī/
ḥayy mamāla kalak kal san sadr 'ayšōk luk lik lak ġaddan fī 'allāh/
ḥāla mālaka lak kal san sadr 'ayšōk rōǧi kilīk lak tinkīr ǧin fū 'aḏḏān/ ^{c}alā ḥayyi lā 'ilāha 'illā llāh ka mālak ġōddin karta tanbīr ǧidri si sin sadr 'ayy dāb/
ḥāla mālaka lakala san sadr 'ayšōk ruǧi kilīk lak sin kāmmalā/
^{c}alā ḥaqqi lā 'ilāha 'illā llāh ka mālaka lōtin karka 'inǧīr ǧisrān/
ka mālak kal sall sadr 'ayšōk ruǧi kilīk lak sall sadr 'aytak lika laka fī/
ḥayyi lā 'ilāha 'illā huwa mālaka ġār sall sadr 'aytōk ruǧi kilīk lak sankār/
hamma mālaka ġādan karka sin sidri 'anāǧa kalā lāka mālak lāka fī duwwāl/ hāla mālaka lakala sallsadr 'aytōk riǧī san sār 'adra mālaka lā/ ḥayna lāk ġāda karsan sadr 'ayšōk ruǧi kilik lạkana/
ḥayy mālaka lakāl sall sadr 'aytōk ruǧi kālak lūk lūk lū/
hammā mālaka ġā lāka fī 'allāh ṣabīr ǧan sadri 'ayšūk ruǧi kala/
^{c}alā ḥaqqi lā 'ilāha 'illā llāh kā mālaka lā sall sār/ kimlak sall sadr 'ayšōk ruǧi kilīk lak san kamalak la taqnkī/ ḥana mālaka lak ka ġaḏḏan karkan kafri ǧortrū sin sadr 'ayšū/
kā mālaka lā kal san sadr 'ayšū ruǧi kilī/ kamlak sin sadr 'ayšō ruǧi ki lā laka fī 'allāh/
ḥaqqi lā 'ilāha 'illā llāh ṣābit riǧi kalak/

Zur Transkription des Textes:

Der Text besteht aus häufig wiederkehrenden rhythmischen Wortgruppen, wobei die oftmalige Verwendung des Vokals »a« besonders auffällig ist. Weiter ist der Text mit einigen islamisch-arabischen Vokabeln bzw. Phrasen durchsetzt:

'ašhadu 'an lā 'ilāha 'illā llāh
Ich bezeuge, daß es keinen Gott außer Allāh gibt.
fī 'allāh
In Gott
ᶜalā ḥayyi lā 'ilāha 'illā llāh
Beim Lebendigen, es gibt keinen Gott außer Allāh.
ᶜalā ḥaqqi lā 'ilāha 'illā llāh
Beim Wahren, es gibt keinen Gott außer Allāh.

Auffallend ist ebenso die ständig wiederkehrende Wurzel m-l-k (besonders in der Form mālak), deren Grundbedeutung beherrschen, besitzen ist.

Der oben angeführte Text wurde von Scheich Muḥammad Ǧābir auf Kassette gesprochen und stellt das einzige verfügbare Material dar, da weitere Aufnahmen vom Scheich kategorisch abgelehnt wurden. Ein Durchsprechen des aufgenommenen Textes mit ihm war nicht möglich, so daß die Frage der Worttrennung nicht gesichert ist.

Winkler erwähnt die Verwendung von sinnlosen und fremden Wörtern und schreibt: »Der Hörende verbindet keinerlei Sinn mit solchen Wörtern, er wertet sie also nur als Lauteindrücke, solange jene Sprache ihm wirklich fremd bleibt. Der Lauteindruck gleitet nicht durch die Gefühlssphäre in das Gebiet der Ratio hindurch, sondern bleibt wie ein Fremdkörper in der Gefühlssphäre stecken und alarmiert auf diese Weise das Gefühl.«[6]

Wichtig in diesem Zusammenhang ist, daß durch diese fremden Wörter oder Sprachen die Ratio bewußt ausgeschaltet wird, d. h. die fremde Sprache wird zu einem Mittel, in Trance zu verfallen, weil sie den Verstand ausschaltet und direkt das Unbewußte berührt. Es findet also eine Diskonzentration statt, d. h. eine Ablenkung der Sinne des

Alltags und gleichzeitig eine Sammlung des Unbewußten auf die Symbole der Geisterwelt.[7]

Trotz freundlicher Hilfe namhafter Autoritäten auf dem Gebiet der Ägyptologie (Professor Thausing), der Afrikanistik (Dozent Satzinger) und Semitistik (Professor Ambros) ist es mir leider nicht gelungen, etwas über Wesen und Ursprung dieser Sprache zu erfahren.

Ein möglicher Hinweis auf die Herkunft der Sprache ist der Name selbst, luġat as-suryānī, »die Sprache des Syrers«. Vielleicht geht diese Sprache auf syrische Ursprünge zurück. Vielleicht soll der Name aber auch nur ihre Fremdartigkeit ausdrücken. In Ägypten ist es nämlich üblich, alles Geheimnisvolle und Magische im syrischen Raum (suryānī) oder im Westen (maġribī) anzusiedeln.

In der westlichen Psychologie wird das Phänomen, in Ekstase in einer fremden Sprache zu sprechen, als Glossolalie oder Zungensprache bezeichnet. Dieses Phänomen wird im Aufsatz von Theodor Spoerri »Ekstatische Rede und Glossolalie«[8] behandelt:

Unter Zungenreden oder Glossolalie versteht man eine von der Umgangssprache deutlich abgegrenzte, durch unsemantische Lautkombinationen gebildete und damit unverständliche, als ›fremde Sprache‹ erscheinende Rede. (...) Meist wird sie aus somnambul-ekstatischem Zustand heraus gesprochen, für den Sprecher selbst kann sie unverständlich oder verständlich sein, sie kann durch Selbst- oder Fremdauslegung erklärt werden. Größtenteils wird sie im Beisein einer Gemeinschaft, nur selten allein vorgetragen. (...) Die Lautproduktionen sind Ausdruck eines angeblichen Einbruchs des Übersinnlichen, jedoch in einer dynamischen, entleerten, emotional erstarrten, formal stets gleichförmigen Sprechschablone.

Als weitere Merkmale dieser Zungensprache werden vokalreiche Lautkombinationen und eine strophisch gegliederte Deklamation angegeben.[9] Zusammenfassend schreibt Spoerri:

Ebenso schließt die Glossolalie, nach dem Vorbild eines tradierten Ekstaseschemas geformt, den Verlust der Informations- und Kommunikationsseite der Rede in sich; die Sprache wird zur Lautmusik. Rufen wir uns die ursprüngliche Bedeutung des Wortes ›Ekstase‹ ins Gedächtnis zurück, so erinnern wir, daß Ekstase eine Ortsveränderung, eine Entfernung von der gewohnten Stelle meint. Verläßt die Sprache nun ihren Ort des Bedeutens und Mitteilens, so kann dieses in Richtung auf die übersprachlichen Gehalte wie die vorsprachlichen Laute hin geschehen. Beide Weisen der Sprechekstase werden damit Ausdruck eines transzendenten Erlebens, des Einbruchs eines Andersartigen, das nicht unsere Sprache spricht.[10]

ANMERKUNGEN

1 Bei diesem Grab handelt es sich um das Grab des Debhen (Registriernummer LG 90), der Oberlehnsherr des Nekheb war und ebenso die Aufgabe der Aufsicht über das Schminkhaus hatte. Im Raum I finden sich Darstellungen von Musikanten, Tänzerinnen und Klatschern. Porter, Moss, 1974, S. 235 f.

2 Lepsius, Richard, 1897, S. 111 f.

3 Ich möchte hier nicht auf die Problematik des Zār eingehen, da über dieses Phänomen bereits an anderer Stelle ausreichend berichtet wurde. Vgl. S. 223 ff.

4 Fāṭima, Tochter des Propheten Muḥammad und seiner Frau Ḫadīǧa, im Jahre 633 n. Chr. gestorben. Siehe: EI^2, Bd. III.

5 Von Scheich Maḥmūd Ǧibālī erfuhr ich, daß die Dschinn in zwei verschiedenen Sprachtypen sprechen. Er erwähnte die Sprache der guten und die Sprache der bösen Dschinn. Ein weiterer Informant bestätigte das Vorkommen zweier Sprachgruppen. Der eine Typus wird von den Königen, den Ǧinn al-ʿalawī, gesprochen, der andere Typus von den bösen Dschinn (Šayāṭīn, Ǧinn as-suflī) verwendet.

Von ᶜAbdalfattāḥ aṭ-Ṭūḫī, dem Verfasser einiger Bücher über Magie und Dschinn-Kunde, erhielt ich die Information, daß jeder Stamm der Dschinn seine eigene Sprache hätte. Doch besitzen die Dschinn ebenso die Fähigkeit, jede beliebige andere Sprache zu sprechen. Die dem jeweiligen Stamm eigene Sprache kann der Mensch nur von einem Mitglied dieses Stammes erlernen. Denn in der Stammessprache liegt eine große Macht, die Herrschaft über die anderen Dschinn verleiht. Das Erlernen der Sprache ist verbunden mit dem Pakt zwischen Beschwörer und Dschinn.

6 Winkler, 1930, S. 27.

7 Ein ebenso interessantes Phänomen eines übersinnlichen Kontaktes auf sprachlicher Ebene im europäischen Raum bieten die Schriften einer Ungarin. Die Botschaften wurden hier von Engeln auf ungarisch durch ein Medium übermittelt:
Die Sprache der Engel hatte noch eine andere Eigentümlichkeit: Während des ersten Teils des Gesprächs kam es oft vor, daß Wichtiges in kurzen, leicht faßbaren Versen gesagt wurde. Sie waren den Kindergarten-Reimen ähnlich, die ganz von selbst ins Ohr fließen und sich dennoch tief einprägen. Mir scheint auch, wir waren im Kindergarten der Engel und diese »Kinder-Mantras« berührten uns unmittelbar. Ton und Rhythmus nahmen nicht den Umweg über den Verstand.
Dazu eine Probe. Ich zitiere im ungarischen Wortlaut: ÉGJETEK! ÉLJETEK! FÉNNYEL TELJETEK! ÉBREDJETEK! KELJETEK FEL! FENYETEK KELL! LÉNYETEK EG. (Brennet! Lebet! Erfüllet euch mit Licht! Erwachet! Erhebt euch! Euer Licht ist nötig! Euer Sein entbrennt!) (s. S. 15f.)
Mallasz, Gitta, 1983.

8 Spoerri, 1967, S. 147ff.

9 Ebenda, S. 144.

10 Ebenda, S. 152.

Scheich Yāsīn

Scheich Yāsīn arbeitet als Büroangestellter in einer Versicherungsgesellschaft in der Nähe des ᶜAtaba-Platzes im Zentrum Kairos.

Ich wurde von einem mir bekannten Amuletthändler im Schmuckbasar des Basarviertels al-Ǧamalīya auf ihn aufmerksam gemacht, da der Scheich des öfteren verschiedene Amulette von diesem Händler bezog. (Diese Schmuckgeschäfte sind auch Anlaufpunkte für hilfesuchende Personen, da in ihnen nicht nur Amulette verkauft, sondern auch Heiler und Zauberer empfohlen werden.)

Scheich Yāsīn erscheint nach außen betrachtet wie ein unscheinbarer Angestellter, in seinem Wohnviertel und in den einschlägigen Kreisen ist er aber ein bekannter Zauberer, der von zahlreichen Klienten aufgesucht wird. Der Scheich bewohnt mit seiner Familie zwei Stockwerke eines modernen Mietshauses im Vorortviertel al-Basātīn, wobei ein Stockwerk als Praxis und Empfangsräume für die Klientel des Scheichs dient.

Außerhalb seiner Wohnung pflegt sich der Scheich westlich zu kleiden, zu Hause jedoch trägt er die traditionelle Ǧallābīya. Wie die meisten der schon obengenannten Scheichs besitzt er den anscheinend typischen starren Gesichtsausdruck und stechende Augen, auffallend ist ein weißer Haarstreifen in seinem sonst schwarzen Haar.

Der Scheich war grundsätzlich bereit, mich in meinem Anliegen zu unterstützen, und betrachtete mich als seinen jungen Schüler. Als Grundlage des Unterrichts sollten bestimmte Bücher der Magie dienen, mit deren Ausführungen über Zauberei und Heilung besessener Personen begonnen wurde. Er verlangte von mir 10 LE und besorgte einige Bücher des bekannten zeitgenössischen Kairiner Zauberers ᶜAbdalfattāḥ aṭ-Ṭūḫī, die er mit mir durcharbeiten wollte. Für die Unterrichtsstunde verlangte er 5 LE Honorar, doch lehnte er später jegliche Bezahlung ab. Dies mag darauf zurückzuführen sein, daß er mich, als Ausländer, als Werbemittel für sich einsetzte und seine Bedeutung vor seiner Klientel damit hob.

Die Klienten des Scheichs waren zu gleichen Teilen Männer und Frauen, doch schien Scheich Yāsīn weibliche Klienten zu bevorzugen. Oft wurden unsere Zusammenkünfte von Hilfesuchenden gestört, worauf der Scheich sehr genau meine Funktion erklärte und mich teilweise an den Ritualen mitwirken ließ.

Der Scheich empfing seine Klienten auch in diversen Kaffeehäusern, bei denen es sich zumeist um Personen aus gesellschaftlich besser gestellten Kreisen handelte.

Ein weiterer wichtiger Bestandteil der Tätigkeit des Scheichs waren Zusammenkünfte von Männern und Frauen in seiner Wohnung, um sich gegenseitig kennenzulernen. Die Tätigkeit des Scheichs schien sich auf die Zusammenführung und Trennung von Paaren zu konzentrieren, was auch den Bereich der Sexualmagie mit einschloß.

Der Scheich wich meinen Fragen nach seiner Vergangenheit sehr geschickt aus, so daß ich keine weiteren Informationen über seinen Werdegang als Heiler habe.

Da der Scheich mich hauptsächlich in der Praxis der Magie unterwies und sein Wissen um die Welt der Dschinn in enger Verbindung damit steht, möchte ich die Informationen so wiedergeben, wie sie mir von ihm übermittelt wurden. Scheich Yāsīn besitzt natürlich auch das allgemeine Wissen um die Dschinn, welches sich kaum von dem bereits behandelten unterscheidet.

Heilungsmethoden

Um einen Menschen oder eine Situation durch die Dschinn beeinflussen zu können, muß man den Dschinn-Namen des Menschen oder der Situation kennen und diesen errechnen. Jedes Ding und jede Handlung besitzt einen oder mehrere Dschinn-Begleiter (Qarīn, s. S. 33).[1] Kennt man die Namen dieser Dschinn, so erhält man Macht über die jeweilige Person, Sache oder Handlung. Scheich Yāsīn nennt für jede Person, Sache oder Handlung drei Namen, die er die drei Könige nennt.

al-malik al-ᶜalawī der himmlische König
al-malik al-ḥākim der herrschende König
al-malik as-suflī der Unterweltskönig

Hat man die drei Namen erhalten, so kann man mit Hilfe dieser Könige die jeweilige Person, Sache oder Handlung mittels bestimmter Beschwörungen beeinflussen.

Die Errechnung der Königsnamen

- Will man die Könige einer Person erhalten, so wird ihr Name in einzelnen Buchstaben aufgeschrieben.

Beispiel: Abdalḥamīd ᶜ b d' l ḥ m y d

Kurzvokale werden nicht berücksichtigt.

- Jetzt wird der letzte Buchstabe des Namens an den Anfang einer neuen Zeile gesetzt, dann wird der erste Buchstabe des Namens hinter den bereits vorhandenen Buchstaben gesetzt, nun folgt der zweitletzte, dann der zweite, dann der drittletzte usw., bis alle Buchstaben des Namens in der neuen Zeile zu stehen gekommen sind. Nach diesem Muster wird mit der neuen Zeile wie mit dem Namen verfahren, und mit der neuen Zeile wiederum, bis der ursprüngliche Name wieder erscheint.
- Wichtig für die Königsnamen ist die vorletzte Zeile, die den ursprünglichen Namen bilden wird, die »Königszeile«; sie enthält alle drei Namen. Wie man erkennen kann, steht die »Königszeile« vor dem »weltlichen« Namen, ist also mit diesem verbunden, so wie der Mensch mit den Dschinn und die Dschinn mit dem Menschen.

Jetzt teilt man die »Königszeile« in drei gleiche Buchstabengruppen. Ist die Anzahl der vorhandenen Buchstaben nicht durch drei zu teilen, so erhält die mittlere Gruppe immer mehr Buchstaben, da es sich bei ihr um den Herrscher der beiden anderen Könige handelt.

Beispiel:

^{c}	b	d	’	l	ḥ	m	y	d	
d	^{c}	y	b	m	d	ḥ	’	l	
l	d	’	^{c}	ḥ	y	d	b	m	
m	l	b	d	d	’	y	^{c}	ḥ	
ḥ	m	^{c}	l	y	b	’	d	d	
d	ḥ	d	m	’	^{c}	b	l	y	
y	d	l	ḥ	b	d	^{c}	m	’	
’	y	m	d	^{c}	l	d	ḥ	b	
b	’	ḥ/ y	d	m/l	d	^{c}			»Königszeile«
^{c}	b	d	’	l	ḥ	m	y	d	

- Man verwandelt nun die einzelnen Buchstabengruppen mit Hilfe des Abǧad-Systems in Zahlenwerte. Die so erhaltene Summe verwandelt man dann wieder von hinten beginnend in Buchstaben.

Man beginnt mit der linken Buchstabengruppe. Diese besitzt den Zahlenwert 11, die 11 entspricht wiederum dem Buchstaben ’+y, der den ersten Teil des Königsnamens bildet. An das ’+y fügt man die Endung -’īl und erhält so den ersten König (al-malik al-^{c}alawī), der ’Aya’īl heißt. Ebenso verfährt man mit der mittleren Buchstabengruppe (al-malik al-ḥākim), die den mächtigsten Namen darstellt. Diese besitzt den Zahlenwert 54 = 4,50 = d+n + ’īl = Dana’īl. Dana’īl ist der Name des zweiten Königs. Bei der dritten Buchstabengruppe verfährt man wie bei den beiden ersten, nur mit dem Unterschied, daß der Name mit der Endung -ṭīš abschließt, da es sich ja hier um den Unterweltskönig (al-malik as-suflī) handelt. Alle Namen der Unterweltsbewohner enden auf -ṭīš, wohingegen die Bewohner der höheren Sphären die Namensendung -’īl besitzen, die auch den Engeln zuteil ist.

Bei dem Beispiel erhält man in der dritten Gruppe die Summe 104. 4, 100 = d+q daqa+ṭīš. So lautet der Name des dritten Königs Daqaṭīš.

Beispiel einer Situation und deren Königsnamen:

Sāmiya liebt ^{c}Abdalḥamīd. Sāmiya tuḥibbu ^{c}abdalḥamīd

symyhtḥb[c]bd'lḥmyd
(Die Ta'marbūṭa wird mit h wiedergegeben, Doppelkonsonanz wird nicht berücksichtigt.
Die Operation des Buchstabenversetzens wird hier nicht noch einmal angeführt (s. S. 188), ich gebe hier nur die »Königszeile« wieder:
yytbb/'ḥydmlld/[c]ḥhms

1. al-malik al-[c]alawī		
Zahlenwert 425	5, 20, 400	= Dakata 'īl
2. al-malik al-ḥākim		
Zahlenwert 97	7, 90	= Zaṣa 'īl
3. al-malik as-suflī		
Zahlenwert 183	3, 80, 100	= Ğafaqaṭīš

Scheich Yāsīn bevorzugt in seinen magischen Praktiken die Anwendung der sogenannten Ṭahāṭīl-Namen. Er stützt sich dabei u. a. auf das magische Lehrbuch al-Bidāya wa-n-nihāya (Der Anfang und das Ende) von [c]Abdal-fattāḥ aṭ-Ṭūḫī[2], der darin die Anwendungsweisen dieser Namen beschreibt. Da jedoch die Beschreibungen teilweise unvollständig sind, gab mir Scheich Yāsīn dort, wo es notwendig war, einen erklärenden Kommentar. Diesen Kommentar habe ich in Anführungszeichen nach dem übersetzten Buchtext eingefügt, um ein besseres Verständnis des Textes zu ermöglichen. Scheich Yāsīn bemerkte, daß zwar eine Fülle von Zauberliteratur am Markt zu finden sei, die praktische Anwendung der beschriebenen Rituale für einen Laien jedoch fast unmöglich sei, da wichtige grundlegende Passagen fehlten. Es werden sogar bewußt Fehler in den Text und in die Darstellungen der Amulette eingefügt, um Mißbrauch zu verhindern. Ebenso sind sexualmagische Passagen durch ein Zahlensystem (das Abğadīya-System) verschlüsselt. So kann eine nicht eingeweihte Person diese Bücher nur schwer oder gar nicht benutzen.

Bei Zeitangaben, d. h. Gestirnsständen und Zeitqualitäten, verwendet der Scheich die Tages- und Stundentabellen aus dem Buch Tasẖīr aš-Šayāṭīn fī wiṣāl al-ᶜāšiqīn (Die Unterwerfung der Systeme zur Herbeiführung der Vereinigung der Liebenden; S. 79–82) des gleichen Autors. Nach der Aussage Scheich Yāsīns standen die Ṭahāṭīl-Namen ursprünglich auf Moses Stab. Jeder der Buchstaben der Namen hat seine speziellen Diener. So beschwört man bei Verwendung dieser Namen eine große Anzahl der Dschinn. Es gibt 42 Dschinn-Stämme; der Stamm, der den Ṭahāṭīl-Namen zugehörig ist, steht unter der Herrschaft des Königs Mayṭaṭarūn. Dieser Stamm lebt in den Wipfeln der hohen Bäume.

Beim Schreiben der Namen muß immer eine eiserne Feder verwendet werden. Jeder Buchstabe wird einzeln und ohne diakritische Punkte geschrieben. Sie sind Neuerungen im arabischen Schriftsystem und schwächen die ursprüngliche Kraft des alten Buchstabens ohne diakritische Punkte ab.[3]

Geschriebene Amulette müssen immer versteckt getragen werden. Die nun folgende Übersetzung soll nur einen Einblick in den Text geben, der eine Verwendung der Ṭahāṭīl-Namen beschreibt. Da der Originaltext in einem sprachlich sehr schlechten Zustand ist (syntaktisch verderbt), verzichte ich auf die vollständige Übersetzung aller 20 Anwendungen der Ṭahāṭīl-Namen und übersetze nur die Stellen, die besonders interessant sind und die von Scheich Yāsīn kommentiert wurden.

Übersetzung[4]

Die Ṭahāṭīl-Namen, ihre Anrufung, ihre Erklärung und ihre Anwendungen. (Der erklärende Kommentar von Scheich Yāsīn steht in Anführungszeichen.)

Wisse, daß es sieben Ṭahāṭīl-Namen gibt. Nimm vom Anfang jedes Namens einen Buchstaben, füge diese zusammen, und du erhältst einen achten Namen wie folgt: lalṭahṭīl mahṭahṭīl qahṭahṭīl fahṭabṭīl nahahṭaṭīl ğahaṭalṭīl laẖahṭaṭīl = lamuqfanğal

Dies sind die Anwendungen dieser gesegneten Namen:

Zweite Anwendung:
Wenn du jemanden von der Impotenz befreien willst, so mußt du, wenn der Mond in den Fischen oder im Steinbock steht, sieben verschiedenfarbige Fäden zu einer Schnur zusammendrehen. Dann mache sieben Knoten, und sprich über jeden Knoten siebenmal: Ich binde den Penis des N.N. über die Vulva der N.N. Darauf tue (alles) in ein Ziegenhorn, und versiegle es mit Teer. Vergrabe es in einem vergessenen Grab, welches nicht besucht wird. Merke es dir wohl. Sei beim Lösen nicht ungeduldig. Und wenn er es vor dir verhehlt (an dieser Stelle ist der Textzusammenhang unklar), dann gib ihm den achten Namen zu trinken. Siebenmal an sieben aufeinanderfolgenden Tagen auf nüchternen Magen. Wenn der Zeitraum (der Behandlung) vorbei ist, so ist er mit der Erlaubnis Gottes geheilt. Der Schwur, den du auf die Knoten siebenmal sprechen wirst, wird nachfolgen.

»Scheich Yāsīn:
Unter den sieben Fäden muß sich ein schwarzer Faden befinden, ein weißer darf hingegen nicht verwendet werden. Die Länge der Fäden soll etwa 30 cm betragen. Die Macht und das Geheimnis dieses Rituals liegt im Anbringen der Knoten. Es werden an den beiden äußeren Enden der Schnur zwei feste Knoten gemacht, zwischen diesen werden die restlichen fünf Knoten in jeweils 5 cm Abstand lose geknotet. Bei allen fünf Knoten spricht man zusätzlich zu oben angegebenem Satz den Schwur der Ṭahaṭīl-Namen (s. S. 195 ff.). Jetzt übergibt man die präparierte Schnur dem Klienten, der sie an einem sicheren Ort in seinem Haus verstecken muß. Nach einiger Zeit verlangt man die Schnur zurück und zieht die fünf Knoten fest an. Dann wird die Schnur in ein Horn gelegt, wobei zu beachten ist, daß ein Teil der Schnur trotz Versiegelung aus dem Horn heraushängt. Ein Horn ist für die Dschinn tabu, so daß sie nichts aus ihm entfernen können.

Der achte Buchstabe muß auf Porzellan mit getrennten und unpunktierten Buchstaben geschrieben werden. Man löst diese Buchstaben in Wasser auf und trinkt sie auf nüchternen Magen.«

Dritte Anwendung:
Wenn du Zauberei wirkungslos machen willst, so schreibe die sieben Namen auf sieben Blätter einer jungen Palme. Schreibe den achten Namen auf eine ungebrannte Tonscherbe. Wasche jene (die Palmblätter) mit Wasser ab, worauf sich der Bezauberte mit jenem Wasser reinigt und sich mit den Palmblättern trockenreibt. So ist der Zauber über ihm zunichte gemacht, und er wird mit der Erlaubnis Gottes geheilt sein.

»Scheich Yāsīn:
Die Waschung wird mit dem Wasser, in dem der Name aufgelöst wurde, mit Hilfe eines Schwammes vorgenommen. Bei der Waschung darf nur die Brust benetzt werden.«

Vierte Anwendung:
Wenn du eine Augenentzündung (heilen) willst, so schreibe die sieben Namen, mit dem jeweils letzten Buchstaben beginnend, auf ein Oleanderblatt, und zwar jeden Namen auf ein Blatt (also die sieben Namen auf sieben Blätter). Diese (Operation) sollte am Tage und in der Stunde des Saturn erfolgen. Darauf werden sie (die Oleanderblätter) in einen Kamin gehängt, so daß sie vom Rauch berührt werden können. Es wird dann so rein sein, wie wir es bereits erwähnt haben. (Die Heilung durch die Erlaubnis Gottes)

»Scheich Yāsīn:
Oleander besitzt stark heilende Kräfte, und gute Dschinn lieben diese Pflanze. Der Kamin ist für die oben beschriebene Operation nicht unbedingt erforderlich, es genügt bereits, wenn das Papier in den Rauch gehalten wird. Der Dschinn des Rauches begibt sich sofort zum Patienten und heilt ihn. – ›Seine Stunde‹ bedeutet, daß die Operation auch schnell und ohne Unterbrechung durchgeführt werden muß.«

Sechste Anwendung:
Wenn in einer Frau eine Tābiᶜa oder eine Qarīna (s. S. 35) ist, welche ihre Kinder tötet, so schreibe für sie die sieben Namen.

Dann soll sie jeden Tag einen Namen beim Frühstück zu sich nehmen (in Wasser aufgelöst trinken). Die Behandlung beginnt an einem Sonntag. Am siebenten Tag werden für sie die sieben Namen geschrieben, und sie trägt sie. Und die beiden (Tābi^{c}a und Qarīna) werden nicht zu ihr zurückkehren.

»Scheich Yāsīn:
Die Tābi^{c}a gehört zu den bösen und Schlechtes wollenden Dschinn. Sie befindet sich nur bei den Frauen, kann aber ihr jeweiliges Opfer verlassen und wechseln, wohingegen die Qarīna nur bei einer Person bleiben kann.«

Achte Anwendung:
Wenn du die Beseitigung der Bauchschmerzen bei einem Menschen willst, so schreibe den achten Namen, und er leckt ihn ab. Er wird mit der Erlaubnis Gottes geheilt.

»Scheich Yāsīn:
Der Name wird auf die rechte Hand geschrieben, da sich auf der rechten Hand der gute Dschinnī Raqīb und auf der linken Hand der böse Dschinnī ^{c}Atīd befindet. Hernach wird der Name von der Hand geleckt.«

Zehnte Anwendung:
Wenn du den Kopfschmerz, das Augenleiden, den bösen Blick, die Migräne, das Kopfdröhnen und alle anderen Schmerzen heilen willst, so schreibe den siebenten Namen mit einem Messer auf eine Wand oder ein Stück Holz, in getrennten Buchstaben. Dann befiehlst du dem Kranken, daß er seine Finger auf den Schmerzherd legt. Darauf hältst du einen Nagel an den allerersten Buchstaben (des siebenten Namens) und sprichst über ihn siebenmal die sieben Namen. Und wenn sich der Schmerz legt, so war er in ihm (in jenem Buchstaben), wenn nicht, so führe ihn (den Nagel) zum zweiten Buchstaben usw., bis der Schmerz sich legt; bei jenem (Buchstaben) schlage den Nagel ein, und er (der Kranke) wird mit der Erlaubnis Gottes geheilt sein.

»Scheich Yāsīn:
Man schlägt bereits beim ersten Buchstaben, egal ob eine Besserung eingetreten ist oder nicht, den Nagel ein. Bei jedem gesprochenen Namen schlägt man einmal mit Hilfe des Hammers auf den Nagel. So verfährt man bei allen anderen Buchstaben, bis der Schmerz oder das Leiden vergangen ist.«

Zwanzigste Anwendung:
Wenn du Haß und Zwist hervorrufen willst, so schreibe den siebenten Namen, mit dem letzten Buchstaben beginnend, auf, und beauftrage den Diener, daß er Haß und Zwist zwischen sie (die streitenden Parteien) säe. Lege es (das Papier) in ein gläsernes Gefäß, und verschließe den Hals mit Teer. Vergrabe es darauf beim Ofen des Bades. Dann werden sie auseinandergehen.

»Scheich Yāsīn:
Folgende beschriebene Operation wird vorgenommen, wenn kein Ofenbad vorhanden ist. Man benetze das Papier, auf dem der Name geschrieben ist, mit Wachs und gebe es in eine Flasche. Diese Flasche wird in einen zur Hälfte mit Sand gefüllten Kasten gelegt. Nun nehme ich den Kasten 21 Tage lang zu einer von mir festgelegten Zeit und halte ihn über Feuer. Dieses Ritual sollte wenigstens 7 Tage lang durchgeführt werden. Darauf werden sie sich trennen. Der Diener dieses Rituals ist der Dschinnī des Feuers mit dem Namen Ṭaḥṭamīġliyālin.«

Nachwort: In den meisten Anwendungen haben wir nicht die Zeit des Schreibens und der Anrufung angegeben. Es ist notwendig, daß die Tätigkeit in einer glücklichen Stunde durchgeführt werde, wenn man Gutes will, oder in einer unheilvollen, wenn man Böses will. Der Grad des Stadiums des erforderten Sternzeichens sollte dem Moment seines Aufstiegs (dem Aszendenten) entsprechen, dies gilt im allgemeinen. Sprich den folgenden Schwur siebenmal, wenn wir die Anzahl der Anrufungen nicht in der (entsprechenden) Anwendung erwähnt haben. Dies ist das Geheimnis, beachte es wohl.

Die nun folgende Übersetzung der »allgemeinen Anrufung der Ṭahāṭīl-Namen« dient dazu, die Abfolge dieser Anrufung wiederzugeben und den verwendeten Stil zu verdeutlichen.

Dies ist die allgemeine Anrufung der Ṭahāṭīl-Namen, welche bei jeder Tätigkeit durchgeführt werden sollte.[5]

Im Namen Gottes des Barmherzigen des Gnädigen.

Durch ihn (den Schwur) nehmen wir Hilfe bei der Macht Gottes, seiner Stärke, der Mächtigkeit seiner Namen und seiner Koranverse. Ich beschwöre euch, o ihr Schar der himmlischen Geister, mit der Macht des mächtigen Gottes, mit dem Licht des Gesichtes Gottes und durch die Wahrheit seines Namens.

Wenn ihr auf mich zukommt und euch beeilt in der Erfüllung meines Anliegens, mittels der Wahrheit der erleuchteten Lichter. Bei den strahlenden Namen. Bei den Thron-Strahlen. Bei den göttlichen Wörtern. Bei den griechischen Lobpreisungen. Bei den hebräischen Schwüren. Bei den Engels-Beschwörungen. Bei der Wahrheit der Schwüre und den Namen, die auf den Pfeilern des Thrones geschrieben sind. Durch die Wahrheit der Namen, die in das Herz der Sonne und des Mondes geschrieben sind. Durch die Wahrheit desjenigen, der zu den Himmeln und der Erde sagt: »11 Kommet her, freiwillig oder widerwillig! Sie sagten: Wir kommen freiwillig!« (41/11) Gehorchet! Eilet! Durch die Wahrheit der mächtigsten Hand. Durch die Wahrheit des Ahyā, Šarāhya, Ādūnāy, Aṣbā'ut, Āl Šadāy. Durch die Wahrheit: (des) »1 Berges, 2 (bei) einer Schrift, niedergeschrieben 3 auf Pergament und entfaltet 4 bei dem (von Wallfahrten) besuchten Haus, 5 bei der hochgehobenen Decke (das Himmelsgewölbe) 6 und beim Meer mit seinen Wassermassen. (?) 7 die Strafe deines Herren wird (bestimmt) hereinbrechen. Niemand kann sie abwehren.« (52/1–8) /Die Strafe liegt/ auf allen, die sich dieser meiner Beschwörung widersetzen von den Stämmen der Dschinn. Antwortet mit jenem, um den der Blitz aufleuchtet. Und bei der Stellung der Sternbilder »76 Das ist – wenn ihr (es) nur wüßtet – ein gewaltiger Schwur.« (56/76) Bei der Wahrheit /des Verses/: »31 Ihr Leute! Hört auf den Rufer Gottes, und glaubt an ihn, dann vergibt er (d. h. Gott) euch (etwas) von eurer Schuld und schützt euch vor einer schmerzhaften Strafe! 32 Diejenigen, die auf den Rufer Gottes nicht hören, können sich auf der Erde (Gottes Zugriff) nicht entziehen und haben außer ihm keine Freunde. Sie befinden sich offensichtlich im Irrtum.« (46/31–32) Antwortet, o ihr Diener dieser Namen, und verrichtet, was euch befohlen wurde.

Antwortet, o Rūqiyā'īl und /ebenso/ du, o Ǧibrā'īl und du, o Samsamā'īl und du, o Mīkā'īl un du, o Ṣarafiyā'īl und du, o Anyā'īl und du, o Kasiyā'īl und du, o Rūbiyā'īl und du, o Ṭahiyā'īl und du, o Ḥamṣiyā'īl und du, o Rūqiyā'īl und du, o Hūṭīl und du, o Ḥafġiyā'īl und du, o Ṭahaṭihiyā'īl und du, o ᶜAmiyā'īl und du, o Ṭafṭiyā'īl und du, o Damīġ und du, o Dīdāġ und du, o Rūqiyā'īl und du, o Talmaḫiyā'īl und du, o Ṭaḥayṭamġīliyāl und du, o Maymūn und du, o Šīġāl und du, o Darġāl. Antwortet alle, o ihr lauteren Geister, und befehlt euren Gehilfen und Dienern mit der Verrichtung von »diesem und jenem«. Antwortet, o Vater des ᶜAbdallāh al-Maḏhab, Bayāhu 2×, o Murra mit Sām 2×, und du, o Roter mit Damlīḫ, Damlīḫ, und du, o Baraqān mit Hayā Šarāhaya, und du, o Kalif Šamhūriš mit Dardamīš, und du, o Zawbaᶜa, Subūḥ, Subūḥ, Qudūs, Qudūs, und du, o Mayūm mit Azlī, Azlī, Azrār, Azrār. Antwortet, ihr Könige der Erde und verrichtet, was euch mit jenem /der Anrufung/ befohlen wurde. Durch die Wahrheit der hohen Könige, welche über euch herrschen und durch die mächtigen Namen: Šīġāb 2×, Halyūb 2×, Šalyūb 2×, Tayġūb 2×, Šayṭūb 2×, Ṭayūb 2×, Ṭalqūb 2×, Ṭūb 2×, Lāṭūb 2×, Hārūt 2×, Mārūt 2×, Bahlaṭaf 2×, Šalayṭaᶜ 2×, Bahlahyūm 2×, Bahyūm 2×, al-'Arkiyāẓ 2×, Hayrūš 2×, Yārūn 2×, Yārab 2×, ᶜAlšaqūm 2×. Antwortet durch die Wahrheit der Māšiṭa, Mutter des Moses, Friede sei auf ihm. Lahṭas 2×, Ṭahyamā 2×, Ṭahā 2×, Talǐš 2×, Šaġšaᶜīš 2×, Šāqūs . Antwortet durch die Wahrheit dieser Namen, welche beleben und töten. Und durch die Wahrheit (der Sure 20) Ṭāhā und (der Sure 36) Yāsīn.

al-Hanūriš 2×, Lašlaš 2×, al-Ḥūt. Macht es alleine, ohne Teilhaber. aš-Šatīl 2×, Qānūš 2×, ᶜAynūh 2×. »112 Sag: Herr! Entscheide nach der Wahrheit ! Unser Herr ist der Barmherzige. Er ist es, der um Hilfe gebeten sei gegen das, was ihr (an unwahren Behauptungen) aussagt. (21/112) Du bist der Beste der Richter. Antwortet, und eilt herbei.

Antworte, o Damriyāṭ, o Damriyāṭ und du, o Šūġāl, o Šūġāl, und du, o Hadliyāḫ und du, o Ḍaᶜīf, und du, o Zawbaᶜa, o Zawbaᶜa. Nehmt es auf euch, bei der Wahrheit. Hayāt 2×, Ṭaymūš 2×, Anāṯ 2×, 'Inās 2×. Er ist Gott, der Große, der Erhabene. Antwortet und verrichtet das, was euch befohlen wurde durch die Wahrheit der Koranverse und der mächtigen Namen und durch die Wahrheit /der/ lalṭahṭīl, mahṭahṭīl, qahṭahṭīl, faht-.abṭīl, nahahṭaṭīl, ǧahaṭalṭīl, laḫahṭaṭīl, lamuqfanǧal. Nehmt auf euch, und verrichtet, o Diener dieser Namen, dieses und jenes. Gottes Segen liegt auf euch und in euch. Eile. Eile. Schnell. Schnell. Sofort. Sofort.

Beachtet diesen mächtigen Schwur wohl, der niemand anderem preisgegeben werden darf. Schreibet ihn nicht in Hefte auf, sondern gebt ihn von Herz zu Herz weiter, voll Angst vor der Preisgabe seines Geheimnisses. Du erprobst ihn, indem er siebenmal morgens und abends gesprochen wird, über irgendeine Sache, sei sie nun gut oder schlecht, bei der Verrichtung einer Angelegenheit, einer Rache am Feind oder ähnlichem. Und bevor vierzig Tage verfließen, wirst du alles, was du wolltest, mit der Erlaubnis Gottes erlangen, und Gott ist der Herr des Erfolges.

Das Räucherwerk der sieben Planeten für die Anrufung der Ṭahāṭīl-Namen.[6]

Der Saturn ist dem Samstag zugeordnet, und geräuchert wird mit: Jasmin, echtem Storaxbaum, der Blüte des Ginsters, Kaskarillenstrauch (Räucherwerk aus dem Sudan).

Der Jupiter ist dem Donnerstag zugeordnet, und geräuchert wird mit: echtem Storaxbaum, Koriander, echtem Schmuckzapfen, Sabdarachbaum, Ipekakuanhapflanze, langem Pfeffer, Aloe, Gewürznelke.

Der Mars ist dem Dienstag zugeordnet, und geräuchert wird mit dem gleichen Räucherwerk wie für die Sonne.

Die Sonne ist dem Sonntag zugeordnet, und geräuchert wird mit: Mastix Pistazium, Weihrauch, Safran, Zimtbaum, echter Nardenähre, Sunbul.

Die Venus ist dem Freitag zugeordnet, und geräuchert wird mit dem gleichen Räucherwerk wie für den Merkur.

Der Merkur ist dem Mittwoch zugeordnet, und geräuchert wird mit: Afrikanischem Balsambaum, Mastix Pistazium, echtem Schmuckzapfen, Sandarachbaum.

Der Mond ist dem Montag zugeordnet, und geräuchert wird mit: Agallochbaum, Adlerholzbaum, Kugelamarant, Weihrauch, Benzoebaum.

Die Siegel der Ṭahāṭīl-Namen in Beziehung zu den Planeten und Tagen.[7]

Bei der Anfertigung eines Amuletts oder einer schriftlichen Beschwörung muß ein bestimmtes Siegel zugefügt werden, das dem Tag und dem Planeten zugeordnet wird.

Es seien vorweg noch einige grundsätzliche Informationen über den Ursprung bestimmter Siegel gegeben. Die hier dargestellten Siegel setzen sich aus einer Vielzahl an magischen Zeichen zusammen, deren Bedeutungen den meisten Magistern im islamischen Raum nicht mehr geläufig sind, obwohl sich diese Zeichen in allen magischen Werken finden und auch verwendet werden. Man kann jedoch aus mittelalterlichen Werken erkennen, daß diesen Zeichen eine tatsächliche Bedeutung innewohnt. Es sei hier das Werk des Ibn Waḥšīya genannt, der im dritten Jahrhundert der Hiğra lebte und um 340/951 starb. Im Kitab šawq al-mustahām fī ma^crifat rumūz al-aqlām führt er eine Reihe von geheimen und alten Schriften an, die in der Magie verwendet werden. Vergleicht man diese angeführten Schriften mit den heute verwendeten Zeichen, so kann man noch einige Übereinstimmungen erkennen, die jedoch nur noch durch die Form und nicht mehr vom Sinninhalt gegeben sind. Besonders auffällig sind die Zeichen, die Winkler Brillenbuchstaben genannt hat.[8] Diese Brillenbuchstaben erscheinen auch bei Ibn Waḥšīya. Hier sei besonders das Alphabet des Philosophen Syrianus hervorgehoben, der diese geheimen Buchstaben mit den Geheimnissen der Sterne und Planeten in Verbindung setzt.[9]

Einen weiteren Hinweis auf den Ursprung dieser Brillenbuchstaben gibt eines der wichtigsten magischen Werke der islamischen Welt, das Picatrix des Pseudo-Mağrīṭī. Hier könnten die Brillenbuchstaben aus graphischen Darstellungen bestimmter Planetenkonstellationen entstanden sein.

> Jede Form in der Welt des Entstehens und Vergehens rührt von einer Kombination der Fixsterne her, die durch die entsprechende Kombination am Himmel gebildet werden; und es gibt am Himmel Formen, die es auf der Erde nicht gibt, welcher Formen sich die Kenner des Pneumas oder der Talismane bedienen, durch Definition bestimmter Sternkombinationen (nisab), und die sie mit dem Fachausdruck ›Siegel‹ bezeichnen, so wie diese Figur  , nachdem man zwischen den Punkten (Sternen) Linien gezogen hat. Diese Linien, die von einem Stern zum anderen laufen, bedeuten das Ausgehen und Sichverbreiten der Strahlen von einem zum anderen, so daß ihre (der Figur) eigenen Formen zustande kommen; und zwar geschieht das in der achten Sphäre. So enstehen Figuren wie diese:  ; sie sind den Leuten, die sich mit Sternenbeobachtung und den Pneumata befassen, wohlbekannt. Daher machen die Zauberer, Beschwörer und Wahrsager sie nach. Sie machen sie nach und zeichnen sie auf. Das sind aber nicht die (wirklich) am Himmel befindlichen Kombinationen der Fixsterne.[10]

Schließlich sei noch Winklers »Siegel und Charaktere in der mohammedanischen Zauberei« erwähnt, in dem ein ganzes Kapitel dem Problemkreis der Brillenbuchstaben gewidmet ist. Darin wird dem Siegel die Bedeutung eines Vertrages zugeordnet: »Der mohammedanische Zauberer verlangt von dem beschworenen Dämonen den Namen und das Siegel, damit er ihn in seine Gewalt bekomme, denn beides (Siegel und Name) sind sozusagen Formen seines Wesens.«[11] Auch die 28 arabischen Buchstaben werden in Beziehung zu den kosmischen Kräften gebracht, so entsprechen sie den 28 Mondstationen. Die 12 Buchstaben von lā 'ilāha 'illā llāh entsprechen den 12 Tierkreiszeichen und die sogenannten 7 Sawāḳit-Buchstaben (die 7 Buchstaben, die nicht in der 1. Sure vorkommen) den 7 Planeten. Zum Problemkreis der Brillenbuchstaben schreibt Winkler, daß »die Brillenbuchstaben schon in der Antike, etwa seit der Kaiserzeit, auftreten und die Fortsetzung der Keilschrift in der Zaubergraphik darstellen«.[12] Die Brillenbuchstaben stammen also eindeutig aus antiken Quellen

und wurden für die arabischen Bildungen herangezogen. Ihr Ursprung könnte in flüchtig kopierten Keilschrift-Inschriften liegen. Winkler weist jedoch auch auf die mögliche Darstellung der Planetenzeichen im Picatrix hin.
Alle falschen Zeichen sind nach Meinung des Scheichs vom Autor des Buches bewußt gesetzt worden, um einen etwaigen Mißbrauch der Siegel zu verhindern.

Die Zeittabellen

Wie bereits erwähnt, verwendet Scheich Yāsīn eine bestimmte Zeittabelle für seine Arbeiten, wobei er folgendermaßen vorgeht: Jeder Tag wird in zwölf Stunden eingeteilt, die Stundenzählung beginnt bei Sonnenaufgang. Will man am Mittwoch, dem 22. Oktober 1986, um 16 Uhr, eine Tätigkeit verrichten, so zählt man die Stunden vom Sonnenaufgang, die man auf der Stundentabelle vergleicht, und erlangt die Qualität dieses Zeitpunkts und was an ihm zu tun oder zu unterlassen ist.

Am 22. Oktober 1986 ist der Sonnenaufgang um 6.24 Uhr. 16 Uhr entspricht so der zehnten Stunde (von 15.24 bis 16.24 Uhr), diese wiederum ist für das Gute günstig, und man kann in ihr bei den Königen vorsprechen.

Diese Zeitqualitätseinteilung ermöglicht es dem Magier, seinen Tag genauestens mit den Planetenenergien übereinzustimmen. Die den einzelnen Planeten zugehörigen Kräfte sind normalerweise in der Welt verstreut, und daher kommt ihre Wirksamkeit gewöhnlich nicht ganz rein und ungemischt zur Geltung. Will man das letztere erreichen, so muß man möglichst viele zu einer Reihe gehörige Dinge zusammenbringen, möglichst eine Sphäre herstellen, in der ein Planet vollkommen und ausschließlich herrscht und in seiner Wirkung durch keinen anderen Planeten gestört wird. Wenn dann die Reihe des Sternengottes nach Raum, Zeit, Qualität und Materie völlig rein hergestellt ist, so wirkt er, muß er wirken, da er ja mit seinen Emanationen

Siegel des Saturn; Samstag:

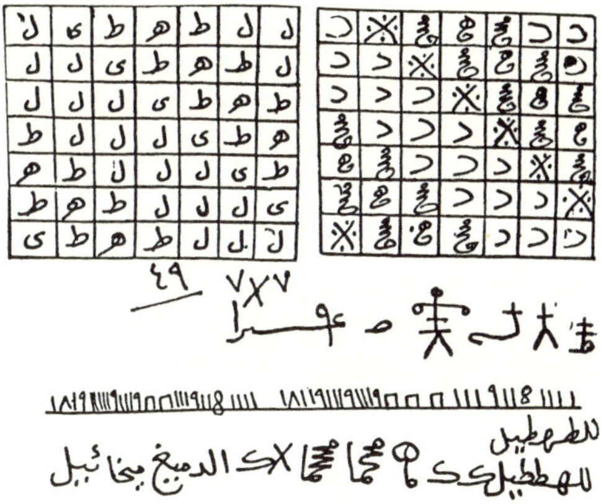

a)

(s. S. 203)

Siegel des Jupiter; Donnerstag:

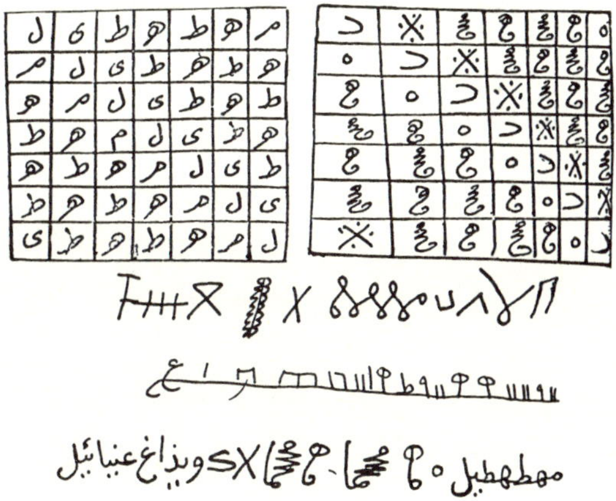

Siegel des Mars; Dienstag:

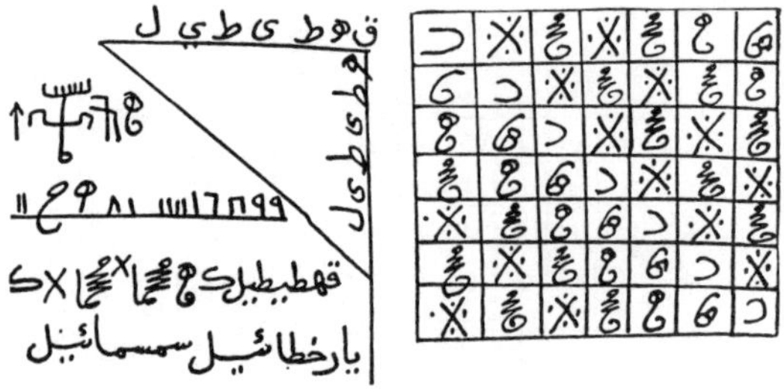

Siegel der Sonne; Sonntag:

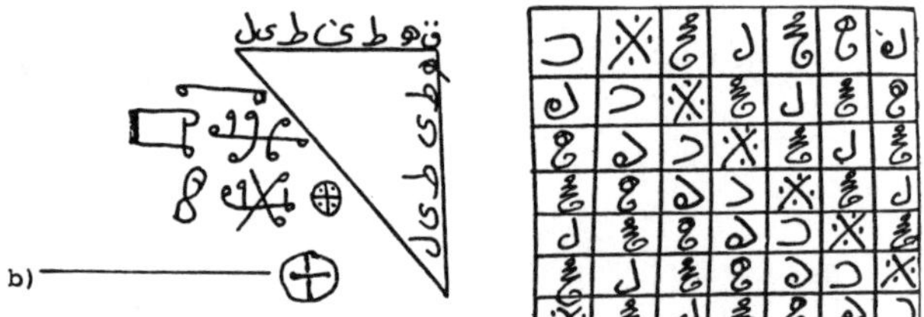

(s. S. 203)

Siegel der Venus; Freitag:

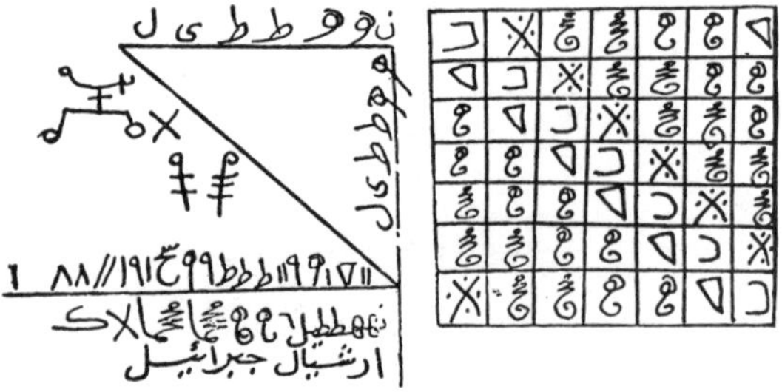

Siegel des Merkur; Mittwoch:

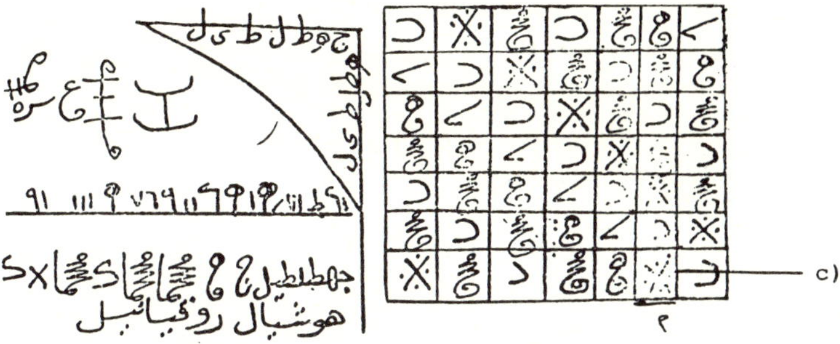

Siegel des Mondes; Montag:

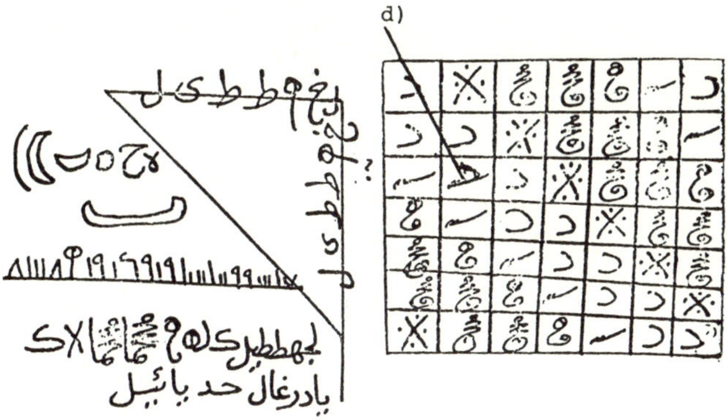

a) Im Original falscher Ṭahāṭīl Name, richtiger Name wurde von Scheich Yāsīn darüber geschrieben.
b) Zeichen wurde vom Scheich hinzugefügt.
c) Falsches Zeichen.
d) Falsches Zeichen, vom Scheich verbessert.

in den Gliedern seiner Reihe in größere oder geringerer Klarheit gegenwärtig ist.[13]

Die nun folgende Übersetzung ist die bereits erwähnte Tages- und Stundentabelle, nach der sich Scheich Yāsīn bei all seinen Handlungen zu richten pflegt.

Die glückbringenden und unheilvollen Zeiten und die Stunden der Tage und was man zu jeder Stunde zu tun hat.

Dem Sonntag ist die Sonne zugeordnet.

Erste Stunde, Sonne:	Suche die Aufnahme und den Eintritt bei den Herrschern.
Zweite Stunde, Venus:	Zu mißbilligen; man sollte in dieser Stunde überhaupt nichts machen.
Dritte Stunde, Merkur:	Reise und schreibe Liebeszauber.
Vierte Stunde, Mond:	Kaufe und verkaufe nichts.
Fünfte Stunde, Saturn:	Betreibe Trennung, Feindschaft und Haß.
Sechste Stunde, Jupiter:	Fordere deine Anliegen bei den Königen und
Siebente Stunde, Mars:	Tue nichts.
Achte Stunde, Sonne:	Tue zu dieser Stunde, was du willst, denn sie ist für alle Bedürfnisse geeignet.
Neunte Stunde, Venus:	Arbeite an dem, was der Sympathie dient.
Zehnte Stunde, Merkur:	Fertige Talismane an.
Elfte Stunde, Mond:	Tue, was du willst.
Zwölfte Stunde, Saturn:	Führe alles Hassenswerte aus.

Dem Montag ist der Mond zugeordnet.

Erste Stunde, Mond:	Tue nichts.
Zweite Stunde, Saturn:	Reise, strebe den Kauf von Sklaven an, und gehe auf die Jagd.
Dritte Stunde, Jupiter:	Fordere deine Anliegen bei den Königen ein.
Vierte Stunde, Mars:	Verrichte in ihr, was du an Unheilvollem willst.

Fünfte Stunde, Sonne:	Gut für die Durchführung von [jeglichen] Anliegen.
Sechste Stunde, Venus:	Ebenso lobenswert für die Durchführung von [jeglichen] Anliegen.
Siebente Stunde, Merkur:	Fertige Talismane an.
Achte Stunde, Mond:	Arbeite an der Verheiratung und der Versöhnung zwischen denen, die einander hassen.
Neunte Stunde, Saturn:	Schreibe in ihr Trennendes und Haß Hervorrufendes und was der bösen Nachrede [dient].
Zehnte Stunde, Jupiter:	Schreibe in ihr Zusammenführendes, Sympathisches und was Liebe hervorruft.
Elfte Stunde, Mars:	Schreibe in ihr, was Feindschaft, Haß und Böses hervorruft.
Zwölfte Stunde, Sonne:	Schreibe in ihr, was du willst.

Dem Dienstag ist der Mars zugeordnet.

Erste Stunde, Mars:	Schreibe in ihr, was Haß und Blutungen hervorruft.
Zweite Stunde, Sonne:	Tue nichts.
Dritte Stunde, Venus:	Treibe in ihr Liebe und Verheiratung voran.
Vierte Stunde, Merkur:	Schreibe in ihr, was dem Lebensunterhalt, dem Verkauf und Kauf dient.
Fünfte Stunde, Mond:	Tue in ihr nichts, da sie tadelnswert ist.
Sechste Stunde, Saturn:	Tue in ihr nichts, außer der Anfertigung von Knotenzauber und Siegeln.
Siebente Stunde, Jupiter:	Schreibe in ihr, was der Sympathie und der Liebe dient.
Achte Stunde, Mars:	Schreibe in ihr, was den Penis bindet [Impotenz] und Blutungen hervorruft.

Neunte Stunde, Sonne:	Betreibe in ihr, was das Stottern hervorruft und der Anstachelung der Erregung dient.
Zehnte Stunde, Venus:	Tue in dieser Stunde nichts, was nicht lobenswert ist.
Elfte Stunde, Merkur:	Sie ist passend für die Unterbrechung von Reisen und ruft Ekel vor der Ehe hervor.
Zwölfte Stunde, Mond:	Tadelnswert, arbeite in ihr an Haß und Trennung.

Dem Mittwoch ist der Merkur zugeordnet.

Erste Stunde, Merkur:	Treibe die Liebe und das Treffen der Liebenden voran.
Zweite Stunde, Mond:	Tue nichts.
Dritte Stunde, Saturn:	Schreibe in ihr alles Hassenswerte der Krankheiten.
Vierte Stunde, Jupiter:	Tue in ihr, was du an guten Verrichtungen tun willst.
Fünfte Stunde, Mars:	Hüte dich in ihr vor gerichtlichen Prozessen und den Beamten.
Sechste Stunde, Sonne:	Reise und schreibe in ihr Gutes.
Siebente Stunde, Venus:	Lobenswert, schreibe in ihr Gutes.
Achte Stunde, Merkur:	Schreibe in ihr, was das Weinen der Kinder und den bösen Blick hervorruft.
Neunte Stunde, Mond:	Tue überhaupt nichts.
Zehnte Stunde, Saturn:	Günstig für das Gute und den Eintritt bei den Königen.
Elfte Stunde, Jupiter:	Schreibe in ihr, was Zusammenkünften und gerichtlichen Verfolgungen dient.
Zwölfte Stunde, Mars:	Schreibe in ihr, was der Trennung und dem Haß dient.

Dem Donnerstag ist der Jupiter zugeordnet.

Erste Stunde, Jupiter:	Bringt den Lebensunterhalt.

Zweite Stunde, Mars:	Verfertige in ihr nichts, außer dem Knotenzauber.
Dritte Stunde, Sonne:	Reise in ihr nicht; schreibe in ihr, was dem Treffen [untereinander] dient.
Vierte Stunde, Venus:	Schreibe in ihr, was der Liebe und der Heirat dient.
Fünfte Stunde, Merkur:	Sie ist passend für das Binden der Männer an die Frauen.
Sechste Stunde, Saturn:	Hüte dich vor gerichtlichen Verfahren und den Bürokraten.
Achte Stunde, Jupiter:	Führe alle guten Verrichtungen aus.
Neunte Stunde, Mars:	[Gut] für das Treffen der Fürsten und die Angelegenheiten der Frauen.
Zehnte Stunde, Sonne:	Fordere deine Anliegen bei den Fürsten und Herrschern ein.
Elfte Stunde, Venus:	Verfertige, was dem Treffen und der Liebe dient.
Zwölfte Stunde, Merkur:	Verfertige in ihr nichts.

Dem Freitag ist die Venus zugeordnet.

Erste Stunde, Venus:	Schreibe in ihr, was der Erregung der Frauen dient und sie herbeibringt.
Zweite Stunde, Merkur:	Schreibe in ihr Talismane.
Dritte Stunde, Mond:	Unheilvoll.
Vierte Stunde, Saturn:	Schreibe in ihr, was dem Versickern des Wassers dient.
Fünfte Stunde, Jupiter:	Schreibe in ihr, was dem Empfang dient.
Sechste Stunde, Mars:	Verrichte in ihr, was der Erregung der Frauen dient.
Siebente Stunde, Sonne:	Schreibe in ihr, was dem Treffen mit den Herrschern dient.
Achte Stunde, Venus:	Schreibe in ihr, was der Liebe dient.
Neunte Stunde, Merkur:	Alle Arbeiten [können verrichtet werden].

Zehnte Stunde, Mond:	Es wird in ihr aufgeschrieben, was dem Haß und der Trennung dient.
Elfte Stunde, Saturn:	Tue in ihr nichts, außer was dem Versickern des Wassers dient.
Zwölfte Stunde, Jupiter:	Reise, und fordere deine Anliegen ein.

Dem Samstag ist der Saturn zugeordnet.

Erste Stunde, Saturn:	Arbeite in ihr an dem, was der Liebe und der Begegnung dient.
Zweite Stunde, Jupiter:	Schreibe in ihr, was der Versöhnung dient.
Dritte Stunde, Mars:	Verrichtungen des Bösen.
Vierte Stunde, Sonne:	Schreibe in ihr das, was dem Empfang bei den Königen dient.
Fünfte Stunde, Venus:	Es ist nichts Gutes in dieser Stunde.
Sechste Stunde, Merkur:	Schreibe in ihr, was die Jagd und ähnliches begünstigt.
Siebente Stunde, Mond:	Schreibe in ihr, was Nasenbluten und Blutungen hervorruft.
Achte Stunde, Saturn:	Verrichtungen des Bösen.
Neunte Stunde, Jupiter:	Verrichtungen des Guten.
Zehnte Stunde, Mars:	Verrichtungen des Guten.
Elfte Stunde, Sonne:	Arbeite in ihr an der Durchführung der Anliegen und an wichtigen Angelegenheiten.
Zwölfte Stunde, Venus:	Arbeite an der Versöhnung und den Verrichtungen des Guten.

Zu jedem Diener gehört ein Name, ein bestimmtes Räucherwerk und ein bestimmtes Siegel. All diese Dinge sind wie ein Vertrag zwischen Dschinn-Diener und Beschwörer, der den Dschinnī mit dem Namen und dem Räucherwerk ruft und mit dem Siegel an sich bindet. Beim Räucherwerk ist genauestens auf die Zusammensetzung der Essenzen zu achten. Befindet sich im Räucherwerk etwas,

was nicht dem Tag und der Stunde entspricht, so wird die gesamte Beschwörung des Dieners hinfällig. Die Dschinn trinken den Rauch des brennenden Räucherwerks und werden so für die Augen des Menschen sichtbar. Um eine genaue Räucherung vorzunehmen, muß auch die Räucherpfanne von allen noch etwa vorhandenen Rückständen gesäubert sein.

Will man ein Amulett anfertigen, so darf man den Text nur in getrennten Buchstaben und ohne diakritische Punkte schreiben. Ungemein wichtig ist es, daß die Anfertigung nicht unterbrochen wird, es ist sogar verboten, einen Fehler auszubessern, weil sonst der Fluß der Handlung unterbrochen würde. Man darf sich auch nicht durch Geräusche, Erscheinungen oder ähnliches aus der Ruhe bringen lassen, da sonst die magische Handlung unwirksam wird. Die Anweisung der kontinuierlichen, ununterbrochenen Arbeit gilt für alle magischen Praktiken. Unterbricht man die Arbeit, so darf diese nicht mehr in derselben Stunde wiederholt werden.

Damit nicht einzelne Buchstaben an Macht verlieren, darf keine Falte des Blattes durch ihn führen. Deshalb soll man das Blatt vor der Beschriftung falten, so daß der Schreiber des Amuletts die Buchtaben zwischen die Falten setzen kann.

Das Schreiben – sei es nun die Anfertigung eines Amuletts oder eines anderen magischen Schriftstücks – sollte immer zusammen mit leichter Räucherung vorgenommen werden, die dem Tag und der Stunde entspricht. Bei einer Beschwörung, die einer bestimmten Anzahl von Wiederholungen unterliegt, kann man einen islamischen Rosenkranz (subḥa) zu Hilfe nehmen.

Die Beschwörung des Dieners

Bevor man mit einer magischen Operation beginnen kann, muß der Raum, in dem die Beschwörung stattfinden soll, von seinen unsichtbaren Bewohnern (ᶜummār) befreit werden. Dafür spricht man zuerst die Sure 99 dreimal und darauf folgenden Bannspruch: 'inṣarifū yā ᶜummāra hāḏā l-makāni bi-ḥaqqi hāḏihī l-'āyāti š-šarīfati wa-lā taᶜūḏū ḥattā 'aqḍiya ḥāǧātī. (»Verlaßt, o Bewohner dieses Ortes, diesen Ort durch die Wahrheit dieser edlen Verse, und kehrt nicht zurück, bis ich meine Angelegenheiten durchgeführt habe.«)

Der Inhalt der Sure 99 wird bei ihrer Rezitation auf der Ebene der Dschinn wirksam, die aus Furcht vor der beschriebenen Wirkung den Ort verlassen. Sobald der Raum gereinigt wurde, beginnt man mit der Räucherung und der jeweiligen magischen Handlung. Natürlich führt man diese Säuberung nur dann durch, wenn man keine Dschinn-Beschwörung durchführen will und ungestört ein Amulett oder ein ähnliches magisches Schriftstück anfertigen möchte. Scheich Yāsīn wies jedoch darauf hin, daß er auch vor Dschinn-Beschwörungen die beschriebene Säuberung vornimmt. Durch die Rezitation der Sure 99 entsteht ein energetisches Vakuum, das kurzzeitig besteht, um dann wieder von denselben oder anderen Bewohnern gefüllt zu werden. Dieses Vakuum braucht der Beschwörer, um ganz bestimmte Dschinn zu rufen. So kennt er die anwesenden Dschinn und kann sie besser kontrollieren, außerdem erscheinen manche Dschinn nur dann, wenn sich keine anderen Bewohner an diesem Ort aufhalten.

Der Beschwörer kann sich vor bösen Kräften durch zwei Dinge schützen.[14] Er spricht vor jeder Handlung Āyat al-Kursī (2/255), deren Schutzwirkung sich wie eine Glocke um den Sprecher legt und ihn vor Attacken ihm böse gesinnter Dschinn schützt. Zusätzlich zeichnet der Beschwörer zwei große Kreise und als dritten, innersten Kreis, den sich kreisförmig schließenden Buchstaben Qāf (s. Buchstabenliste S. 18) auf den Boden. Dieses Qāf muß so groß sein, daß ein Mensch bequem im Zentrum des Zeichens sitzen kann, ohne die Linien zu berühren.

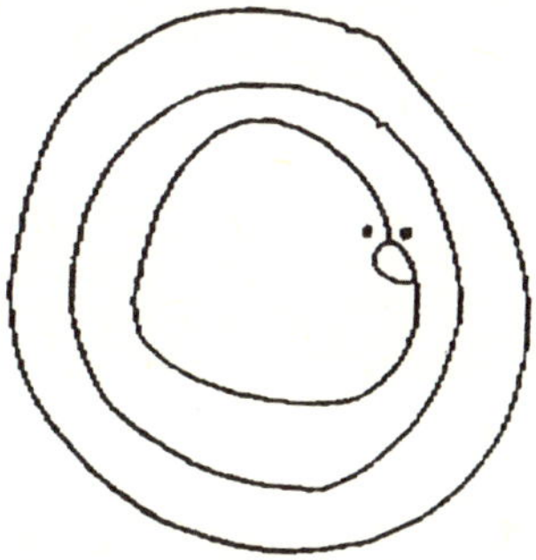

Dieses zentrale Qāf gilt als ebenso starker Schutz vor übelgesinnten Mächten wie der Schutzvers. Solange die Beschwörung anhält, muß sich der Beschwörer im Zentrum des Qāf befinden, wenn er ausreichenden Schutz wünscht.

Das Verhalten des Beschwörers richtet sich nach der Art der erscheinenden Dschinn.[15] Hier unterscheidet der Scheich zwischen den Dschinn-Königen (al-mulūk) und den restlichen Dschinn. Erscheint ein normaler Dschinnī, so bleibt man sitzen und behandelt diesen wie einen Diener. Ercheint jedoch einer der Könige, so hat man sich zu erheben und ist selbst Diener dieses Königs. Sobald man jedoch der Forderung eines Dschinnī nachkommt, sei es nun ein normaler oder ein König, ist man dem Dschinnī verfallen.

Die Könige erkennt man daran, daß sie sich mit ihrem Namen vorstellen und sich so als Könige zu erkennen geben.

Die Dschinn, die bei einer Beschwörung erscheinen, haben nur vier Finger und keinen Daumen, da der Daumen ein Vorrecht des Menschen ist. Erscheint der Dschinnī in der Gestalt eines Tieres, so ist er an den länglichen, senkrechten Pupillen zu erkennen. Außerdem geht von den sich materialisierenden Dschinn ein spezifischer Geruch aus, der an Schwefel und Arsenik erinnert.[16]

Grundsätzlich hat jeder Mensch die Anlagen eines Mediums (wasīt). Der verantwortungsvolle Beschwörer hält sich jedoch an folgende Modifikationen:

Kinder unter 15 Jahren, Geistesgestörte und Personen, die älter als 65 Jahre sind, laufen als Medien in Gefahr, schwere geistige Störungen davonzutragen. Frauen gelten im allgemeinen als besonders gute Medien.

Scheich Yāsīn verwendet eine bestimmte Methode, um das Medium in einen Trance-Zustand zu versetzen. Dies verwendet er nicht nur, um ein Medium zu orakelähnlichen Sitzungen heranzuziehen, sondern auch bei Personen, die nach Ansicht des Scheichs besessen sind. Er unterscheidet hier ganz genau zwischen einer Besessenheit durch äußere Kräfte (Dschinn, Zaubereinwirkung) und einer angeborenen Geisteskrankheit.

Die Beschwörung des Dschinnī im Medium läuft bei Besessenen wie auch bei der Orakelbefragung gleich ab. Das Medium setzt sich entspannt auf den Boden und spricht mit dem Beschwörer al-Fātiḥa (Sure 1). Dann schreibt der Beschwörer Dschinn-Namen und einen Schwur auf die rechte Hand des Mediums. Es ist darauf zu achten, daß die ersten fünf Namen, die über die Finger geschrieben werden, über die gesamte Fingerlänge laufen müssen.

a. Ṭamšin, b. Baṭrūšin, c. Qudūsin, d. 'Anūḫin, e. 'Abhurin, f. Šamḫayšā, g. 'Aqšin, h. Mihrāqišin, i. Ašqarin, j. Waṭšarkin, k. Šarīhin, l. 'ağib yā Ṭāriš fa-tabāraka llāhu 'aḥsanu l-ḫāliqīn

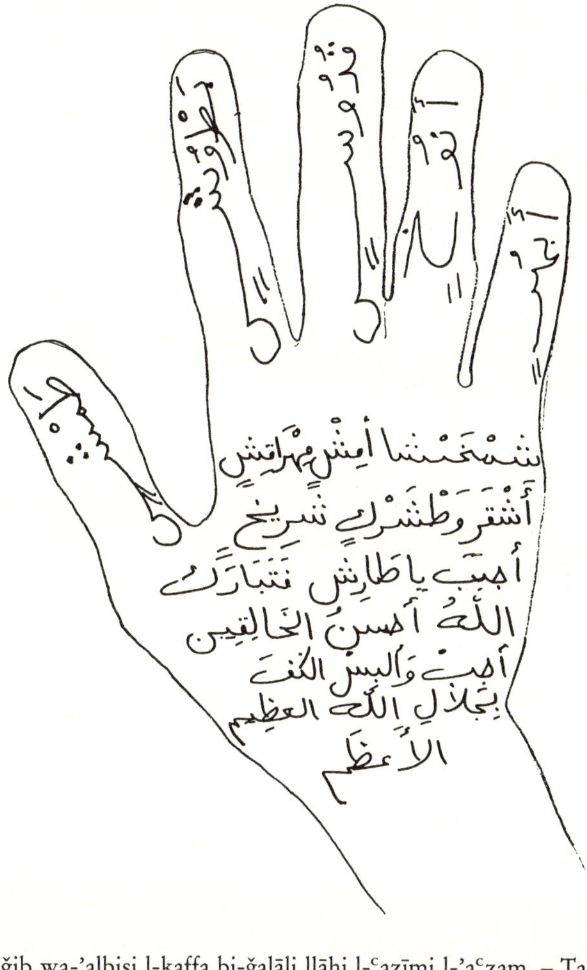

’ağib wa-’albisi l-kaffa bi-ğalāli llāhi l-ᶜaẓīmi l-’aᶜẓam. – Ṭamšin, Baṭrūšin, Qudūsin, Anūḫin, Abhurin, Šamḫayšā, Aqšin, Mihrāqišin, Ašqarin, Waṭšarkin, Šarīḫin. Antworte, o Ṭāriš. Gepriesen sei Gott, der beste der Schöpfer. Antworte, und bekleide die Hand durch die Erhabenheit des mächtigen und gewaltigsten Gottes.

Dieser Schwur zwingt im besonderen den Qarīn des Mediums, durch das Medium zu sprechen. Bei der Beschriftung der Handfläche spricht der Beschwörer laut den Schwur und fährt auch nach Beendigung der Beschriftung mit der lauten Beschwörung fort. Das Medium hat die ganze Zeit auf die beschriftete Handfläche zu schauen. Sobald sich die Hand unkontrolliert bewegt (meist spreizt sich der kleine Finger ab), ist der Dschinnī in der Hand. Darauf befiehlt man ihm, die Hand zur Schädeldecke zu bewegen. Diese Bewegung kann sehr langsam erfolgen, immer wieder muß der Dschinnī aufgefordert werden, in der Bewegung fortzufahren. Liegt die Hand auf dem Kopf des Mediums, spricht der Beschwörer folgenden Schwur:

’iğri fī mağārī d-dami wa-’aḏhibi l-ʿaqla wa-’asbili l-ʿaynayni wa-’alqi l-ğuṯṯata ʿalā l-’arḍi bidūni ’aḏīyatin. – Fließe in die Adern. Laß den Verstand verschwinden. Schließe die Augen. Wirf den Leib auf den Boden, ohne daß er Schaden nimmt.

Dieser Schwur muß so lange wiederholt werden, bis das Medium langsam nach hinten sinkt. Währenddessen ist folgender Schwur zu sprechen:

’alqi ʿalayhi n-nawma nawman kāmilan wa-’aḏhibi l-ḫawāssa bi-l-ḥaqqi: »30 ’innahū min sulaymāna wa-’innahū bi-smi llāhi r-raḥmāni r-raḥīm 31 ’allā taʿlū ʿalayya wa-tūnī.« (27/30–31) – Übergib ihn einem vollkommenen Schlaf. Laß die Sinne verschwinden. Durch die Wahrheit: »30 Er kommt von Salomon und lautet: Im Namen des barmherzigen und gnädigen Gottes. 31 Seid gegen mich nicht überheblich (und aufsässig), und kommt als Muslime (oder demütig ergeben) zu mir!« (27/30–31)

Bei der letzten Āya (31) wird muslimīn fortgelassen, weil man nicht genau weiß, ob es sich bei dem erscheinenden Dschinnī um einen Muslim handelt. Dieser Schwur wird so lange wiederholt, bis das Medium spricht oder unverständliche Laute von sich gibt. Sobald eine lautliche Äußerung erfolgt, ist folgender Schwur dreimal zu sprechen:

wa-qālū li-ǧulūdihim lima šahidtum ᶜalaynā qālū ’anṭaqanā llāhu lladī ’anṭaqa kulla šay’in.« (41/21) ’anṭiq bi-ḥaqqi man ’anṭaqa ᶜĪsā »29 fī l-mahdi ṣabīyan«. (19/29) – »21 Sie sagten dann zu ihrer Haut: Warum habt ihr gegen uns Zeugnis abgelegt?« »Sie (d. h. ihre Haut; arabisch in der Mehrzahl) sagen: Gott, der allen die Fähigkeit zum Sprechen verliehen hat, hat sie auch uns verliehen.« (41/21) Sprich durch die Wahrheit, die Salomon, Sohn des David, auf ihm sei Frieden, sprechen ließ. Sprich durch die Wahrheit dessen, der Jesus »29 als kleiner Junge in der Wiege« (19/29) hat sprechen lassen.

Beginnt der Dschinnī durch das Medium zu sprechen, schreibt der Beschwörer dreimal den Buchstaben Nūn (s. Buchstabenliste) umgedreht auf die Stirn des Mediums  und spricht folgenden Schwur:

ḥabastuka bi-»l nūn wa-l-qalami wa-mā yasṭurūn« (68/1) wa-lā taḫruǧ mina l-ǧismi ’illā bi-’idnī. – Ich habe dich gefangen durch »1 Nūn. Beim Schreibrohr und bei dem, was man (damit) niederschreibt.« (68/1) Dir ist es verboten, den Körper zu verlassen, außer mit meiner Erlaubnis.

Jetzt ist das Medium vorbereitet, der Dschinnī im Körper des Mediums gefesselt, und er kann nun befragt oder bestraft werden. Handelt es sich bei der Sitzung um eine besessene Person, die von ihrem Quälgeist befreit werden will, so wird der Dschinnī noch stärker gefesselt (ḥabs al-ǧinn) und bestraft (durch Schlagen, spezielle Räucherungen etc.). Folgender Schwur verstärkt die Fesselung des Dschinnī:

9 wa-ǧaᶜalnā min bayni ’aydīhim saddan wa-min ḫalfihim saddan fa-’aġšaynāhum fa-hum lā yubṣirūn.« (36/9) tawakkalū yā ḫuddāma hādihī l-’āyati bi-ḥabsi l-ǧinnī wa-l-quranā’i ᶜinda ǧismi fulāni bni fulānata. – »9 Und wir haben (gleichsam vor ihnen einen Wall errichtet und ebenso hinter ihnen und sie (damit von vorne und von hinten) zugedeckt, so daß sie nicht sehen.« (36/9) Vollzieht, o ihr Diener dieses Verses, die Festsetzung der Dschinn und Quranā’ (Pl. von Qarīn) im Körper des NN, Sohn der NN.

Nach der Festsetzung und der darauffolgenden Bestrafung befiehlt der Beschwörer dem Dschinnī, aus einer der beiden kleinen Zehen auszufahren. Als Zeichen, daß der oder die Dschinn den Körper verlassen, gilt ein kleiner Blutstropfen an der kleinen Zehe, aus der der Dschinnī ausfährt.

Will der Beschwörer die Befragung beenden oder die Austreibung vornehmen, entfernt er die drei Nūn von der Stirn des Mediums und befiehlt dem oder den Dschinn, den Körper zu verlassen.

Es kann vorkommen, daß das Medium nicht sofort aus seiner Trance erwacht. In diesem Fall muß der Beschwörer nach Art der auftretenden Störung helfen. Kann das Medium nicht mehr aufstehen, schreibt man denselben Schwur, den man auf die Handfläche des Mediums geschrieben hat, auf einen Porzellanteller, löst die Schrift in Rosenwasser auf und bestreicht mit diesem Wasser die Füße des Mediums. Kann das Medium am Ende der Sitzung seine Augen nicht mehr öffnen, so legt der Beschwörer seine rechte Hand auf den Kopf des Mediums und rezitiert so lange Āyat al-Kursī (2/255), bis es die Augen öffnet. Außerdem gibt der Beschwörer dem Medium ein Glas Wasser, über das er vorher Āyat al-Kursī gesprochen hat, zu trinken, damit die heilkräftige Wirkung des Wassers den ganzen Körper reinigt und ihn von zurückgebliebenen negativen Kräften säubert. In einigen Fällen kann sich der gerufene Dschinnī weigern, den Körper des Mediums wieder zu verlassen; in diesem Fall hält man schwelende Lumpen unter die Nase des Mediums.

Verlauf einer Sitzung

Mir war es möglich, an mehreren Sitzungen sowohl aktiv als auch als Zuschauer teilzunehmen. Ich greife hier eine typische Sitzung mit einer Ägypterin, die aus dem Viertel des Scheichs stammte, heraus. Die Frau war um die Dreißig und klagte über sexuelle Alpträume und über Stimmen, die sie am Tag zu vernehmen glaubte. Wie beschrieben, setzte sich das Medium auf den Boden, und die Namen wurden auf ihre rechte Hand geschrieben. Es dauerte einige Zeit (etwa 15 Minuten), bis sich eine Reaktion zeigte und sich die Hand langsam zum Kopf bewegte. Immer wieder mußten die Schwüre wiederholt werden. Schließlich begann der Dschinnī, der sich als Muḥammad aus der Schweiz vorstellte, zu reden. Diese Rede kam eher stokkend als flüssig, kurze Zeit später wurde aus Muḥammad Ibrāhīm. In diesem Moment schlug Scheich Yāsīn der Frau mehrmals ins Gesicht und befahl dem Dschinnī, seinen richtigen Namen zu nennen und ihn nicht zum Narren zu halten, da er sich mit den Schlichen der ungläubigen Dschinn auskenne. Der Scheich erklärte mir später, daß man auf keinen Fall dem Dschinnī trauen darf, da die meisten Dschinn, die versuchen Einfluß über die Menschen zu erlangen, Lügner seien und sich als Muslime ausgeben, da diese nicht bestraft werden dürfen. Er betonte auch, daß nur der Dschinnī die Schläge schmerzhaft empfinde, da er identisch mit dem materiellen Körper des Menschen ist.

Sofort wechselte der Dschinnī seinen Namen, und aus Ibrāhīm wurde Safarān, der weder Jude, Christ noch Muslim sei, sondern einem fremden Kult angehöre. Der Scheich drang jetzt sehr vehement auf ihn ein und drohte mit weiteren Schlägen, falls seinen Forderungen nicht sofort Folge geleistet würde. Auf die Frage, warum er diese gute Frau Tag und Nacht heimsuche, antwortete der Dschinnī, daß ihn die sexuelle Begierde dazu treibe, sich mit dieser Frau zu vereinigen. Dies sei um so leichter möglich, da sich das Schlafzimmer der Frau in der Nähe der Toilette befände und sie in vollkommener Dunkelheit schlafe. Als der Dschinnī aufgefordert wurde, den Körper für immer zu verlassen und diese Frau nicht mehr zu belästigen, forderte er als Bedingung eine Zār-Zeremonie. Der Scheich begann, den Dschinnī sofort wieder zu schlagen, bis dieser anfing zu schreien und sich bereit erklärte, die Frau ohne jegliche Forderung zu verlassen.

Nach Meinung Scheich Yāsīns ist eine Zār-Zeremonie kein Weg, eine besessene Person von ihrem Quälgeist zu befreien. Zum einen seien die Kosten für einen großen Zār zu hoch (200 Le–300 Le), und zum anderen sei der Zār eine Forderung der Dschinn, durch die man nach und nach in eine vollkommene Abhängigkeit gerate.

Dem Dschinnī Safarān wurde nun befohlen, aus der linken Hand auszutreten, was er auch tat. Kurz darauf wachte die Frau aus ihrer Trance auf und verspürte keinerlei Schmerz. Um den Dschinnī an einem erneuten Eintritt zu hindern, wurde für die Frau ein Amulett geschrieben, das sie dauernd bei sich tragen sollte.

Sehr oft drehten sich die Hinweise und Gespräche des Scheichs um die Verwendung sexueller Praktiken im magischen Bereich. Da ja die Problemkreise Sexualität und Geld für den Großteil der Klientel der Hauptbeweggrund ist, einen Magier aufzusuchen, muß dieser sich natürlich mit der Sexualität in der Magie beschäftigen.

Um eine mächtige, schwarz-magische Handlung (siḥr suflī) durchzuführen, benötigt man ein Stück Stoff, das nach vollzogenem Koitus in die Vulva der Frau eingeführt wird, um mit dem Ejakulat und der Scheidensekretion getränkt zu werden. Diese geschlechtliche Verbindung des Magiers darf nur mit einer ihm nicht verheirateten oder verwandten Frau vollzogen werden. Dieses Stück Stoff kann nun in verschiedener Weise verwendet werden (Liebeszauber, Stärkung der Potenz, Trennung von Liebenden etc.). Besonders eignet es sich zur Beschwörung eines persönlichen Dschinn-Dieners. Nach Meinung des Scheichs befindet sich in diesem Stück Stoff eine große Macht, die aus der Verbindung von Ejakulat und Scheidensekret stammt, d. h. diese beiden Flüssigkeiten sind wichtige magische Ingredienzen. Das Stück Stoff wird bei seiner Verwendung mit anderem Räucherwerk verbrannt.

Auch ein Wachs-Amulett schützt vor Belästigung durch Dschinn und vor einem Eintritt derselben in den Körper des Trägers dieses Amuletts. Man schreibt mit Tinte aus Rosenwasser und Safran folgendes Siegel auf ein Blatt Papier:

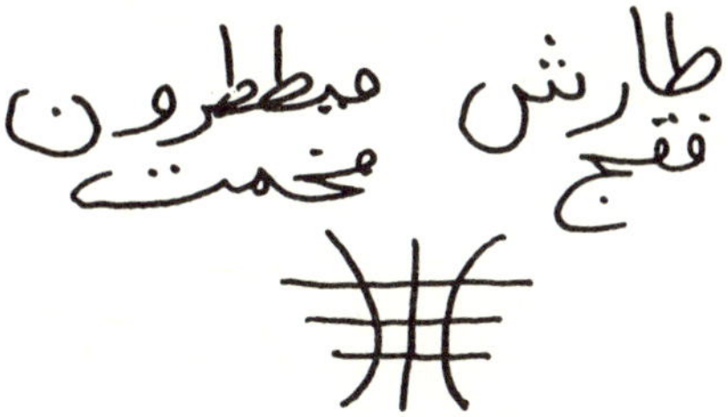

a) Ṭārišin b) Mayṭaṭarūn c) Faqağin d) Maḫmatin

Dieses Siegel setzt sich aus vier Dschinn-Namen und einer Verbindung von sechs Alif zusammen.

Man nimmt nun Wachs in Form von fünf mittelgroßen Kerzen und zerkleinere diese. Ein Drittel des zerkleinerten Wachses legt man auf einen Teller, darauf das vorher angefertigte Siegel und darüber das restliche Wachs. Jetzt erhitzt man den Teller, so daß das Wachs zu schmelzen beginnt und das Siegel vom flüssigen Wachs eingeschlossen wird. In das flüssige Wachs legt man eine Schnur, deren Ende an einer Seite heraushängen muß. Ebenso verfährt man mit einer Fotografie des Klienten. Alles zusammen wird mit einem Eisennagel beschwert, damit Foto, Schnur und Siegel vom Wachs umschlossen werden. Nach dessen Abkühlung erwärmt man den Teller kurz und kann nun das fertige Wachs-Amulett vom Teller abheben. Es wird über das Bett gehängt, in dem der Besitzer des Fotos schläft. Gibt es im Haus des Klienten mehrere Stockwerke, so ist das Amulett im untersten davon anzubringen, in diesem Fall muß es nicht über dem Bett des Klienten angebracht werden.

Neben dem Wachs-Amulett verwendet Scheich Yāsīn Amulette aus dem Namen der jeweiligen Person, die sich dadurch schützen möchte. Dieses Amulett besteht aus dem ersten, mittleren und letzten Buchstaben des Vornamens. Es werden nur Konsonanten und Langvokale verwendet.

Beispiel (ungerade Buchstabenanzahl): ᶜAbd 'a̱l-Ḥamīḏ

Dieses Namens-Amulett besteht aus dem ᶜAyn, dem Lām und dem Dāl.

Beispiel (gerade Buchstabenanzahl): S̱ulay̱m̱āṉ

Dieses Namens-Amulett besteht aus dem Sīn, dem Yā', dem Mīm und dem Nūn.

Bei gerader Buchstabenanzahl werden also die beiden mittleren Buchstaben verwendet.

Diese Buchstaben werden für Männer in die Innenseite eines silbernen Ringes, für Frauen in die Innenseite eines goldenen Ringes graviert. Scheich Yāsīn selbst ließ sich eine kleine Platinscheibe mittels eines operativen Eingriffs in den rechten Unterarm einsetzen, um so den Schutz zu erhöhen.

Jeder dieser Buchstaben schützt einen bestimmten Teil des Körpers: der erste Buchstabe den Kopf, der zweite (bzw. der zweite und der dritte) den Körper vom Hals bis zu den Fußsohlen und der letzte die Fußsohlen.

Das Ei-Orakel

Scheich Yāsīn verwendet neben dem vorher beschriebenen Trance-Orakel noch eine andere Form der Orakel-Technik. Es handelt sich dabei um die magische Befragung eines Eies. Diese Befragung darf nur am ersten Sonntag eines islamischen Monats durchgeführt werden. Während des Ramaḍān ist sie untersagt.

Der Fragende muß vor der Befragung 24 Stunden gefastet haben, d. h. er fastet am Samstag nach den üblichen Regeln des Ramaḍān-Fastens (ṣawm ramaḍān)[17] und darf nach Sonnenuntergang keinerlei Speise, die Geist (rūḥ) in sich hat, zu sich nehmen. Dazu gehören alle tierischen Produkte. Am wirkungsvollsten ist jedoch die vollkommene Enthaltung von jeglichen Nahrungsmitteln für den Zeitraum von 24 Stunden.

Sind diese Voraussetzungen erfüllt, nimmt man ein frisches rohes Ei und schreibt auf dieses seine Frage mit jeder beliebigen Tinte. Dann spricht man 21mal folgenden Schwur: Bišamḫin, Dalāhāmū, Šayṭī'ūn, Dānū, Malḫuṯū, Daymīšūn, Arā, Ar^{c}ayšin, Ar^{c}ayšaṭuḫin. Dann befiehlt man den Dienern dieser Namen die Beantwortung seiner Frage und spricht zum Abschluß: al-waḥā', al-waḥā', al-^{c}ağal, al-^{c}ağal, as-sā^{c}a, as-sā^{c}a. – Eile. Eile. Schnell. Schnell. Sofort. Sofort.

Nach Auskunft des Scheichs ist das Ei jetzt federleicht, und in seinem Inneren steht die benötigte Antwort.

ANMERKUNGEN

1 »Wisse, daß jeder Name, der in der Verborgenheit entstanden ist, seine Verkörperung in der wirklichen Welt hat. Das bedeutet, wenn der Verfasser (d. h. der Zauberer, der die Arbeit durchführt) ihn bildet, konstruiert und die Basis schreibt, wird der Engel nach diesem Namen gebildet. Wisse dieses Geheimnis, und prüfe du es selbst! Es empfiehlt sich, die Silbe -'īl jedem Namen anzuschließen.« Nach al-Buni bedeutet diese Silbe, die hier »syrischer Name« genannt wird, die Erhabenheit. El-Gawhary, 1968, S. 206. Aḥmad b. ^{c}Alī al-Būnī gehört zu den bekanntesten Magiern der islamischen Welt. Sein berühmtestes Werk ist das Zauberbuch Šams alma^{c}ārif. al-Būnī starb 622/1225 in Kairo. El-Gawhary, 1968, S. 15. Siehe: Gal. I, S. 497.

2 ^{c}Abdalfattāḥ aṭ-Ṭūḫī, al-Bidāya wa-n-nihāya, o. J.

3 Winkler berichtet hierzu: »Die diakritischen Punkte werden nicht gesetzt, weil sonst die Dschinn den Schreiber schlagen würden, denn die Punkte sind die Kinder der Dschinn.« Winkler, 1930, S. 56.

4 ^{c}Abdalfattāḥ aṭ-Ṭūḫī, al-Bidāya wa-n-nihāya, o. J., S. 149ff.

5 ^{c}Abdalfattāḥ aṭ-Ṭūḫī, al-Bidāya wa-n-nihāya, o. J., S. 156ff.

6 Ebenda, S. 158ff. Vergleicht man die verwendeten Räucheringredienzien mit den Wirkungsinhalten der Homöopathischen Heilmittel, so fallen einige Übereinstimmungen auf. In den meisten Fällen ist der Patient bei der Räucherung anwesend, so daß die Dämpfe einen direkten Einfluß auf ihn ausüben können.

Nach der Homöopathischen Heilmittellehre gehören die drei am häufigsten verwendeten Räucheringredienzien zu den Antidepressiva. – Echter Weihrauch-Baum (Boswellia Carterii) behandelt Depressionen, Schwindelgefühle, Hitzewallungen und Leberschmerzen. Storaxbaum (Styrax Benzoium) erzeugt Euphorie und wirkt allgemein entspannend und antidepressiv. Koriander (Bifora testiculata) löst Lähmungserscheinungen, wirkt antidepressiv und verhilft zu gedanklicher Konzentration. Boericke, 1972.

7 ᶜAbdalfattāḥ aṭ-Ṭūḫī, al-Bidāya wa-n-nihāya, o. J., S. 159 ff.

8 Winkler, 1930, S. 150 ff.

9 Siehe: Ibn Waḥšīya, 1977; siehe: EI[2].

10 Picatrix, 1962, S. 58.

11 Winkler, 1930, S. 111.

12 Ebenda, S. 55.

13 Picatrix, a.a.O., S. XXXII ff.

14 Bei Arbeiten, die eine besonders starke Wirkung hervorrufen sollen, wird dem Zauberer geraten, davor eine Formel zu rezitieren, welche »Festung« (ḥiṣn) genannt wird. Zuweilen soll sie auch mehrmals wiederholt werden. Diese Formel dient dazu, den Zauberer vor den irdischen Geistern, hier Dschinn genannt, die ihm bei der Arbeit helfen sollen, zu schützen. El-Gawhary, 1968, S. 204.

15 al-Būnī bezeichnet die Begegnung zwischen Zauberer und Engel als kritischen Moment. Der Zauberer muß sich durch bestimmte saubere Kleidung, Nahrungsvorschriften wie das Meiden von Knoblauch und Zwiebel, und Räucherung vorbereitet haben. Außerdem muß er frei von Sünde sein. Als Sünden gelten hier etwa Ehebruch, Trinken von Alkohol u. ä. (Al-Būnī spricht hier von Engeln. Es finden sich jedoch teilweise gleiche Verhaltensregeln gegenüber dem Dschinn.) Vgl. El-Gawhary, 1968, S. 205.

16 Es gibt eine Reihe von Zeichen, die die Erscheinung des Engels verkünden. »Das Zeichen, daß der Engel vor dir steht, ist, daß du gähnst. Achte darauf, und sprich zu ihm von dem, was du willst!« Das häufigste Zeichen ist aber, daß der Engel in starkem plötzlich erscheinendem Licht oder selbst als Licht erscheint. Siehe: El-Gawhary, 1968, S. 207.

Winkler erwähnt das Gähnen als Zeichen einer beginnenden Besessenheit. Siehe: Winkler, 1936, S. 63.

17 ṣawm, isl. Fasten ist sog. Vollfasten: Untersagt ist jegliche Aufnahme fester oder flüssiger Stoffe (es besteht auch Rauchverbot) sowie Geschlechtsverkehr. Das tägliche Fasten dauert vom ersten Tageslicht bis zum Sonnenuntergang. Siehe: EI[1], Bd. IV.

4. Der Zār – Tänze und Magie der islamischen Frauen

Die Welt der islamischen Frauen wird nirgends so falsch verstanden und mißinterpretiert wie im Westen: Dort überwiegt das Klischee der unterdrückten, geschlagenen und entmündigten Frau. Meist werden diese Vorurteile von Personen kolportiert, die sich nie oder nur kurz in der islamischen Welt aufgehalten haben. Hat man jedoch Zugang zu der Welt der Frauen oder hält man nur ein wenig die Augen offen, so erkennt man, daß die Frauenwelt sehr vielgestaltig ist und alle Formen des religiösen und sozialen Lebens enthält.

Genauso falsch ist es, von *der Frau im Islam* zu sprechen, denn es gibt große Unterschiede in der Behandlung und Stellung der Frau zwischen den einzelnen Staaten. Selbst innerhalb eines Landes trifft man schon verschiedene Formen des sozialen Lebens an. Man muß unterscheiden zwischen Stadt und Land, zwischen Arm und Reich und zwischen den verschiedenen ethnischen Gruppen. Auch die Bildung spielt eine große Rolle im Verhalten, im Auftreten und in der Interaktion der islamischen Frauen untereinander oder mit der Männerwelt.

Es kann nicht bestritten werden, daß der Islam, bedingt durch seine religiösen Vorschriften, eine Welt der Männer und eine Welt der Frauen in der traditionellen islamischen Gesellschaft hervorbringt und daß es nur wenige Berührungspunkte innerhalb dieser Gesellschaft gibt. So haben wir zwei unabhängige Lebensbereiche, die sich nur im Zentrum des islamischen Lebens treffen, der Familie.

Beide Gruppen sind mit diversen Tabuvorschriften und Verhaltensnormen versehen, so daß einfaches Kommunizieren und Überwechseln von einem Bereich in den anderen schwierig, manchmal auch unmöglich ist. Man hat in der traditionellen islamischen Gesellschaft oft gar nicht den Wunsch, in die Sphäre der anderen einzudringen, denn man findet in seiner Welt die Geborgenheit und den nötigen Schutz, den man als Mann oder Frau benötigt.

Diese Separation unter den Geschlechtern wird jedoch von vielen Intellektuellen und Reformatoren als Hauptübel der sozialen Krise der islamischen Welt angesehen.[1] Sie führe zwangsläufig zur Entfremdung zwischen Mann und Frau, und beide Lebensbereiche werden zu nicht mehr begreifbaren Lebensräumen, die oft als geheimnisvoll, verboten und gefährlich angesehen werden.

Besonders die Frauen haben sich im Laufe der Zeit Freiräume geschaffen, die über das Haus hinausgehen, wie z. B. das Hammam (Badehaus) und die Friedhöfe mit ihren Heiligengräbern (Qubba od. Marabut).

Die Heiligengräber können als Ersatz zu den Moscheen angesehen werden, da die Frau dort, bis auf kleine abgegrenzte Bereiche in den großen Moscheen, nicht gern gesehen wird, obwohl dieser Verdrängungsmechanismus als unislamisch zu interpretieren ist. So findet die Frau in der besonderen Welt der Friedhöfe und Gräber einen spirituellen Bereich, aus dem sie Kraft und Unterweisung erhält, um ihr Leben zu gestalten. Daher kommt es vor, daß in der islamischen Welt die Friedhöfe immer belebt erscheinen, ja oft tatsächlich bewohnt werden, wie die berühmten Totenstädte von Kairo, in denen heute über 200000 Menschen leben.

Die sunnitische Orthodoxie sieht diese vielfachen Friedhofs- und Grabbesuche nicht gerne und versucht verstärkt, bestimmte Ereignisse zu unterbinden. Als Grund werden Prostitution und Drogenhandel, aber auch islamisches Verhalten im allgemeinen angegeben, da die Verehrung von Heiligen als islamische Neuerung (bida^{c}) angesehen wird und daher abzulehnen sei.

Aber auch ein Großteil der Männer lehnen diese Besuche ihrer Frauen ab, da sie sich vor dem Unbekannten dieser Welt und der spirituellen Macht der Frauen fürchten. Denn dort wird nicht nur gebetet, es werden auch Erfahrungen ausgetauscht, Informationen weitergegeben und häufig auch Kräuterrituale besprochen, die positive oder auch negative Auswirkungen haben können.

In dieser Welt kann es auch zu außerehelichen Kontakten kommen, sei es nur zu einer kurzen Plauderei oder zu sexueller Aktivität. Der eigentliche Grund der Versammlungen ist jedoch sicherlich eine Art Kontaktaufnahme zu einer stark spirituellen Welt.

Die Ratsuchende wendet sich in den meisten Fällen an eine Meisterin, seltener an einen Meister, die auch hier Scheich oder Scheicha genannt werden, um von ihnen Hilfe und Unterweisung zu erlangen.

Unvergeßlich sind die sogenannten Besuchstage (ziyara) eines bestimmten Grabes (jeder Heilige hat einen bestimmten Tag in der Woche, an dem es verdienstvoll ist, dieses Grab zu besuchen). An diesem Tag konzentriert sich die Kraft des jeweiligen Heiligen, die als Segenskraft (baraka) bezeichnet wird. Das Grab ist wie eine Batterie, an der sich die hilfesuchende Person aufladen kann.

Dichtgedrängt sitzen Frauen, und auch einige Männer, im Grabkomplex auf dem Fußboden: Man betet, rezitiert Koran oder ist in der Gotteserwähnung (ḏikr) tief versunken. Die Gerüche der Garküchen, die von außen eindringen, und der im Inneren des Grabes abgebrannte Weihrauch verbinden sich zu einer eigentümlichen Duftmischung, die belebt, aber auch in einen anderen Zustand der Aufmerksamkeit versetzt. Das Geschrei der Kinder, das Gemurmel der Betenden und die Trommeln, die die rthythmischen Atmungen der Gotteserwähner begleiten, werden zu einer eigentümlichen monotonen Musik, die Zeit und Raum vergessen läßt. All diese sinnlichen Eindrücke ziehen einen in eine magische Welt, in der sich die diesseitige und die jenseitige Welt zu einer Einheit verbinden. Die Anwesenheit des Heiligen ist spürbar.

Nach dem Abendgebet findet meist eine große gemeinsame Ḥaḍra statt. Diese beinhaltet ekstatische Gottesanrufungen, verbunden mit bestimmten Atemtechniken und Bewegungen, die einem wogenden Meer nachempfunden sind.

Am Beginn der Hadra befinden sich Männer und Frauen noch geordnet und getrennt voneinander. Bald steigert sich jedoch die Ekstase der Tanzenden und betenden Menschen und führt zu einer Einheit mit der Welt der Heiligen, zu einer Einheit zwischen Mann und Frau und schließlich zu einer Einheit in Gott.

Hier treffen die Frauen jedoch nicht nur Personen, die ihnen in alltäglichen Fragen zur Seite stehen, sondern auch Menschen, die sich um den physischen und psychischen Zustand der Hilfesuchenden kümmern.

Eine von diesen Personen nennt man die Kudya, die Meisterin des Zār. Oft von einer Gruppe von Schülerinnen und Klientinnen umringt, hält die Kudya Hof und Sprechstunde in aller Öffentlichkeit ab.

Gold blinkt an ihren meist schwarzen Armen, da die berühmtesten Kudyas oft aus dem nubischen und sudanesischen Raum stammen. Gewichtig und mit ruhiger Konzentriertheit hört sie die Krankengeschichte der Klientin und trifft ihre Entscheidungen.

Bei der Erforschung Afrikas und des Orients begannen die europäischen Ethnologen, sich bald mit den Zār-Ritualen auseinanderzusetzen. Zum einen stützten sie sich auf eigene Beobachtungen, zum anderen auf Texte, die ihnen meist von ägyptischen Gewährsleuten zur Verfügung gestellt wurden.[2]

Auffallend an diesen Beschreibungen ist die grundsätzlich ablehnende Haltung der Wissenschaftler wie auch der einheimischen Gebildeten und »aufgeklärten« Gewährsleute gegenüber dem Zār. Besonders die einheimischen Gewährsleute versuchen den Zār als unislamisch und rückständig darzustellen. Man legte oft mehr Wert auf die Etymologien der Namen als auf die eigentlichen Auswirkungen des Zār-Rituals und die daraus entstehende Möglichkeit einer psychischen Heilung. Erst heute beginnt man, das Wissen um die Kraft der Musik und des Tanzes, verbunden mit dem traditionellen Zār-Ritual, für Europäer in Trance-Seminaren zugänglich zu machen, um bestimmte therapeutische Einwirkungen zu erreichen.

Ursprung des Zār

Es wird angenommen, daß der Zār seinen Ursprung in Zentralafrika hat und sich durch die Wanderbewegungen der afrikanischen Stämme in verschiedene Richtungen ausgebreitet hat. Einer dieser Wege führte über Abessinien nach Arabien, dem Sudan und nach Ägypten. Die Formen des Zār-Rituals dort sind sehr stark von abessinischen Vorstellungen geprägt. Man nimmt sogar an, daß der Ursprung des Wortes *Zār* in der abessinischen Sprache zu suchen ist und nicht etwa auf das semitische Wort »zara« = besuchen, bzw. »ziyara« = Besuch zurückzuführen ist. In der amharisch-abessinischen Sprachgruppe wird das Wort »Zār« als Bezeichnung für einen bestimmten Dämon verwendet, der als Zār (männlich) und Zāri (weiblich) auftaucht.

Es ist wahrscheinlich, daß dieser Zār-Dämon ursprünglich eine der höchsten Gottheiten der »heidnischen« Kuschiten war, deren Name Djar, Yaro oder Daro lautete. Hieraus entwickelte sich im christlichen Abessinien ein böser Geist, den die abessinischen Christen zusammen mit animistischen Bräuchen von den »heidnischen« Stämmen übernommen und ihn dabei aus dem Götterhimmel seiner Herkunft entlehnt und auf eine tiefere Stufe herabgedrückt haben.

Die Meisterinnen des Zār, die Kudyas[3], erzählen folgende Geschichte über den Ursprung des Zār: Einer von den Sultanen der Geister liebte die Tochter eines Pharao und erbat sie von ihrem Vater; der aber verweigerte sie ihm. Da fuhr der Geistersultan in ihren Leib und machte sie krank, und sie schwebte zwischen Leben und Tod. Nun sandte der Pharao Boten nach allen Orten zu den Ärzten, Zauberern und anderen Leuten und setzte eine große Belohnung aus für den, der seine Tochter wieder gesund machen würde. Schließlich fand sich im äußersten Oberägypten eine alte Frau des Namens Zāra, die zu den Kindern der Zauberpriester gehörte und die mit den Geistern befreundet war. Die kam zu der Tochter des Pharao und begann sie mit einem besonderen Weihrauch zu beräuchern und den Sultan, der sie in seiner Macht hielt, durch ihre Zaubersprüche zu zitieren. Er war in den Leib der Jungfrau gefahren und redete durch ihre Zunge. Die Alte sagte zu ihm: »Willkommen! Was wünschst du?« Er antwortete ihr: »Ich bin in ihren Leib gefahren, weil mir der Pharao die Hand seiner Tochter verweigerte, und darum wollte ich meine ganze Sippe in alle Frauen der Verwandten des Königs fahren lassen. Doch nur allein um deinetwillen werde ich den Leib der Prinzessin verlassen, wenn du mir eine schöne Nachtfeier bereitest.« Sie erwiderte ihm: »Herzlich gern! Und was für eine Nachtfeier ist das? Wie soll sie sein?« Er gab ihr zur Antwort: »Stelle mir einen Opfertisch auf, und zünde die Kerzen rings um den Tisch an; schlachte mir die Opfer, und spiel für mich die Trommeln mit Worten – die er Zāra lehrte –, und ich werde sie verlassen; dann wird die Gesundheit zurückkehren, besser als sie früher war.« Dies ist der Ursprung des Zār. Man nannte ihn Zār nach dem Namen der Zauberpriesterin Zāra, wie wir es von unseren Meistern gehört haben.[4]

Bereits in dieser kleinen Geschichte erhalten wir einige wichtige Informationen über den Ablauf einer Zār-Zeremonie.

Der Zār ist fast ausschließlich eine Angelegenheit der Frauen (anders bei den Gnawa-Ritualen in Marokko, wo die Musikanten und die Leiter der Zeremonien Männer sind).

Die Gesellschaft, die man anläßlich der Austreibung veranstaltet, wird mit demselben Namen bezeichnet wie der Geist selbst, d. h. der Zār und der Zār sind eine Kraft. Die besessene Person wird jedoch nicht Zār genannt, obwohl der Zār-Geist in ihr ist, sondern arusat az-zar (Zār-Braut). Diese Bezeichnung hat sicherlich in der Ausstattung der Person ihren Ursprung, da sie wie eine Braut geschmückt wird. Ebenso kann man das Ritual als eine Hochzeit zwischen Mensch und Zār-Geist ansehen.

Weit verbreitet ist auch die Vorstellung, daß der Zār-Geist den Menschen reitet.

Im allgemeinen werden die Zār-Geister als eine Untergruppe der Dschinn angesehen, die jedoch so spezifische Verhaltensformen an den Tag legen, daß ein auf sie abgestimmtes Ritual notwendig ist, um eine »Befriedung« oder Austreibung zu bewirken.

Das Ritual

Das Zār-Ritual wird in ganz bestimmte Abschnitte und Handlungen eingeteilt. Ich mnöchte hier auf einige Vorbereitungen und weiterführende Handlungen sowie die Gegenstände, die benötigt werden, eingehen. Darauf folgt die Beschreibung eines großen Zār, der von einem europäischen Ethnologen für sich selbst ausgerichtet wurde.

Wird eine Frau von einer Krankheit, die meist im psychischen Bereich auftritt, heimgesucht, ohne daß ihr Ärzte helfen können, so geht die Kranke zu einer Kudya. Ihr gibt sie ein Kopftuch oder etwas ähnlich Persönliches. Die Kudya wird nun dieses »Zeichen« drei Nächte unter ihrem Kopfkissen aufbewahren, und in jeder Nacht wird sie die Zār-Geister beschwören, ihr im Traume zu offenbaren, was der Grund der Krankheit sei, ob sie von ihnen stamme und was sie zufriedenstellen würde, damit die Frau von ihrer Krankheit befreit werde.

Nach drei Tagen gehen die Angehörigen oder die Kranke selbst zum Haus der Kudya und fragen sie nach ihrem Traum. Meist erzählt die Kudya, daß sie die Meister gesehen hat und sie der Grund der Krankheit sind. Sie besprechen dann gemeinsam die weitere Behandlung, die finanziellen Forderungen und die Größe des Zār.

Dann müssen die Gegenstände besorgt werden, die im Ritual notwendig sind. Es sind: Opfertiere und genau spezifizierte Zār-Gewänder, die meist aus bunten Mänteln und Tüchern bestehen, da jeder Zār-Geist durch eine bestimmte Farbe symbolisiert wird. Außerdem Schmuck, der wiederum jedem Zār-Geist entspricht.

Das Zār-Ritual wird von der Kudya geleitet, die man in manchen Fällen auch Scheicha nennt. Von einigen Informanten erfuhr ich, daß die Bezeichnung Kudya nur bei schwarzhäutigen Meisterinnen angewandt wird. Die Kudya arbeitet immer mit Helferinnen zusammen, die selbst einmal einen Zār ausgerichtet haben und so in die Welt des Zār initiiert wurden. Es werden zwischen 5 und 8 Helferinnen, je nach Größe des Zār, benötigt. Sie müssen die notwendigen Zār-Lieder beherrschen und die Rhythmusinstrumente spielen können, die notwendig für die Durchführung der Tänze sind.

Die Anzahl der »Sultane«, ein Ehrentitel, mit dem man dem Zār-Geist schmeichelt, macht dreierlei Arten von Musikgruppen notwendig. Die einfachste, von der Kudya ständig benützte Kapelle ist die aus lauter Frauen bestehende beledi-Gruppe, d. h. die dörfliche. Zwei bis drei Frauen spielen die »mazhar«, eine große Rahmentrommel von ca. 50 cm Durchmesser, eine weitere spielt die »tabla« (auch darabukka genannt), eine tönerne Trommel mit zylindrischem Fuß und konisch ausladendem Schallkörper. Die zweite Gruppe nennt man nach ihrem wichtigsten Instrument »tambura«. Die tambura, die selbst als von einem

Geist bewohnt gedacht wird, ist in Ägypten etwas einfacher verziert als in ihrer sudanesischen Heimat. Das Instrument ist leierförmig. Der Schallkörper besteht aus einer mit einer Kuhhaut überzogenen Blechschüssel. Die meist drei Saiten sind zwischen einem von zwei schräg abstehenden Stäben gehaltenem Querholz und dem gegenüberliegenden Rand der Schüssel gespannt.

Zu den wichtigsten Personen der tambura-Gruppe gehört der sutari, ein Mann, der nach seinem charakteristischen Kleidungsstück auch »mangur« genannt wird und als Vortänzer fungiert. Er trägt einen großen Ledergürtel um die Lenden, eben jenen mangur, von etwa 20 cm Breite, der mit Kaurischnecken eingefaßt und mit über 100 Ziegenklauen behängt ist, die beim Tanz klappernd aneinanderschlagen. In der Mitte des Gürtels sind zwei Spiegel, zwischen den Ziegenklauen manchmal auch eine Glocke.

Zu den wesentlichen Elementen seines Tanzes gehört das Drehen der Hüften, im strengen gleichmäßigen Rhythmus, wodurch ein Geräusch entsteht, das die anderen Tanzenden rasch in Ekstase versetzen kann. Zu dieser Kapelle können noch ein oder zwei tabla-Spielerinnen kommen.

Die dritte Gruppe wird immer nach ihrem Hauptakteur benannt, der einen symbolischen Namen trägt (etwa Abu l-Get »Vater des reichlichen Regens«). Diese Person ist ein Tänzer, der ungefähr die gleiche Funktion hat wie der mangur, nämlich die Teilnehmer in immer tiefere Ekstasezustände zu versetzen. Er trägt an beiden Händen kleine Tschinellen aus Messing, die an den Daumen und Mittelfingern befestigt sind. Diese Tänzer haben oft langes Haar, das sie unter einer enganliegenden Mütze zusammenfassen, die sie beim Tanze ablegen, so daß ihre langen schwarzen Locken unbändig um ihr Haupt wirbeln. Zu dieser Gruppe gehören zwei Flötenspieler und eine Frau, die ein Tamburin (riqq) spielt.

Das Auftreten dieser Männergruppen erzeugt ein eindeutig erotisches Moment. Die Tänzer animieren gleichsam die Frauen mit auffordernden Bewegungen, unterstützt von ihren stimulierenden Instrumenten. Die Animation der Frauen dauert so lange, bis sie in Trance fallen, dann wendet sich der Tänzer von ihnen ab und einer neuen Gruppe zu.

Um die richtige Atmosphäre für ein Zār zu erreichen, wird außerdem noch Weihrauch verwendet. Da es drei verschiedene Arten von Ritualen gibt, die als unterägyptisches, oberägyptisches und sudanesisches Ritual bezeichnet werden, muß jedes Ritual mit einem bestimmten Räucherwerk vorbereitet und durchgeführt werden.

Das unterägyptische Ritual:	Aloe, Mastix, Benzoeharz.
Das oberägyptische Ritual:	Aloe, Mastix, indischer Kostwurz.
Das sudanesische Ritual:	Aloe, Galbanum, Schwarzkraut.

Man unterscheidet zwischen einem »großen« Zār, der dazu dient, eine besessene Person zu heilen, und diese gleichzeitig initiiert, und einem »kleinen« Zār, bei dem es sich um regelmäßig stattfindende Veranstaltungen handelt, als eine Art Nachbehandlung und Auffrischung des Schutzes.

Rudolf Kriss beschreibt in seinem Tagebuch den Ablauf eines großen Zār:[5]

Eine ganze Reihe von Vorbereitungen war notwendig, die eine volle Woche beanspruchten. Sie begannen damit, daß Kautar eine gute Kudya ausfindig machen mußte, die gleich bei der ersten Besprechung ihre Forderungen stellte. Zunächst fragte sie nach meinem und dem Vornamen meiner Mutter. Für sie hieß ich somit Rudolf ibn Maryam. Dann forderte sie zwei Pfund und 25 Pt. als Handgeld für das Schlafen auf dem Taschentuch. Dies gilt als Ausfindigmachen der jeweiligen Sultane, die meine Krankheit veranlaßt hatten. Dazu mußte die Kudya auf einem Tuch, das vorher von dem Patienten in derselben Art benützt worden ist, drei Nächte lang schlafen, wodurch es ihr gelingt, in einer Art von Erleuchtung die Namen der betreffenden Sultane sowie die Arten der entsprechenden Opfertiere zu erfahren. Zum Einwickeln in das Taschentuch benötigt die Kudya fernerhin ein Amulett (higab) und einen riyal mit einer Kanone als Prägung. Das Schlafen auf einer goldenen Münze gehört zum festen Ritual des Zār. Es ist dieselbe Münze, die dann in die Blutschale gelegt wird und die der Patient nachher ebenso wie das higab während seines ganzen Lebens zu tragen hat.

Die Kudya schlief nun drei Nächte allein in einem Zimmer auf meinem Taschentuch, wozu Weihrauch gebrannt wurde. Im Traume wurden ihr jene Sultane bekannt, die mein Leiden verursacht hätten, sowie die hauptsächlichen Mittel für ihre Besänftigung und die dabei zu brennenden Kerzen. Da es aber nach einem ausdrücklichen Hinweis der Kudya nicht gut ist, für die ursächlichen Sultane allein den Zār zu veranstalten, ergänzte sie diese Angaben, indem sie ihnen die erforderlichen Opfer für einige weitere sehr einflußreiche und überdies für die Gesamtheit aller Sultane beifügte.

Zunächst verlangte sie die Aufstellung von drei verschiedenen kursi – d.h. Opfertischen –, was an sich etwas ungewöhnlich war, da man im allgemeinen nur einen einzigen kursi in der Mitte des Versammlungsraumes aufstellt, was jedoch damit zusammenhing, daß sie mich für von drei Zārgeistern besessen hielt.

Für den in der Mitte des Raumes stehenden kursi verlangte die Kudya drei Kerzen für die verschiedenen Geister. Eine rot-, grün- und gelbgestreifte war für die Versammlung aller Geister bestimmt. In meinem Sonderfall kam noch folgendes hinzu: Als ich einmal geschlafen hätte und sehr traurig gewesen sei, da habe mich eine Schar von Geistern »gestochen«. Dieser kleinen Geisterschar war die Kerze in diesem Falle gewidmet.

Für den zweiten, in der Ecke aufgestellten kursi wurde ebenfalls eine Kerze verlangt. Sie sollte von weißer Farbe und mit einer rosa Schleife versehen sein. Tisch und Kerze waren einer Geisterfrau gewidmet, von der die Kudya erzählte, daß sie in mich verliebt sei und mit mir zusammenlebe. Diese habe mich einmal im Badezimmer beobachtet, wie ich Selbstgespräche geführt habe, und sei eifersüchtig geworden.

Eine gleich große Kerze von roter Farbe mit goldenem Zierat mußte auf dem dritten kursi aufgestellt werden. Dieser war für den Sultan al-Gaddoh oder al-Gabine bestimmt und wurde in der Toilette aufgestellt. Die Kudya erläuterte hierzu, ich sei des Nachts einmal auf die Toilette gegangen, ohne Licht zu machen und ohne »dastur« zu sagen, und sei dabei unvorsichtigerweise auf den Sultan al-Gaddoh getreten. »Dastur« heißt »mit Erlaubnis« und muß in den arabischen Ländern bei sehr viel Gelegenheiten gesagt werden, bei denen man glaubt, unbeabsichtigt irgendwelche Geister beleidigen zu können.

Folgende Opfertiere wurden verlangt:

Zwei weiße Tauben, eine weibliche und eine männliche; zwei rote Tauben, ebenfalls eine weibliche und eine männliche; ein roter Hahn und eine rote Henne; ein weißer Hahn und eine weiße Henne; ein schwarzer Truthahn und eine schwarze Truthenne; ein naturfarbener Wildhase; ein schwarzer Stallhase; eine Gans; zwei schwarze Enten.

Das letzte und wertvollste Opfer war ein Schafbock, der für die Gesellschaft aller Sultane dargebracht wurde. Für ihn bedurfte es ganz besonderer Erfordernisse. Er sollte entweder ein rötliches Fell haben und eine weiße Kehle besitzen oder aber ganz weiß sein mit rötlicher Stirn.

Alle diese Opfertiere wurden nun den diversen Geistern zugeordnet.

Ein Zār von mittlerer Ausdehnung beginnt gewöhnlich am Nachmittag des ersten und endet in der späten Nacht des zweiten Tages. Als wir zum verabredeten Datum um 3 Uhr nachmittags das inmitten eines kleinen Gartens gelegene Haus der Familie ᶜAbd ar-Rasul betraten, waren bereits alle Vorbereitungen beendet, die Gäste hatten sich jedoch noch nicht eingefunden. Die Familie ᶜAbd ar-Rasul hatte die Souterrainräume ihrer Villa für den Zār bereitgestellt. Ein größerer Raum diente den lebenden Opfertieren als Stall. In einem weiteren hatte man die Küche eingerichtet. Begreiflicherweise war die meiste Sorgfalt auf jenen Raum verwandt worden, in welchem der Zār abgehalten werden sollte. Die Elektriker hatten etwa 60 Glühbirnen aufgehängt, um den Raum hell zu erleuchten. Die Teppichleger und Sesselsteller hatten ihre Arbeit soeben beendet.

In der Mitte des Raumes stand der Haupt-kursi. Er bestand aus einem runden Tisch und einem daraufgestellten Hocker, die beide mit Leinentücher verhüllt waren. Unter dem Tisch stand ein Metallteller mit Henna; auf dem Tisch eine runde Messingplatte mit aufgebogenen Rändern, in ihrer Mitte eine umgestülpte Schachtel mit Süßigkeiten und Nüssen, also den für alle Teilnehmer bestimmten Gaben. Außen herum lagen jene für die Scheicha alleine reservierten Gegenstände, nämlich Käse, Zucker von bester Qualität, Bohnenkaffee, Henna, das teure Büffel-Butterschmalz, Baumwollsesamöl und einige andere Kleinigkeiten.

Zuoberst auf dem Hocker stand ein großer Krug mit Blumen. Rund um den kursi waren die drei großen Kerzen aufgestellt, und zwar auf Ständern mit breiten Messingtellern als Glutschutz, auf denen Salz lag. Die Kerzen selbst waren mit Blumen geschmückt in der Weise, daß um jede in der Mitte ein Strauß gebunden war.

Der kleine kursi in der Ecke des Zimmers war einfacher ausgestattet. Auf einem niedrigen, mit einem weißen Tuch bedeckten Tischchen lagen kleine Teller mit Oliven, Bananen, Nüssen, Süßigkeiten, zwei Flaschen Coca-Cola und ein leeres Glas. In der Mitte stand eine Kerze, aufgesteckt auf einen Tonkrug, die ebenfalls mit Blumen geschmückt war.

Der dritte kursi war im Klosett des ersten Stocks des Hauses aufgerichtet worden. Auf die mit einem Holzdeckel verschlossene Muschel war ein Wasserkrug mit einer dreingesteckten Kerze gestellt, und daneben stand ein Kupfertablett mit kleinen Tellern, auf denen Rosinen, geschälte Nüsse und einfache Süßigkeiten lagen.

Als sich alle Teilnehmer, etwa 20 Frauen und die Musikkapelle, eingefunden hatten, wurde das Zeichen zum Beginn gegeben. Eine der Frauen stieß jenen hohen Trillerlaut aus, der auch jedesmal dann ertönt, wenn die Tänze ekstatisch zu werden beginnen. Hierauf erfolgte der feierliche Einzug, die sogenannte zaffa. Sie bestand darin, daß ich dem vor mir her tanzenden mangur folgte, wozu die tambura-Musik einsetzte. Wir zogen in einer Art Prozession um den großen kursi, wobei alle die Schuhe ausgezogen hatten, aber nur Männer, die gleich nach mir kamen, kleine weiße Kerzen trugen, während die Frauen keine solche erhielten. Die zwölf kleinen Kerzen, die man bei der zaffa verwendet, müssen auf einen kleinen Teller oben auf den kursi gelegt werden.

Dann folgte die traditionelle Beräucherung durch die Kudya, der sich alle Teilnehmer unterzogen. Die Kudya lehnte mit untergeschlagenen Beinen an der Wand, sie war völlig in Weiß gekleidet, ihr Haar und Gewand mit verschiedenen Amuletten behangen. Vor sich hatte sie ein rundes Räucherbecken, aus dem sie Weihrauch und Kohle entnahm und diese in ein kleines Räucherschälchen legte. Jeder einzelne setzte sich der Kudya gegenüber und bekam ein weißes Tuch über den Kopf gelegt. Dazu sprach die Kudya die fatiha (Sure 1). Diese leitete sie mit folgender Formel ein: »Die fatiha für den Propheten und seine Frauen und seine Freunde, für Abu Bakr, ^{c}Umar, ^{c}Utman, ^{c}Ali, Hasan, Husain, Sitti Zainab, deren Hände wohltätig sind. Sie nehmen den Rauch des Weihrauchs und verleihen die Heilung. Im Namen des Propheten und im Namen der edlen Sultane Mamma, Rum Nagdi, Umm Nagid ...«

Der Besucher oder die Besucherin beugten sich nun der Reihe nach einzeln über die Räucherschale, um den Weihrauch einzuatmen. Dann wurden auch noch die Arme unter den Achselhöhlen beräuchert und die Füße, wobei die Kudya, wenn der Besucher eine Frau ist, auch deren Rock ein wenig aufhebt. Zuletzt wurden die nackten Sohlen eines jeden Fußes ein wenig beräuchert. Bei dieser Einführungszeremonie erhält die Kudya von jedem der Beteiligten ein Handgeld.

Hernach beginnen die einzelnen Tänze. Jeweils bei Beginn derselben spricht oder singt die Scheicha einige von den anderen Frauen wiederholte »Verse«, bei denen es sich in unserem Fall meistens nicht um längere Beschwörungen, sondern eher um eine Art von lobenden Anreden oder Anrufungen handelte, für diejenigen Sultane, zu deren Ehren der jeweilige Tanz stattfand.

Um von ihnen ein Begriff zu vermitteln, hier ein Beispiel:

Für Safina, die Schwester des Sultans der Meerbewohner

O Wunder Gottes — O Safina!
Sultan der Meeresbewohner — O Safina!
O Wunder Gottes — O Safina!
Safina des Meeres, die da schwimmt — O Safina!
Sie lacht und scherzt, die im Meere schwimmt — O Safina!
Ein spielender Fisch, der im Meer schwimmt — O Safina!
Spiele mit deinen Fischen — O Safina!
Oh, sei willkommen — O Safina!
Wie schön ist das Licht deiner Kerze — O Safina!

Sie stellten den Tisch auf | O Safina!
Und brachten deine Gewänder | O Safina!
Die im Meere schwimmt | O Safina!
Und auf dem Amulett ist dein Bild | O Safina!
Deine Opfertiere sind bereit | O Safina!
Und dein weißseidener Überwurf | O Safina!
Sie brachten auch deine Fußspangen, tanze | O Safina!
Rasch gewähre Huld | O Safina!

Es wurde bis gegen Mitternacht viele Stunden lang mit geringen Pausen getanzt, wobei ich, als im Mittelpunkt der Handlung stehend, besonders oft an die Reihe kam. Zur Musik, die entsprechend den angerufenen Sultanen von den jeweiligen Kapellen besorgt wurde, tanzten immer nur wenige Teilnehmer, wobei häufig der mangur oder Abu l-Get den Anführer machte. Jeder der anwesenden Gäste tanzt sozusagen für seinen eigenen Sultan, wobei einer nach dem anderen an die Reihe kommt und man von vorne beginnt, wenn alle dran waren. Mit dem vorrückenden Abend wurden die Tänze immer ekstatischer, wobei jede der anwesenden Frauen solange tanzte, bis sie erschöpft und halb bewußtlos zusammenbrach. Stets aber bemerkte die Scheicha das Herannahen des kritischen Augenblicks, worauf sie sich erhob und sich hinter die Tanzende stellte. Sobald diese zusammenbrach, fing sie sie mit den Armen auf, drückte ihr mit beiden Händen fest den Kopf und brachte sie durch Besprengen mit Rosenölwasser wieder zum Bewußtsein. Dabei sagte sie: »Ich beschwöre Dich, Du König der Erde, vergib diesem Patienten, und ich bin bereit, alle deine Wünsche zu erfüllen.«

Die Tänzer vollführten immer hektischere Bewegungen, indem sie den Leib immer rascher nach vorne und rückwärts neigten und dabei stampfende Bewegungen ausführten. Im allgemeinen erinnern die Tänze an die dikr-Übungen der Derwische, doch gibt es auch einige besondere mit genau vorgeschriebenen Gesten für bestimmte Sultane, zu deren Ehren die Frauen die jeweils vom Zārgeist gewünschten Kleider tragen müssen. Sobald die Tänzerinnen in Ekstase geraten, steigern die Zuschauer dieselben durch das Ausstoßen von Trillerlauten in den höchsten Tönen, was so lange anhält, bis die jeweilige Tänzerin erschöpft zusammenstürzt. Während dieser Tänze mußte ich auch einmal bei den Teilnehmerinnen Geld einsammeln, wobei mich die beledi-Kapelle begleitete, ich sozusagen as-Sultan as-Sahhat, den Bettlersultan, darstellte.

Die Kudya selbst tanzte an diesem Abend erst zuallerletzt, und zwar für ihren eigenen Zārgeist, welchen sie Hakim Basa (den großen Arzt) nannte. Zu diesem Zwecke bekleidete sie sich mit einem Ärztekittel und hing sich ein Stethoskop um den Hals. Am Ende dieses Tanzes fiel sie in Trance und brachte sich mit einer Rasierklinge an ihrer Stirne etwa 15 kleine Schnitte bei, die alle senkrecht verliefen und etwa 1 cm lang waren. Das Blut rann ihr über das Gesicht, und die roten Streifen verliehen der braunhäutigen weißgekleideten Frau ein unheimliches Aussehen. Sodann setzte sie sich auf einen Stuhl, und nunmehr hatte jeder Teilnehmer Gelegenheit, Fragen an sie zu richten, die sie hellseherisch beantwortete, wobei sie sich gebärdete wie der Arzt Hakim Basa, den sie in diesem Zustand ja selbst darstellte. Sie sprach dabei wie ein Mann mit verstellter tiefer Stimme; jeder, der sich ihr näherte, mußte ihr die Hand geben und sie als Mann anreden. Von mir sagte sie, ich habe etwas im Kopf, würde aber mit der Zeit klar werden, das heißt geheilt. Nachdem alle ihre Fragen gestellt hatten, begann sie zu zittern, und eine dicke Negerin, die unter ihren engeren Gehilfen die größte Rolle spielte, preßte ihr den Kopf und drückte diesen an ihre Brust. Es war dieselbe Geste, welche die Scheicha und auch die anderen Frauen immer wieder ausführen, wenn eine der Tanzenden in Ekstase zusammenbricht. In diesem Fall hustete die Scheicha zweimal stark, ein Zeichen, daß der Geist sie verlassen hatte.

Es war nunmehr Mitternacht geworden, und während alle Frauen sich im Kulturraum selbst zur Ruhe legten, wurden Hubert und ich in ein Nebenzimmer gebracht. Gewöhnlich muß auch der Patient in nächster Nähe des kursi bleiben, und nur mit uns als Männern, die man nicht unter den Frauen schlafen lassen wollte, machte man eine Ausnahme. Nachdem ich ausgezogen war, erschien die dicke Negerin, um meine Füße mit Henna zu beschmieren.

Das Henna spielt im volkstümlichen Brauchtum eine große Rolle. Es wird z. B. auch vor der Hochzeitsnacht verwendet. Da ich in diesem Fall als ^{c}arusa, die Braut des Zārgeistes, angesehen wurde, muß ich mich dieser hochzeitlichen Zeremonie unterziehen. Die dicke Negerin begann damit, daß sie, zuerst mit einem Brei aus Wasser und zerstampftem Henna, meine Fußsohlen und die Zehen völlig bedeckte und dann beide Füße fest mit Tüchern umwickelte. Das gleiche tat sie mit meinen Händen.

Am nächsten Morgen erfolgte zuerst die Abnahme des Henna, was wiederum von der Negerin besorgt wurde. Nach dem Frühstück, etwa gegen 10 Uhr, rüstete man sich zum Vollzug des Opfers. Zuerst mußten die Opfertiere gewaschen werden, dann folgte abermals eine zaffa, ein feierlicher Umzug um den großen kursi, wie immer rechts herum, unter Vorantritt von Abu l-Get und des mangurs, wobei auch die Tiere um den kursi geführt werden bzw. getragen werden mußten. Wichtig ist dabei vor allem, daß der Patient selbst mit jedem Tier um den Tisch herumtanzt. Wo es sich um Paare von Tieren handelte, wie in meinem Falle, genügte es, das männliche Tier allein herumzutragen. Zuletzt kam der Hammel an die Reihe, auf dem ich reiten mußte. Es ist im allgemeinen üblich, diesen zu schmücken, indem man ihn mit Blumen bekränzt und seine Hörner vergoldet. In meinem Fall hatte man sich in der großen Eile aber darauf beschränkt, ihn mit einigen Farbflecken zu bemalen. Bei diesem Umzug mußten alle anderen Teilnehmer mit je einem Tier in der einen und einer brennenden Kerze in der anderen Hand folgen. Dazu spielte die tambura-Kapelle, hernach wurde geräuchert.

Nach dem Tanze begaben wir uns alle hinaus in den Hof, wo die Schlachtungen vorgenommen wurden. In meinem Falle war die Kudya bei dieser Zeremonie durch die alte Negerin vertreten, weil sie gerade ihre Zeit hatte und deshalb als unrein galt. Vor Beginn der Schlachtung muß jeder Muslim die Worte sprechen: »Bismillah, Allahu akbar«, um sich gewissermaßen bei dem Tiere für seine Tötung zu entschuldigen bzw. sich für die Tötung der Tiere vor Allah zu entsühnen.

Die ganze Handlung begann damit, daß ich als Patient auf einen Stuhl gesetzt wurde, worauf vier Frauen ein weißes Tuch über mir ausspannten und es beständig ein wenig auf und ab bewegten. Damit sollte verhindert werden, daß ein böser Blick auf die Opferhandlung falle. Vor meine Füße wurde die weiße Schüssel gestellt und in diese ein weißer Porzellanteller gelegt. Beide dürfen vorher nicht gebraucht sein, um den Erfordernissen der kultischen Reinheit zu genügen. Im Teller lagen der riyal und das higab, welche beide nach der Schlachtung bis zur Auflösung des kursi in dem blutigen Teller liegenbleiben mußten. Der riyal ist das Zeichen für die Besiegelung des Vertrages.

Nun konnte mit der Schlachtung begonnen werden, wobei nacheinander die Tauben, die Hühner, die Enten, die Gans, die Hasen, die Truthähne und zuletzt das Schaf an die Reihe kamen. Allen diesen Tieren schnitt der Koch den Hals auf, und die Negerin, die während der Schlachtung Kopf und Rumpf der Tiere hielt, spritzte das warme Blut über mir aus. Mit besonderem Eifer wurden mir dabei die Haare eingerieben, ferner die Gesichtsteile rings um die Augen, aber auch alle anderen Körperteile kamen an die Reihe. Man griff mir von oben in die Gallabiya und beschmierte mir Brust und Rücken, dann schob man die Gallabiya von unten herauf, tat das gleiche mit den Beinen und später schüttete man das Blut über den Rücken hinab. Als dann der Hammel geschlachtet wurde, erfolgte dies unmittelbar vor mir, und als das Blut im Bogen aus der durchschnittenen Kehle sprang, ließ man mir dieses über den nackten Bauch in die Hose rinnen. Danach wurde der Kopf des tot am Boden liegenden Tieres in die Richtung nach Mekka gedreht.

Hernach wurde ich in das Tuch, das vordem über mich gehalten worden war, eingehüllt und das von jetzt ab ständig wie ein Schleier mein Gesicht bedecken mußte. Die Negerin forderte die Teilnehmer auf, als Schutz mit der gespreizten offenen Hand das hamsa-Zeichen mit Blut auf meinen Rücken abzudrücken. Hierauf tauchte die Frau des Kochs ihre Hände in die blutige Schüssel und drückte sie mir dreimal auf dem weißen Schleier ab.

Ich wurde nunmehr wieder in den Kultraum mit Musikbegleitung geführt. Mehrere Stunden mußte ich in den blutbefleckten

Kleidern ausharren. Erst gegen 3 Uhr nachmittags wurde mir erlaubt, das kultische Reinigungsbad zu vollziehen.

Nach dem Bade kehrte ich am Spätnachmittag, in eine frisch gewaschene weiße Gallabiya gekleidet, wieder in den Versammlungsraum zurück, wo inzwischen weitergetanzt worden war. Vor dem Bad hatte ich den sogenannten Opferkaffee zu mir nehmen müssen.

Bei meiner Rückkehr wurde der kursi abgeräumt und verteilt.

Inzwischen hatte man draußen in der Küche einen Teil der geschlachteten Tiere für den Genuß zubereitet, und das Opfermahl konnte beginnen. Ein großes Tablett aus Aluminium wurde aufgetragen. Darauf lagen Brot, Reis, größere Stücke von den zubereiteten Vögeln, ferner etwas Fleisch und die Eingeweide des Hammels. Ich mußte mich mit untergeschlagenen Beinen vor die Scheicha setzen, so daß das Tablett zwischen ihr und mir auf dem Boden stand. Die Scheicha reichte mir mit der Hand drei Stücke von der Leber und der Niere des Schafbocks zu essen. Hernach setzten die Negerin und eine dicke Frau, eine besonders eifrige Teilnehmerin des Zār, diese kultische Speisung fort, und eine jede gab mir drei Bissen vom Fleisch des Schafes und der Vögel. Ferner erhielt ich drei Löffel Joghurt, mit Reis gemischt. Bei jedem Bissen, den mir die Scheicha in den Mund schob, sagte sie: »Akam«(?), worauf ich mit allen anderen antworten mußte: »sifa' burhan«, was man übersetzen könnte mit: »Die Heilung ist bewiesen.« Vorher mußte ich zweimal das Tablett aufheben, als ein Zeichen für die Sultane, daß alles fertig und sie entlassen seien.

Die Kudya sagte noch, daß der Kopf des Hammels im Ganzen gelassen werden sollte, das Fleisch zwar gegessen, aber dann müßte der Kopf samt den übrigen Knochen des Hammels in den Nil geworfen werden.

Nach dem Essen begann der Tanz von neuem. Der erste Tanz, den die Scheicha nach der kultischen Mahlzeit in eigener Person aufführte, galt der tambura. Sie verneigte sich vor diesem Instrument, und über den Sinn ihres Tuns befragt, antwortete sie, die tambura sei das Höchste.

Einen besonders originellen Tanz zu Ehren des Beduinensultans al-Badawi tanzte eine andere Frau, welche bei dieser Gelegenheit einen Spazierstock schwang und zwei vor ihr kriechende Frauen, welche Schafe darzustellen hatten, vor sich hertrieb.

Am eindrucksvollsten von allem jedoch ist der Feuertanz, an welchem ebenfalls die Kudya selbst teilnimmt. Mit ihm wird sowohl der rote as-Sultan al-Ahmar, als auch as-Sultan as-Sudani geehrt. Diesen Tanz vollführt die Kudya jedesmal gemeinsam mit einer Partnerin. Beide Frauen entzünden Fackeln aus zusammengedrehtem Zeitungspapier, die noch brennend ihren Händen entfallen, worauf sie das glühende Papier am Boden mit den nackten Füßen austreten. Der unheimliche Zauber, der von dieser Szene ausging – Glut, Flamme und Rauch und darüber die wie rasend sich drehenden Frauen –, war so stark, daß man sich seiner Gewalt kaum entziehen konnte.

Die steigende Hitze im engen Gemach, der fortwährende monotone Rhythmus der Musik, das Geschrei der Zuschauer, der intensiv würzige Geruch des Weihrauchs benebelten ja überhaupt die Teilnehmer im Laufe der vielen Stunden mehr und mehr, und auch wir konnten uns des verwirrenden Zaubers nur mühsam erwehren.

Zum Abschied übergab mir die Kudya den riyal und das higab, welches ich, nunmehr in ein weißes Tuch gewickelt, zusammen mit einem Stück Zucker, etwas Brot, Weihrauch und Salz eine Woche lang am rechten Arm tragen sollte. Nach sieben Tagen muß eine kleine Nachfeier stattfinden, wobei mit Erbsen gemischter Milchreis gekocht wird. Auf den Tisch kommen bei dieser Gelegenheit Nüsse, Süßigkeiten und ein Laib Brot; es werden ein paar von der ersten Feier übriggebliebene Kerzen angezündet, und es wird auch geräuchert. Wenn man will, kann man nochmals einen Vogel schlachten. Nach dieser Mahlzeit hängt man sich das Amulett um den Hals.

Dem Patienten wird nun nahegelegt, die regelmäßig stattfindenden »kleinen« Zāre zu besuchen, um den Kontakt mit der Kudya aufrechtzuerhalten und einer weiteren Belästigung von seiten der Zār-Geister vorzubeugen. Diese Veranstaltungen finden meist im Haus der Kudya statt.

Auch hier muß jedesmal ein Handgeld an die Kudya und die Musikanten ausgezahlt werden.

Die Kosten für einen großen Zār beliefen sich 1988 zwischen 500 und 1000 DM, je nach Aufwand. Beim kleinen Zār mußten zwischen 10 bis 20 DM, aufgebracht werden. Wenn man bedenkt, daß das monatliche Durchschnittseinkommen damals bei 200 bis 300 LE lag (d. h. zwischen 400 und 500 DM), so kann man sich vorstellen, daß nur Wohlhabende einen großen Zār ausrichten konnten und die ärmeren Gruppen nur im kleinen Zār Heilung finden können.

Die Würde der Kudya, die man als eine Art Priesterin bezeichnen kann, ist erblich. Die Kudya spielt gewissermaßen die Vermittlerin zwischen den Geistern und der besessenen Person. Ihre Tochter ist ihre Nachfolgerin, und wenn sie keine hat, kann deren Stelle von einer der Frauen aus ihrem Kreis übernommen werden.

Die Kudya muß nicht nur eine charismatische Ausstrahlung haben und therapeutische Kenntnisse besitzen, sondern sie muß sich auch sehr gut mit der Vielzahl und der Hierarchie der Geister auskennen.

Man sagt, es gäbe 66, doch hat diese Zahl nur eine Art mythische und symbolische Bedeutung, vergleichbar etwa den 99 Namen Gottes. So kann eine Kudya im allgemeinen folgende »Regional-Gruppen« aufführen:

die sudanesische Gruppe;
die abessinische Gruppe;
die oberägyptische Gruppe;
die arabische Gruppe;
die magrebinische oder nordafrikanische Gruppe;
die Gruppe der Naturgeister, die sich wiederum in eine Gruppe der Feuergeister, der Wasser- oder Meergeister und der Gebirgsgeister unterteilt;
die Gruppe der koptischen Geister;
die Gruppe der Derwisch-Geister;
die Gruppe der muslimischen Heiligen, die hier mehr als Helfer und Beschützer angerufen werden;

die Gruppe bestimmter Berufe, wie z. B. Militärs und Ärzte.

Man erkennt in den oben angeführten Gruppen die Vielzahl der Möglichkeiten. Alle diese Gruppen bestehen ja wiederum aus einer Vielzahl von Untergruppen mit familiären Verknüpfungen.

Der Zār-Glaube Ägyptens bildet ja gewissermaßen das Sammelbecken des arabischen, abessinischen, sudanesischen und innerafrikanischen Dämonenglaubens, wobei sich Wesen und Natur der einzelenn Geister mehr oder weniger stark gemischt haben.

Auswirkungen des Zār-Rituals

Man muß sich in diesem Zusammenhang vorerst die Frage nach der Krankheit an sich und der Stellung des Patienten in der Gesellschaft stellen.

Das Wesentliche scheint wohl, daß in allen Fällen die Krankheit von den Angehörigen nicht als Krankheit in unserem Sinne erkannt wird, sondern als eine Veränderung des normalen Seins durch Zauber und Geister. Besessenheit kann hier als eine Metapher für Zustände sein wie: neben sich stehen, nicht ganz verantwortlich sein für sein Tun, extreme Liebe, Haß, schlechte Laune, Wut, Wagemut, Zwangsvorstellungen, Faszination, Obsession. Diese psychischen Ausnahmesituationen führen nicht selten zu vegetativen Krankheiten. Zu ihnen gehören Lähmungen, Sprechverlust, plötzliches Erblinden, Herzklopfen. Auch schwere Formen der Depression werden als Zeichen von Besessenheit angesehen. Vincent Crapanzano meint, daß in Fällen von Reue und Schuld, in denen nach einer Möglichkeit gesucht wird, eine Bürde loszuwerden, Besessenheit den Weg weist.[6]

Die Frauen stammen oft aus sozial unerträglichen Verhältnissen. Der Zār stellt für sie die einzige Möglichkeit dar, aus der Enge ihrer Verhältnisse auszubrechen und im

Mittelpunkt zu stehen. Daß sie es überhaupt wagt, Forderungen zu stellen, ist nur damit zu erklären, daß ja nicht sie selbst die Forderungen stellt, sondern ihr Zār. Im Zār selbst erlebt sie durch den Trance-Tanz und die blutigen Rituale, die eigentlich im Islam aufs schwerste verurteilt werden, Schock- und Trancezustände, die ihr Zugang zu ihrer Spiritualität eröffnen. Durch den Kontakt mit der Kudya und ihrer Gruppe erweitert sie auch ihren Bekanntenkreis, der nun für ihre Sorgen und Nöte zuständig ist. Auch deshalb wird der wöchentliche Besuch des kleinen Zār für die Klientin von großer Wichtigkeit.

Die Klientin »klinkt« sich gleichsam in ein »morphisches Feld« ein, in dem sie negative Energien abgeben kann und sich durch das Ritual stärkt.[7] Die Tänze können daher als Schlüssel zum Aufbrechen aufgestauter Aggression angesehen werden, die man in der Ekstase freilassen und abgeben kann. Auch das gewöhnlich unterdrückte erotische Moment darf nicht unterschätzt werden, das dabei in der Frau angesprochen und in manchen Fällen auch befriedigt wird.

Aber nicht nur soziale und psychische Probleme können im Zār gelöst werden, auch für psychische Krankheiten gibt es Heilungsmöglichkeiten: »Nach medizinischen Untersuchungen ist die Behandlung durch das Zār-Ritual ein interessanter Beitrag zur Behandlung von Neurosen und hysterischen Zuständen, bei der in sehr drastischer Weise manchmal in kurzer Zeit das erreicht wird, was die Psychoanalyse in Monaten nicht schafft.«[8] Das Zār-Ritual ist aber nicht unbedingt das Ziel, den Zār-Geist auszutreiben, sondern der betroffenen Frau vielmehr Wege aufzuzeigen, wie sie mit ihrer Krankheit umgehen kann. Im Zār kann die Frau ganz sie selbst sein und gelangt so zu ihren verschütteten Energiepotentialen.

Wie beschrieben nimmt die Musik eine zentrale Stelle im Zār-Ritual ein. Nicht nur, daß die Teilnehmer durch sie Trancezustände erreichen, auch die Musikinstrumente selbst werden als beseelt angesehen. Besonders die Tambur gilt als direktes Kommunikationsmittel mit der Welt der Geister. In den verwandten Gnawa-Ritualen in Marokko[9] gibt es ein ähnlich wichtiges Instrument, das man gunbri nennt:

Die gunbri wird als menschliches Wesen betrachtet; dabei bildet die Eisenspitze den Kopf, der Schaft den Hals, der Hohlkörper den Bauch und die Klangöffnung den Nabel oder den Mund, aus dem die Stimme des Geistes dringt, der wiederum die Seele des Geistes darstellt.

Die gunbri gilt als die wichtigste Persönlichkeit und als Hauptakteur bei der Geisterbeschwörung. Ohne sie gibt es keine Besessenheit während der Séance, daher verehren die Tänzer sie wie ein menschliches Wesen. So grüßt der mqaddim, der Tanzmeister, bevor er mit seiner Darbietung beginnt, die gunbri mit gekreuzten Daumen; auch während des Tanzes macht er immer wieder einen Kniefall vor ihr, und am Ende eines Rhythmus dankt er dem Spieler, der die gunbri sprechen ließ, indem er seine Hand auf seine Füße legt. Nach D. Jemma stellt das Erklingen der gunbri den Appell an die Geister dar, zu den Menschen herabzusteigen. Für die Anhänger des Kultes ist sie die Brücke zwischen Himmel und Erde, sie repräsentiert den Regenbogen, was sich in den sieben Bändern in den Regenbogenfarben zeigt, mit denen der Resonanzkörper geschmückt ist.

Bewohnt wird die gunbri bei der Séance von einem Geist mit Namen sentir, der neben der gunbri jeden beseelt, der auf ihr spielt. Die Gnawa glauben, daß dieser Geist in die gunbri durch die Klangöffnung eindringt, indem er den Vibrationen des Rhythmus folgt. Dem Geist sentir ist ein spiralförmiger Rhythmus eigen, der einerseits die anderen Geister von ›oben‹ herabzwingt und andererseits auch auf die Teilnehmer übergreift und sie tanzen läßt, so daß sie in ihrer Trance durch die vibrierenden Schwingungen geführt und gehalten werden. Die klingende Saite, die den Menschen mit dem Geist verbindet, stellen sich die südmarokkanischen Gnawa als den Weg des Abstiegs von den Geistern zu den Menschen vor. Die Saite ist dabei das Band, das die Menschen mit den Geistern verbindet. Daher ist der Tänzer, sobald der letzte Ton verklungen ist, von der Trance befreit, da jetzt das symbolische Band, das ihn mit seinem Geist verband, zerrissen ist.[10]

Die Methode, den Menschen mittels Musik, Tanz und Gesang von seinem Leid zu befreien, ist sicher so alt wie die Menschheit selber.[11] Im orientalischen Raum stellt man sich den Kranken als einen von seiner Grundharmonie gestörten Menschen vor. So entwickelte man verschiedene Techniken, um den Kranken zu heilen. Zu diesen Techniken zählt die Musiktherapie, die lange Zeit im orientalischen Raum zum festen Bestandteil des Heilungsvorgangs gehörte. Durch den westlichen Einfluß wurde jedoch diese alte Technik als rückständig abgelehnt und allmählich vergessen. Erst heutzutage beginnen sich wieder westliche wie orientalische Therapeuten mit dem alten Wissen auseinanderzusetzen.

Es ist bekannt, daß musiktherapeutische Behandlung auch bei Psychopathien von Erwachsenen Erfolge zeigt. Ein gut arrangiertes Musikstück vertreibt die Langeweile des Patienten, steuert seine Reize und Gedanken, vertreibt emotionelle und fixierte Ideen, stärkt seine Beziehungen zur Umwelt und bewahrt seine Persönlichkeit vor dem Zusammenbruch.

Zuerst muß das rhythmisch-musikalische Arrangement die Motorik des Patienten ansprechen, dann muß überlegt werden, ob eine instrumentale Therapie notwendig ist. Das Erlernen von Tänzen hat sich als förderlich erwiesen. So wird möglicherweise aufkommende Langeweile des Patienten verhindert, während gleichzeitig sein Interesse an rhythmisch-motorischen Bewegungen geweckt wird.

Wir können sagen, daß auch der menschliche Körper einem empfindlichen Musikinstrument gleicht, das in Resonanz gerät. Musikinstrumente sind gleichsam nur die Verlängerung der Gliedmaßen, die physische Funktion weiterführen. Der menschliche Körper und das Musikinstrument ergänzen einander. Durch die vom Instrument erzeugten Schallwellen vermag der Mensch seine Empfindungen auszudrücken. Gefühle, die den Komponisten bei seinem Schaffen inspirierten, teilt er in Form von Melodien und Gesängen seiner Umwelt mit. Um diese Gefühle und

Empfindungen mit einem Musikinstrument ausdrücken zu können, bedarf es der besonderen Beherrschung feinmotorischer Muskelbewegungen.

Der Rhythmus ist der Träger von Empfindungen wie Streß, Anspannung oder Ruhe. Die verschiedenen Auswirkungen verschiedener Rhythmen lassen sich leicht beobachten. Genauso wie er hysterische Zustände hervorrufen kann, kann er auch Schlaf fördern. Ebenso kann er hypnotisch wirken. Durch energiegeladene Rhythmen kann man einer Person Gefühle von Kraft und Hoffnung vermitteln.[12]

Musiktherapie sollte ein »spielerisches, freudvolles Gewand« erhalten. Der Patient fühlt sich so nicht mehr als Leidender, sondern als Mensch, der Sorgen und Schmerz vergessen kann und plötzlich Gemeinsamkeit mit Schicksalsgefährten durch Musik und Tanz erlebt. Wichtig ist die aktive Teilnahme des Therapeuten oder Helfers an den Bewegungsabläufen, speziell zu Beginn der Arbeit mit einem Patienten oder einer Gruppe. Auch die Kleidung der Therapeuten sollte so gewählt werden, daß das Gefühl der Gemeinsamkeit mit den Patienten gefördert wird.[13]

1. Musik ermöglicht eine Abwehr gegen paranoide Zustände. Bei diesem Krankheitsbild (Schizophrenie) hat Musik die Aufgabe, negative Assoziationen (wie z. B. Todesangst) zu unterdrücken. Hier sind Ängste stark mit analen und ödipalen Konflikten gepaart.

2. Musik und Melancholie. Sie unterstützt den Patienten dabei, eigene Mängel auszuhalten und den Schmerz von Objektverlusten zu überwinden.

3. Durch Musik wird das »Über-Ich« besänftigt. Der Paranoiker leidet an einem überstrengen »Über-Ich«.

4. Durch musikalischen Ausdruck entladen sich erotische und aggressive Impulse (Frustrationen) unter anderem durch die Atmung.

5. Musik harmonisiert »Es-Ich«- und »Über-Ich«-Anteile.[14]

Die Praktiken des »volkstümlichen« Islam stellen, wie die Besessenheitskulte, ein Ventil der islamischen Gesellschaft dar, da sie es den Frauen ermöglichen, ihre spezifisch magisch-religiösen Bedürfnisse zu befriedigen, die ihnen der männlich-offizielle Islam vorenthält. Anders ausgedrückt stellt der »volkstümliche« Islam den therapeutischen Aspekt des Islam dar.

In der Dauer meines Aufenthalts in Kairo hörte auch ich immer wieder von diesen Treffen der Frauen, und es gelang mir, das Viertel ausfindig zu machen, in dem die Zār-Rituale abgehalten werden. Es handelte sich hierbei um ein richtiggehendes Zār-Zentrum, das von den Kudyas angemietet wird, um die wöchentlich stattfindenden »kleinen« Zārs abzuhalten.

Meine Frau begleitete mich, um mir zu einem Zār Zutritt zu verschaffen, zum anderen, um selbst die Kraft des Zār-Tanzes zu erleben.

Alt-Kairo, das koptische Viertel, im Osten die Müllstädte und die endlosen Friedhöfe. Auf einem Hügel das Grab eines Heiligen, das von Frauen besonders gern am Dienstag, dem Besuchstag des Heiligen, aufgesucht wird, um ihre Wünsche dem Heiligen vorzubringen.

Langsam taucht man in diese Welt des Heiligenkultes ein. Fragen, die mißtrauisch gestellt und beantwortet werden, da der Zār immer stärker von der Orthodoxie verfolgt wird, die Zusammenkünfte können nur noch im geheimen stattfinden.

Ein kleiner Junge, offen lachend. – Die Ausländer wollen zum Zār? Welche Dämonen quälen sie denn, daß sie dem Zār ihre Aufwartung machen? – Lachend führt er uns durch schmutzige Gassen zu einem Haus, in dem ein Zār stattfinden soll. Wir stehen vor einem verfallenen alten Haus, schon auf der Gasse hört man das dumpfe Dröhnen der Trommeln. Ein dunkler Gang nimmt uns auf, vollgestopft mit Frauen und Kindern. Wir warten, neugierige Blicke. Natürlich, auch Ausländer werden von Dämonen heimgesucht. Sucht uns nicht auch ein »ausländischer« Dämon heim? Ein Mann bringt uns Tee. Nach einiger Zeit werden wir in den Raum der Kudya geführt. Starke Weihrauchwolken umfangen uns, man bekommt kaum Luft. Ein kleiner Raum, vielleicht 20 m^2, auf dem Boden sitzen mindestens 30 Frauen und Kinder. Bei der Tür, an der Stirnseite des Raumes, sitzt die Kudya mit ihren Assistentinnen, die große Trommeln auf ihren Knien liegen haben.

Der Blick der Kudya weiß viel, weiß schon alles, er dringt durch uns hindurch, ihre Hand schlägt dröhnend auf die Trommel. – Fünf Pfund, Ausländer, für dich und deine Frau, und Gott wird euch, wenn er will, von eurem Dämon befreien. – Wir sind aufgenommen, dürfen uns setzen. Die Zeremonie nimmt ihren Fortgang.

Eine Frau tritt vor, redet mit der Kudya und gibt ihr Geld. Die Kudya nimmt einen großen Brocken Weihrauch und wirft ihn in das Räucherbecken, das zu ihren Füßen steht, dicke Rauchschwaden steigen empor. Breitbeinig stellt sich die Frau über das qualmende Räucherbecken und hebt ihre Rücke, damit der Weihrauch ungehindert in sie dringen kann, die Reinigung vor dem Tanz.

Die Trommeln beginnen zu dröhnen, der Raum beginnt zu schwingen. Die Tänzerin beginnt in komplizierten Rhythmen sich stampfend im Kreis zu drehen, eine der Trommlerinnen beginnt die alten Beschwörungstexte zu singen:

O Umm al-Warayid!	Komm herbei!
O Braut des Zār!	Komm herbei!
O Umm al-Warayid!	Komm herbei!
O Higaziya!	Komm herbei!
Meine mächtige Herrin!	Komm herbei!
Herrin der Meister!	Komm herbei!

Die Dämonin wird gerufen, das Stampfen der Tänzerin wird immer heftiger, ihr Kopf schwingt wild hin und her, die Haare wirbeln durch die Luft. Auf einmal wirft ihr die Kudya einen gelben Schal über den Kopf, die Dämonin Umm al-Wayaid ist angekommen, befindet sich nun im

Körper der Tänzerin. Die Trommeln werden noch schneller, die Dämonin läßt den Körper der Frau hin- und herwirbeln. Sie stößt Schreie aus, redet in unverständlicher Sprache.

Die anderen Frauen im Raum werden durch die Kraft der Trommeln mitgerissen, einige stehen auf und beginnen zu tanzen, andere bleiben am Boden sitzen und zucken ekstatisch mit Kopf und Oberkörper. Dichte Weihrauchschwaden wallen im Raum. Nun springt die Kudya auf und hält zwei brennende Papierfackeln in den Händen, die sie der Tänzerin gibt. Wild stampfend mit scheinbar brennenden Händen, die Dämonin. Kurz darauf bricht sie zusammen und wird von anderen Frauen in eine Ecke gelegt. Die Kudya beugt sich über sie, spricht mit ihr und massiert sie. Langsam entspannt sich die Frau.

Obwohl die Trommeln schweigen, spürt man die Energie des Rhythmus, die einen durchflutet, man will aufspringen, tanzen, alles abgeben und alles aufnehmen. Hier ist der Schutz, die Wärme der Gebärmutter. Und wieder beginnen die Trommeln zu dröhnen. Eine der Trommlerinnen steht auf, sammelt Geld ein und animiert gleichzeitig zum Tanz. Fast alle Frauen stehen auf, tanzen, stampfen; der Weihrauch, der in dicken Schwaden aufsteigt, nimmt einem die Sicht.

»O Mamma, O Maruma, O Roter Sultan, O Safina, kommt herab und heilt uns.«

Auf einmal springt ein junger Bursche mit langen Haaren in den Raum, in seinen Händen befinden sich kleine Schellen. Aufreizend tanzt er mit einer der Frauen, tanzt mit ihrem Dämon, ist der Dämon, der Fürst, der Zār.

Mütter stehen hinter ihren Töchtern, damit sie nicht stürzen. Und der Fürst tanzt.

Die sexuellen Frustrationen der Frauen brechen auf, hier sind sie frei, hier können sie abgeben, hier ist neue Kraft, die sie aufnehmen können, um dem schweren Alltag entgegentreten zu können.

Wir treten in die Nacht hinaus, die Gerüche und Geräusche Kairos umfangen uns, doch bleibt der Rhythmus der Trommeln in jeder Zelle erhalten.

ANMERKUNGEN

1 Eine der wichtigsten Persönlichkeiten, die in den letzten Jahren auf die Geschichte und die Stellung der islamischen Frauen aufmerksam gemacht hat, ist die marokkanische Soziologieprofessorin in Rabat: Mernissi Fatima: Der politische Harem. Die Angst vor der Moderne.
2 z. B. Cloudsley, Women in Omdurman; Kriss, Volksglaube im Bereich des Islam; Littmann, Arabische Geisterbeschwörungen aus Ägypten.
3 Der Name Kudya für Zār-Meisterin hat auch seinen Ursprung nicht im Arabischen, sondern stammt aus dem Amharischen. Dort heißt es »gud« = wunderbar, geheimnisvoll. Von »gud« könnte Kudya eine arabische Ableitung mit der Nisbe-Endung sein. Littmann: S. 49.
4 Littmann, S. 16 f.
5 Kriss, Bd. II, S. 160 ff.
6 Heine, S. 181 f.
7 Das sog. »morphische Feld« wurde von Rupert Sheldrake beschrieben: Hierunter kann in etwa ein »Gedächtnisfeld der Natur« verstanden werden, in dem alle Geschehnisse des Universums aufgezeichnet sind. Gehirn und Nervensystem können als »Empfänger« der im morphischen Feld aufgezeichneten Informationen verstanden werden. Die Wissensübertragung bzw. -übermittlung geschieht durch den Prozeß der morphischen Resonanz. Es ist eine Art von Weitergabe über Zeit und Raum hinweg, die sich weder der genetischen Vererbung noch der Lernprozesse bedient. Statt dessen »hakt« sich ein Organismus in die Spuren (»runnels«) ein, die von den Mitgliedern der gleichen Spezies im Laufe der Zeit in diesem Feld zurückgelassen worden sind. Aus dieser Sichtweise sind Naturgesetze »Gewohnheiten«, die sich durch ständiges Wiederholen so stabilisiert haben, daß sie von uns als »Gesetzmäßigkeiten« wahrgenommen werden.

   Je häufiger ein Vorgang wiederholt worden ist, um so deutlicher sind die Spuren. Und je ähnlicher die Umstände der jetzigen Ausführung denen der traditionellen Ausführung sind, um so intensiver wird ihr Zugang. Will man zum Beispiel an einer bestimmten spirituellen Erfahrung teilhaben, so ist es sinnvoll, sich der am häufigsten ausgeführten Rituale dieser Tradition zu bedienen und so exakt wie möglich nachzuvollziehen. Sheldrake R., The Rebirth of Nature.

8 Lewin, S. 66.

9 Ich möchte hier noch auf einen anderen Zweig der gleichen afrikanischen Quelle hinweisen. Es ist die marokkanische Tanz- und Heilerbruderschaft der Gnawa, die jeder Marokko-Besucher spätestens in Marrakesh auf dem berühmten Gauklerplatz »Gamaa Efna« bewundern kann. Sie fallen nicht nur durch ihre weißen Gewänder und ihre mit Kaurischnecken bestickten Gürtel und Mützen auf, sondern durch ihre afrikanisch anmutende Musik und ihre springenden und sich drehenden Tanzbewegungen, die durch Schellen und Trommeln begleitet werden. »Eigentlich wird in dem Wort ›Gnawa‹ eine Ableitung von ›Guinea‹ und ›Djenne‹ gesehen. Mit ›Guinea‹ war von den Berbern Marokkos geographisch der Westsudan gemeint, und ›Djenne‹ ist eine westsudanische Handelsstadt.« (Welte, S. 38)

Man kann alleine aus der geographischen Herkunft eine gemeinsame Wurzel der Gnawa- und Zār-Rituale annehmen. In der Kosmologie, der Musik, den Tänzen finden sich viele Übereinstimmungen. Anders als beim Zār in Ägypten setzen sich jedoch die Musikantengruppe und die Leiter der Rituale aus Männern zusammen, die aber, wie in Ägypten, ein weibliches Klientel um sich scharen. Nur der sog. »Wahrsager«, der das Orakel ausspricht, ist in den meisten Fällen eine Frau. Welte, Frank, Der Gnawa-Kult.

10 Welte, S. 61.

11 Erst in neuerer Zeit beginnt sich die Musiktherapie auch wieder bei uns durchzusetzen, wobei nicht nur europäische Quellen herangezogen werden, sondern gerade auch orientalische Musik. Besonders die türkische und zentralasiatische Musik scheinen sich sehr gut für therapeutische Zwecke zu eignen. Die Wirkung und ihr Heilerfolg werden seit einigen Jahren klinisch getestet. Güvenc, Oruc: Geschichtlicher Abriß der Musiktherapie im Allgemeinen und im Besonderen bei den Türken und ihr heutiger Stand.

12 Güvenc, S. 50ff.

13 Tucek, S. 31.

14 Güvenc, S. 58.

LITERATUR

ᶜAbdalfattāḥ as-Sayyid aṭ-Ṭūḫī: *al-Bidāya wa-n-nihāya.* Kairo o. J. *Tasḫīr aš-šayāṭīn fī wiṣāl al-ᶜāšiqīn.* Kairo o. J.

ᶜAbdallāh al-Mušadd: *al-Ǧinn wa-š-šayāṭīn.* Minar al-Islām, Nr. 7, Drittes Jahr, Febr. 1984, S. 101 ff.

Abū Maᶜšar al-Falakī: *Fī tawaliᶜ ar-riǧāl wa-n-nisā' bi-t-tamām wa-l-kamāl.* Kairo 1984.

Aḥmad b. Ḥanbal: *al-Musnad.* 6 Bände. Kairo o. J.

Aḥmad ᶜAbdalmunᶜim ᶜAbdassalām al-Ḥalawānī: *al-Iqān wa-r-rūh.* Kairo 1973.

al-Ahrām vom 23. 4. 1980 und vom 8. 12. 1984.

Ahrens, W.: »Studie über die magischen Quadrate der Araber.« In: *Der Islam*, Band 7. 1917, S. 186 ff.

Ansbacher, Jonas: *Die Abschnitte über die Geister aus Qazwini's Kosmographie.* Dissertation Universität Erlangen 1907.

Boericke: *Homöopathische Mittel und ihre Wirkung.* Leer 1972.

Brunton, Paul: *Geheimnisvolles Ägypten.* London 1951.

al-Buḫārī Muḥammad b. Ismaᶜīl: *Ṣaḥīḥ al-Buḫārī.* 4 Bände. Kairo o. J.

al-Būnī, Aḥmad b. ᶜAlī: *Kitāb šams al-maᶜārif wa-laṭā'if al-ᶜawārif.* Kairo 1962.

al-Būnī, Aḥmad b. *ᶜAlī: Manbaᶜ uṣūl al-ḥikma.* Beirut o. J.

Canaan, Taufik: »Dämonenglaube im Land der Bibel.« In: *Morgenland,* Heft XXI. Leipzig 1929.

Cloudsley, Anne: *Women in Omdurman.* London 1983.

ad-Damīrī, Muḥammad Mūsa Kamāladdīn: *Hayāt al-ḥayawān al-kubrā.* Kairo 1278 H.

Dornseiff, Franz: *Das Alphabet in Mystik und Magie.* Leipzig 1925.

Eichler, P. A.: *Ǧinn, Teufel und Engel im Koran.* Dissertation Universität Leipzig 1928.

Eliade, Mircea: *Schamanismus und archaische Ekstasetechniken.* Zürich 1957.

Güvenc, Rahmi Oruc: *Geschichtlicher Abriß der Musiktherapie im Allgemeinen und im Besonderen und ihr heutiger Stand.* Dissertation Istanbul: Eigenverlag, Schule für Altorientalische Musik- und Kunsttherapie 1985.

Hammer-Purgstall: *Die Geisterlehre der Muslime.* Abhandlungen der Wiener Akademie der Wissenschaften, Band VIII. Wien 1852, S. 5.

Harish, Johari: *Das große Chakra-Buch.* Freiburg 1979.
Harner, Michael: *Der Weg des Schamanen.* Hamburg 1986.
Heine, Ina und Peter: *O ihr Muslimien.* Freiburg: Herder 1993.
Ibn Kaṯīr: *Tafsīr al-qur'ān al-ᶜaẓīm.* Kairo o. J.
Ibn Waḥšīya: »La connaissance des alphabets occultes dévoilée.« In: Matton, S.: *La Magie Arabe Traditionelle.* Bibliotheca Hermetica, Paris 1977.
Jeffery, Arthur: *The Foreign Vocabulary of the Qur'ān.* Baroda 1938.
Jung, C. G.: *Gesammelte Werke.* Band 11. Freiburg/Breisgau 1971.
Kahle, Paul: »Zārbeschwörung in Ägypten.« In: *Der Islam.* Band III. 1912, S. 1 ff.
Der Koran. Aus dem Arabischen übersetzt von Rudi Paret. Stuttgart 1966.
Kriss, Rudolf und Heinrich Hubert: *Volksglaube im Bereich des Islam.* 2 Bände. Wiesbaden 1962.
Lane, Edward William: *Maddu-l-Ḳamoos.* An Arabic-English Lexikon. London 1863–93.
Lane, Edward William: *Manners and Customs of the modern Egyptians.* 2 Bände. London 1846.
Lane, Edward William: *Sitten und Gebräuche der heutigen Ägypter.* Leipzig 1852.
Lepsius, Richard: *Denkmäler aus Ägypten und Aethiopien.* Erster Textband. Leipzig 1897.
Lewin, Bruno: »Der Zār, ein ägyptischer Tanz zur Austreibung böser Geister und seine Beziehungen zu Heiltanz-Zeremonien anderer Völker und der Tanzwut des Mittelalters.« In: *Confinia Psychiatrica,* Band I. Basel 1958, S. 177 ff.
Lewin, Bruno: »Der Einfluß magischer und religiöser Vorstellungen auf die Pathoplastik reaktiver und endogener geistiger Störungen in Ägypten.« In: *Zeitschrift für Psychotherapie,* 6. Band. 1956, S. 60 ff.
Littmann, E.: *Arabische Geisterbeschwörung aus Ägypten.* Leipzig 1950.
Mallasz, Gitta: *Die Engel erlebt.* Zürich 1983.
Meier, Fritz: *Fawā'iḥ al-ǧamāl wa-fawātiḥ al-ǧalāl des Naǧm ad-Dīn al-Kubrā.* Herausgegeben und erläutert von Fritz Meier. Wiesbaden 1957.
Mernissi, Fatema: *Der politische Harem.* Frankfurt: Dagyeli 1989.
Mernissi, Fatema: *Die Angst vor der Moderne.* München: Luchterhand 1992.
Merschen, Birgitt: *Untersuchungen zum Schriftamulett und seinem Gebrauch in Jordanien. Dargestellt am Beispiel der Stadt Jarasch und ihres ländlichen Umfeldes.* Dissertation Universität Mainz 1982.

Meyerhof, Max: »Beiträge zum Volksheilglauben der heutigen Ägypter.« In: *Der Islam*, Band V. 1917, S. 307ff.
Mohamed M. el-Gawhary: *Die Gottesnamen im magischen Gebrauch in den al-Buni zugeschriebenen Werken.* Dissertation Universität Bonn 1968.
Muḥammad Fu'ād ᶜAbdalbāqī: *al-Muᶜǧam al-mufahras li-alfāẓ al qur'ān al-karīm.* Jairo o. J.
Muharrem Hilmi bin Ahmad Harputi: *Hediyet-Uz-Zakirin.* Berlin 1984.
Müller, Gottfried: *Ich bin Labīd und das ist mein Ziel.* Berliner Islamstudien, Band 1. Wiesbaden 1981.
Muslim b. al-Ḥaǧǧāǧ b. Muslim: *Ṣaḥīḥ al-Muslim.* Kairo o. J.
Muṣṭafā Muḥammad aṭ-Ṭayr: *Arwāḥ al-ǧinn.* (Maǧallāt al-Azhar, Febr. 1987). *Dirāsa tahlīlīya li-l-ǧaybīyāt wa-ḫawāriq al-ᶜādāt. Maǧmūᶜ al-buḥūṯ al-islāmīya*, Jahr 3, Buch 33. Kairo 1971.
Nöldeke, Th.: »Besprechung von Šiblis Akām al-marǧān fī aḥkām al-ǧānn.« In: *Zeitschrift der Deutschen Morgenländischen Gesellschaft.* Band LXIV. 1910.
Pandit, M. P.: *Kundalini-Yoga.* München 1985.
Porter, Moss: *Topographical Bibliography of Ancient Egyptian Hieroglyphic Texts.* Band III. (Memphis) Oxford 1974, S. 235ff.
Posener, Georges: *Lexicon der ägyptischen Kultur.* München 1960.
ar-Rāzī, al-Faḫr: *at-Tafsīr al-kabīr.*
Reinfried, H.: *Bräuche bei Zauber und Wunder nach Buchari.* Dissertation Universität Karlsruhe 1915.
Rescher, O.: »Über das Geister- und Teufelsbuch des Schibli«. In: *Wiener Zeitschrift für die Kunde des Morgenlandes.* Band 28. 1914.
Ritter, Helmut und Plessner, Martin: *Picatrix. Das Ziel der Weisen von Pseudo-Maǧrīṭī.* London 1962.
Ronart, Stephan und Nandy: *Lexikon der arabischen Welt.* Basel 1972.
as-Sāᶜātī, Sāmiya Ḥasan: *as-Siḥr wa-l-muǧtamaᶜ.* Kairo 1982.
Shah, Idris: *Die Sufis.* München 1980.
Sheldrake, Rupert: *The Rebirth of Nature.* London: Century 1990.
Spoerri, Theodor: »Ekstatische Rede und Glossolalie.« In: *Ed. Bibliotheca Psychiatrica et Neurologica.* No. 134. Basel 1966.
Tucek, Gerhard Qadir: *Orientalische Musik- und Kunsttherapie.* Eigenverlag: Schule für Altorientalische Musik- und Kunsttherapie.
G. van Vloten: »Dämonen im alten Arabien«. In: *Zeitschrift der Deutschen Morgenländischen Gesellschaft.* Bände VII und VIII. 1893.
Welte, Frank: *Der Gnawa-Kult.* Dissertation Frankfurt: Peter Lang Verlag 1990.

Winkler, H. A.: »Siegel und Charaktere in der muhammedanischen Zauberei«. In: *Studien zur Geschichte und Kultur des islamischen Orients.* Heft VII. Berlin und Leipzig 1930.
Winkler, H. A.: *Salomon und die Qarina.* Stuttgart 1931.
Winkler, H. A.: *Die reitenden Geister der Toten.* Stuttgart 1936.
Zbinden, Ernst: *Die Ǧinn im Islam.* Dissertation Universität Bern 1953.

Zum Autor

Kornelius Hentschel, geboren 1958 in Berlin, studierte Arabistik, Islamkunde und Ägyptologie in Wien, Kairo und Tunis. Dort knüpfte er erste Kontakte mit spirituellen Meistern, die er bei Aufenthalten in Istanbul, Damaskus, Jerusalem, Fes und anderen orientalischen Städten vertiefte. Seit seiner Promotion über den Dschinn-Glauben arbeitet er als wissenschaftlicher Reiseleiter in Nordafrika und dem Nahen Osten.

DIEDERICHS GELBE REIHE
Die lieferbaren Bände

DG 1 I Ging
DG 6 Das Totenbuch der Tibeter
DG 7 Heinrich Zimmer: Der Weg zum Selbst
DG 8 Helmuth von Glasenapp: Pfad zur Erleuchtung
DG 12 Hellmut Wilhelm: Sinn des I Ging
DG 13 Geshe Lhündub Söpa u. Jeffrey Hopkins: Der Tibetische Buddhismus
DG 14 Dschuang Dsi: Das wahre Buch vom südlichen Blütenland
DG 15 Upanishaden
DG 16 Mahabharata
DG 17 Über den Rand des tiefen Canyon
DG 18 Popol Vuh
DG 19 Laotse: Tao te king
DG 20 Annemarie Schimmel: Rumi
DG 21 Bhagavadgita / Aschtavakragita
DG 22 Kungfutse: Gespräche. Lun Yü
DG 23 Al Ghasali: Das Elixier der Glückseligkeit
DG 24 Basil Johnston: Und Manitu erschuf die Welt
DG 26 Le Saux/Abhishiktananda: Die Spiritualität der Upanishaden
DG 27 Idries Shah: Die Sufis
DG 28 Liä Dsi: Das wahre Buch vom quellenden Urgrund
DG 29 Tantra in Tibet
DG 30 Chang Chung-yuan: Tao, Zen und schöpferische Kraft
DG 31 Li Gi. Das Buch der Riten, Sitten und Bräuche
DG 32 Annemarie Schimmel: Und Muhammad ist Sein Prophet
DG 33 Heinrich Zimmer: Indische Mythen und Symbole
DG 35 Der Sohar. Das heilige Buch der Kabbala
DG 37 Annemarie Schimmel: Gärten der Erkenntnis
DG 39 Emma Brunner-Traut: Die Kopten
DG 40 Orpheus. Altgriechische Mysterien
DG 41 Lati Rinpoche/Jeffrey Hopkins: Stufen zur Unsterblichkeit
DG 42 Mong Dsi: Die Lehrgespräche des Meisters Meng K'o
DG 45 Ramayana
DG 46 Germanische Götterlehre
DG 47 Hans Findeisen u. Heino Gehrts: Die Schamanen
DG 48 Christian Rätsch/K'ayum Ma'ax: Ein Kosmos im Regenwald
DG 51 Erfahrungen mit dem I Ging
DG 52 Franz Carl Endres u. Annemarie Schimmel: Das Mysterium der Zahl
DG 53 Gerhard Wehr: Die Bruderschaft der Rosenkreuzer
DG 54 Nordische Nibelungen
DG 55 Mary Steiner-Geringer: Tarot als Selbsterfahrung
DG 56 Albert Y. Leung: Chinesische Heilkräuter

DG 57 Christian Rätsch: Chactun. Die Götter der Maya
DG 61 John Blofeld: Der Taoismus
DG 62 Alfred Douglas: Ursprung und Praxis des Tarot
DG 63 Janheinz Jahn: Muntu
DG 64 Richard Wilhelm und C. G. Jung: Geheimnis der Goldenen Blüte
DG 67 Heinrich Zimmer: Abenteuer und Fahrten der Seele
DG 68 Wolfram Eberhard: Lexikon chinesischer Symbole
DG 71 Christian Rätsch: Indianische Heilkräuter
DG 73 Hans Wolfgang Schumann: Der historische Buddha
DG 74 Heinrich Seuse u. Johannes Tauber: Mystische Schriften
DG 76 Mahatma Gandhi: Wegweiser zur Gesundheit
DG 78 Robert Aitken: Zen als Lebenspraxis
DG 79 Robert Aitken: Ethik des Zen
DG 82 Annemarie Schimmel: Muhammad Iqbal
DG 84 Namkhai Norbu: Der Zyklus von Tag und Nacht
DG 91 Weisheit der Völker
DG 93 L. S. Dagyab: Buddhistische Glückssymbole im tibetischen Kulturraum
DG 95 George William Russell – A. E.: Weg zur Erleuchtung
DG 96 Benjamin Walker: Gnosis
DG 98 Das Weisheitsbuch des Zen
DG 99 Hans Wolfgang Schumann: Buddhismus
DG 100 Peter Sloterdijk u. Martin Buber: Mystische Zeugnisse
DG 101 Omar Ali-Shah Sufismus für den Alltag
DG 102 Annemarie Schimmel: Von Ali bis Zahra
DG 103 Rients R. Ritskes: Zen für Manager
DG 104 Barbara C. Sproul: Schöpfungsmythen der östlichen Welt
DG 105 Barbara C. Sproul: Schöpfungsmythen der westlichen Welt
DG 106 Geshe Thubten Ngawang: Vom Wandel des Geistes
DG 107 Sri Chinmoy: Veden, Upanishaden, Bhagavadgita
DG 108 Friedrich Weinreb: Kabbala im Traumleben des Menschen
DG 109 Dominique Viseux: Das Leben nach dem Tod
DG 110 René Grousset: Die Reise nach Westen
DG 111 Dennis Genpo Merzel: Durchbruch zum Herzen des Zen
DG 112 Åke Hultkrantz: Schamanische Heilkunst und rituelles Drama

DG 113 I. P. Couliano: Jenseits dieser Welt
DG 114 Hans Wolfgang Schumann: Mahayana-Buddhismus
DG 115 Christian Rätsch: Heilkräuter der Antike
DG 116 Gerhard Wehr: Spirituelle Meister des Westens
DG 117 Hartmut Kraft: Über innere Grenzen
DG 118 Isabelle Robinet: Geschichte des Taoismus
DG 119 Idries Shah: Sufi-Wege zum Selbst
DG 120 H. P. Blavatsky: Theosophie und Geheimwissenschaft
DG 121 Rumi: Von Allem und vom Einen
DG 122 Dominique Hertzer: Das Mawangdui-Yijing
DG 123 Andreas Gruschke: Mythen und Legenden der Tibeter
DG 124 Murad Hofmann: Reise nach Mekka
DG 125 Malidoma Somé: Vom Geist Afrikas
DG 126 Dominique Hertzer: Das alte und das neue Yijing
DG 127 Gerd Becher/Elmar Treptow: Vom Frieden der Seele
DG 128 Hanna Moog: Leben mit dem I Ging
DG 129 Hans Wolfgang Schumann: Die großen Götter Indiens
DG 130 Helmuth von Glasenapp: Die fünf Weltreligionen
DG 131 Gerardo Reichel-Dolmatoff: Das schamanische Universum
DG 132 Thomas Cleary: Zen-Geschichten
DG 133 Vanamali Gunturu: Krishnamurti
DG 134 Kornelius Hentschel: Geister, Magier und Muslime
DG 135 Konrad Dietzfelbinger: Mysterienschulen

EUGEN DIEDERICHS VERLAG